Superpotencias de la inteligencia artificial

Superpotencias de la inteligencia artificial

China, Silicon Valley y el nuevo orden mundial

KAI-FU LEE

Traducción de Mercedes Vaquero

VALLETTA EDICIONES

2021

Título original: *AI Superpowers*

© de la traducción: Mercedes Vaquero Granados, 2020

Kai-Fu, Lee
Superpotencias de la inteligencia artificial / Lee Kai-Fu. - 1a ed. - Florida : Valletta Ediciones, 2021.
304 p. ; 23 x 15 cm.

ISBN 978-950-743-455-6

1. Inteligencia Artificial. I. Título.
CDD 006.3

A Raj Reddy, mi mentor en IA y en la vida

Sumario

Introducción

Una de las obligaciones que entraña mi empleo como inversor de capital riesgo es dar charlas con frecuencia sobre inteligencia artificial (IA) a miembros de la élite empresarial y política mundial. Una de las alegrías de mi trabajo es que a veces puedo hablar de ese mismo tema con alumnos de infantil. Sorprendentemente, estos dos públicos tan diferentes suelen hacerme el mismo tipo de preguntas. Durante una reciente visita a un parvulario en Pekín, un grupo de niños de cinco años me interrogó sobre nuestro futuro de la IA.

«¿Vamos a tener maestros robots?»

«¿Qué pasa si un coche robot choca contra otro coche robot y resultamos heridos?»

«¿La gente se casará con robots y tendrá bebés con ellos?»

«¿Los ordenadores se van a volver tan inteligentes que acabarán por darnos órdenes?»

«Si los robots lo hacen todo, ¿qué haremos nosotros?»

Las preguntas de estos niños hacían eco con las consultas planteadas por algunas de las personas más poderosas del mundo, interacción que, por otra parte, se mostró reveladora en varios sentidos. En primer lugar, habla de cómo la IA ha pasado a un primer plano en nuestras mentes. Hace apenas unos años, la inteligencia artificial era un sector que habitaba sobre todo en laboratorios de investigación académica y en películas de ciencia ficción. El ciudadano medio puede haber tenido la sensación de que la IA trataba del diseño y la construcción de robots que pudieran pensar como personas, pero apenas si había conexión entre esa perspectiva y nuestra vida cotidiana.

Hoy todo eso ha cambiado. Los artículos sobre las últimas innovaciones en IA cubren las páginas de nuestros periódicos. Casi todos los días se celebran convenciones de negocios sobre el uso de la IA para aumentar beneficios. Y gobiernos de todo el mundo lanzan planes nacionales para aprovechar la tecnología. De repente, la IA está en el centro del discurso público, y con razón.

Los grandes avances teóricos en IA han producido, finalmente, aplicaciones prácticas que están a punto de cambiar nuestra vida. La IA ya impulsa muchas de nuestras aplicaciones y sitios web favoritos, y en los próximos años conducirá nuestros coches, gestionará nuestras carteras, fabricará gran parte de lo que compramos y sus consecuencias podrían dejarnos sin trabajo. Mi diálogo con los niños de parvulario también fue revelador por el lugar donde se llevó a cabo. No hace mucho tiempo, China estaba décadas por detrás de Estados Unidos en inteligencia artificial. Pero en los últimos tres años, China se ha contagiado de la fiebre de la IA y experimentado tal súbito entusiasmo por el tema que incluso eclipsa lo que vemos en el resto del mundo. El fervor por la IA ha pasado de las comunidades tecnológicas y empresariales a la formulación de políticas gubernamentales, y ha llegado hasta las aulas de educación infantil en Pekín.

Este amplio apoyo a la esfera de la IA ha repercutido y alimentado la creciente fuerza de China en la misma. Las empresas y los investigadores chinos especializados en IA ya han ganado mucho terreno frente a sus homólogos estadounidenses, experimentando con algoritmos y modelos de negocio innovadores que prometen revolucionar la economía del país. Juntos, estas empresas y eruditos han convertido a China en una auténtica superpotencia de la IA, el único verdadero contrapeso nacional a Estados Unidos en esta tecnología emergente. La forma en que estos dos países decidan competir y cooperar en la IA tendrá consecuencias dramáticas para la economía y la gobernabilidad mundial.

Por último, durante mis idas y venidas con esos jóvenes estudiantes, tropecé con una verdad más profunda: cuando se trata de entender el futuro de la IA, todos somos como esos niños de parvulario. Todos estamos llenos de preguntas sin respuesta, tratando de asomarnos al futuro con una mezcla de asombro infantil y preocupación de adulto. Queremos saber lo que la automatización de la IA significará para nuestros trabajos y para nuestra meta en la vida. Queremos saber qué personas y países se beneficiarán de esta gran tecnología. Nos preguntamos si la IA nos conducirá a llevar una vida llena de abundancia material, y si hay espacio para la humanidad en un mundo dirigido por máquinas inteligentes.

Nadie tiene una bola de cristal que pueda revelarnos las respuestas a estas preguntas. Pero esa incertidumbre central hace que sea aún más importante que nos las formulemos y, en la medida de nuestras posibilidades, exploremos las respuestas. Este libro es mi intento de hacerlo. No soy un oráculo que pueda predecir a la perfección nuestra IA futura, pero al analizar estas cuestiones puedo aportar mi experiencia como investigador de inteligencia artificial, ejecutivo de tecnología y ahora inversor de capital riesgo, tanto en China como en Estados Unidos. Mi esperanza es que este libro arroje algo de luz sobre cómo llegamos hasta aquí, y también inspire nuevas conversaciones acerca de hacia dónde nos dirigimos a partir de ahora.

Parte de la razón por la que resulta tan difícil predecir el final de la historia de la IA es porque no se trata sólo de una historia sobre máquinas. Es también una historia sobre seres humanos, personas con libre albedrío que les permite tomar sus propias decisiones y conformar sus propios destinos. Nosotros crearemos nuestro futuro con la IA, que reflejará las decisiones que tomemos y las medidas que adoptemos. Espero que en ese proceso busquemos en lo más profundo de nosotros mismos, y enseñemos a otros los valores y la sabiduría que pueden guiarnos.

Con ese espíritu, comencemos esta investigación.

1

El momento Sputnik de China

El adolescente chino con gafas de montura cuadrada parecía un héroe improbable para librar la última batalla de la humanidad. Vestido con un traje negro, camisa blanca y corbata también negra, Ke Jie permanecía desplomado en su asiento, frotándose las sienes y dándole vueltas al problema que tenía delante. Por lo general, aquel joven de diecinueve años estaba tan lleno de confianza que rozaba la arrogancia, pero esta vez, se estaba retorciendo en su silla de cuero. En realidad, parecía un simple chaval de instituto agonizando ante una prueba irresoluble de geometría.

Pero esa tarde de mayo de 2017, libraba una lucha sin cuartel contra una de las máquinas más inteligentes del mundo, AlphaGo, un centro neurálgico de inteligencia artificial respaldado por la compañía de tecnología más importante del mundo: Google. El campo de batalla era un tablero pautado de diecinueve por diecinueve, habitado por piedrecitas blancas y negras, la materia prima del engañosamente complejo juego Go. Durante la partida, dos jugadores se alternan en colocar piedras en el tablero, intentando rodear las piedras del oponente. Ningún humano en la Tierra podía hacer esto mejor que Ke Jie, pero ese día se enfrentaba a un jugador de Go en un nivel que nadie había visto antes.

Se cree que el Go se inventó hace más de 2.500 años, su historia se remonta en el tiempo más allá que cualquier otro juego de mesa al que se siga jugando en la actualidad. En la antigua China, el Go representaba una de las cuatro formas de arte que cualquier erudito chino debía dominar. Se creía que el juego imbuía a sus jugadores de un refinamiento intelectual y una sabiduría similar a la del Zen. Allí donde los juegos como el ajedrez occidental son burdamente tácticos, el juego de Go se basa en el posicionamiento paciente y en el lento envolvimiento, que lo convierten en una forma de arte, en un estado mental.

La profundidad de la historia del juego de Go se corresponde con su dificultad. Sus reglas básicas se pueden establecer en sólo nueve frases, pero el número de posibles posiciones en un tablero Go excede el número de átomos de todo el universo.[1] La complejidad del árbol de decisiones había convertido la derrota del campeón mundial de Go en una especie de monte Everest para la comunidad de la inteligencia artificial, un problema cuya magnitud había repelido cada intento de conquista. Los inclinados a la poesía dijeron que no se podía hacer porque las máquinas carecían del elemento humano, una sensación casi mística para el juego. Los ingenieros simplemente pensaron que el tablero ofrecía demasiadas posibilidades para que una computadora las evaluara.

Pero ese día AlphaGo no sólo ganó la batalla a Ke Jie, sino que lo fue desarmando de manera sistemática. En el transcurso de tres partidas maratonianas de más de tres horas cada una, Ke volcó todo lo que tenía contra el programa informático. Probó a ganar con diferentes enfoques: conservador, agresivo, defensivo e impredecible. Nada pareció funcionar. AlphaGo no le dio a Ke ninguna oportunidad. En vez de eso, fue apretando poco a poco los tornillos a su alrededor.

1. «Go and Mathematics» en Wikipedia, s.v., «Legal Positions», <https://en.wikipedia.org/wiki/Go_and_mathematics#Legal_positions>.

El panorama desde Pekín

Lo que se vio en esta partida dependía desde dónde se observara la misma. Para algunos analistas de Estados Unidos, las victorias de AlphaGo señalaban no sólo el triunfo de la máquina sobre el hombre, sino también de las empresas tecnológicas occidentales sobre el resto del mundo. En las dos décadas anteriores, las empresas de Silicon Valley habían conquistado los mercados tecnológicos mundiales. Compañías como Facebook y Google se habían convertido en las plataformas de referencia en internet para socializar y buscar. En el proceso, arrollaron a startups locales en países como Francia o Indonesia. Estos gigantes de internet proporcionaron a Estados Unidos un dominio del mundo digital que se correspondía con su poder militar y económico en el mundo real. Con AlphaGo —producto de la startup británica DeepMind, y adquirida por Google en 2004—, Occidente parecía estar preparado para continuar ese dominio en la era de la inteligencia artificial.

Pero al mirar por la ventana de mi oficina durante el partido de Ke Jie, vi algo muy diferente. La sede de mi fondo de capital riesgo se encuentra en el barrio de Zhongguancun de Pekín, una zona a la que se suele denominar «el Silicon Valley de China». Hoy día, Zhongguancun es el centro neurálgico del movimiento de IA chino. Para la gente de aquí, las victorias de AlphaGo supusieron tanto un reto como una inspiración. Se convirtieron en el «momento Sputnik» de China para la inteligencia artificial.

Cuando la Unión Soviética puso en órbita el primer satélite creado por el hombre en octubre de 1957, tuvo un efecto instantáneo y profundo en la psique y en la política del gobierno de Estados Unidos. El evento suscitó una gran ansiedad en el público estadounidense por la percepción de la superioridad tecnológica soviética, que seguía al satélite a través del cielo nocturno y sintonizaba las transmisiones de radio del Sputnik. Provocó la creación de la Administración Nacional de la Aeronáutica y del Espacio (NASA, por sus siglas en inglés), impulsó las subvenciones públicas para la formación en matemáticas y ciencia, e inició de manera efectiva la carrera espacial. La movilización en todo el país dio sus frutos doce años más tarde, cuando Neil Armstrong se convirtió en la primera persona en poner un pie sobre la Luna.

AlphaGo obtuvo su primera victoria destacada en marzo de 2016, durante una serie de cinco juegos contra el legendario jugador coreano Lee Sedol, de los que ganó cuatro. Aunque las cinco partidas pasaron inadvertidas para la mayoría de los estadounidenses, atrajeron la atención de más de 280 millones de espectadores chinos.[2] De la noche a la mañana, China se sumió en la fiebre de la inteligencia artificial. La agitación no llegaba a rivalizar con la reacción de Estados Unidos ante el Sputnik, pero sí exhortó a la acción a la comunidad tecnológica china, que no ha parado desde entonces.

Cuando los inversores, empresarios y autoridades gubernamentales chinas se centran en una sola industria, pueden hacer temblar al mundo. De hecho, China está intensificando su inversión, investigación y su capacidad empresarial en IA a una escala histórica. Los inversores de capital riesgo, los gigantes tecnológicos y el gobierno chino están aportando dinero a raudales para la creación de startups especializadas en inteligencia artificial. También los estudiantes chinos han contraído la fiebre de la IA, y se inscriben en programas de grado avanzado y asisten en sus *smartphones* a videoconferencias en directo de investigadores internacionales. Los fundadores de startups pivotan, reingenierizan o simplemente cambian la marca de sus compañías de manera frenética para subirse a la ola de la IA.

Menos de dos meses después de que Ke Jie abandonara la última partida con AlphaGo, el gobierno central chino elaboró un ambicioso plan para desarrollar las capacidades de la inteligencia artificial.[3] Instó a una mayor financiación, apoyo político y coordinación nacional para el avance de la IA. Estableció claros

2. METZ, Cade, «What the AI Behind AlphaGo Can Teach Us About Being Human», *Wired*, 19 de mayo de 2016, <https://www.wired.com/2016/05/google-alpha-go-ai/>.

3. MOZUR, Paul, «Beijing Wants A.I. to Be Made in China by 2030», *The New York Times*, 20 de julio de 217,<https://www.nytimes.com/2017/07/20/business/china-artificial-intelligence.html>.

parámetros de evaluación para medir el progreso entre 2020 y 2025, y previó que para 2030 China se convertiría en el centro de la innovación global en inteligencia artificial, liderando en teoría, en tecnología y en sus aplicaciónes. En 2017, los inversores de capital riesgo chinos ya habían respondido a esa llamada, invirtiendo sumas récord en nuevas empresas de inteligencia artificial, que representaba el 48 por ciento de toda la financiación de capital riesgo en IA en todo el mundo, superando por primera vez a Estados Unidos.[4]

Un juego y un punto de inflexión

Detrás de ese incremento del apoyo del gobierno chino hay un nuevo paradigma en la relación entre la inteligencia artificial y la economía. Mientras que la ciencia de la inteligencia artificial ha progresado despacio pero de manera constante durante décadas, sólo en fecha reciente se ha acelerado rápidamente dicho progreso, lo que ha permitido que estos logros académicos se traduzcan en casos de uso en el mundo real.

Los desafíos técnicos de vencer a un humano en el juego de Go ya me eran familiares. Cuando era un joven estudiante de doctorado que investigaba la inteligencia artificial en la Universidad Carnegie Mellon, estudié con el investigador pionero en IA Raj Reddy. En 1986 creé el primer programa que derrotaría a un miembro del equipo del campeonato mundial del juego Othello, una versión simplificada del Go que se juega en un tablero cuadrado de ocho por ocho.[5] Fue un gran logro en ese momento, pero la tecnología que había detrás no estaba preparada para hacer frente a nada más que a juegos de mesa sencillos.

4. VINCENT, James, «China Overtakes US in AI Startup Funding with a Focus on Facial Recognition and Chips», *The Verge*, 2 de febrero de 2018, <https://www.theverge.com/2018/2/22/17039696/china-us-ai-funding- startup-comparison>.

5. LEE, Kai-Fu y MAHAJAN, Sanjoy: «The Development of a World Class Othello Program», *Artificial Intelligence* 43, nº1, abril de 1990, pp. 21-36.

Lo mismo ocurrió cuando el Deep Blue de IBM derrotó al campeón mundial de ajedrez Garry Kasparov en una partida de 1997 llamada «La última batalla del cerebro». Ese evento generó ansiedad en torno a la cuestión de cuándo nuestros amos robots lanzarían su conquista de la humanidad, pero aparte de inflar el precio de las acciones de IBM, el juego no tuvo un impacto significativo en la vida real. La inteligencia artificial todavía tenía pocas aplicaciones prácticas, y los investigadores llevaban décadas sin un avance verdaderamente fundamental.

En lo esencial, Deep Blue «forzó» su camino a la victoria, dependiendo en gran medida de un hardware adaptado para generar y evaluar con rapidez las posiciones de cada movimiento. También había requerido que los verdaderos campeones de ajedrez añadieran una guía heurística al software. Sí, la victoria fue una impresionante hazaña de ingeniería, pero se basó en una tecnología establecida desde hacía mucho tiempo que sólo funcionaba en conjuntos de problemas muy limitados. Saca a Deep Blue de la simplicidad geométrica de un tablero de ajedrez de ocho por ocho cuadrados y no parecerá muy inteligente. Al final, el único trabajo que amenazaba con arrogarse era el del campeón mundial de ajedrez.

Esta vez, las cosas son diferentes. El partido de Ke Jie contra AlphaGo se jugó dentro de las limitaciones de un tablero de Go, pero está estrechamente vinculado a radicales variaciones en el mundo real. Esos cambios incluyen el frenesí de la IA china que las partidas de AlphaGo provocaron en medio de la tecnología subyacente que la llevó a la victoria.

AlphaGo se basa en el aprendizaje profundo, un enfoque innovador de la inteligencia artificial que ha turboalimentado las capacidades cognitivas de las máquinas. En la actualidad, los programas basados en el aprendizaje profundo pueden hacerlo mejor que los humanos en la identificación de rostros, el reconocimiento del habla, y la concesión de préstamos. Durante décadas, la revolución de la inteligencia artificial siempre parecía estar a cinco años de distancia. Pero con el desarrollo del aprendizaje profundo en los últimos años, esa revolución ha llegado por fin. Marcará el inicio de una era de un formidable incremento de la productividad, pero también de perturbaciones generalizadas en el mercado laboral —así como de profundos problemas sociopsicológicos con consecuencias para las personas— a medida que la inteligencia artificial se haga cargo de los trabajos realizados por seres humanos en todo tipo de industrias.

Durante el partido de Ke Jie, lo que me asustó no fueron los robots asesinos controlados por IA sobre los que algunos prominentes tecnólogos advierten. Fueron los demonios del mundo real que podían ser conjurados por el desempleo masivo y la consiguiente agitación social. La amenaza a los puestos de trabajo se avecina a mayor velocidad de lo que la mayoría de los expertos anticiparon, y no discriminará por clases, sino que afectará tanto a personas altamente cualificadas como a quienes cuentan con un bajo nivel educativo. El día de la notable partida entre AlphaGo y Ke Jie, el aprendizaje profundo destronó al mejor jugador de Go de la humanidad. Esa misma tecnología destructora de puestos de trabajo no tardará en llegar a una fábrica y a una oficina cerca de ti.

El fantasma en la máquina Go

Pero en esa misma partida, también vi un motivo de esperanza. Tras dos horas y cincuenta y un minutos de juego, Ke Jie topó contra un muro. Lo había dado todo en este juego, pero sabía que no iba a ser suficiente. Encorvado sobre el tablero, frunció los labios y su ceja empezó a temblar. Al darse cuenta de que ya no podía contener sus emociones, se quitó las gafas y usó el dorso de la mano para secarse las lágrimas de los ojos. Sucedió en un instante, pero fue fácil para todos apreciar la emoción detrás de ese gesto.

Esas lágrimas desencadenaron una oleada de simpatía y apoyo a Ke. A lo largo de las tres partidas, Ke había estado subido a una montaña rusa de emociones humanas: confianza, ansiedad, miedo, esperanza y angustia. Había mostrado su espíritu competitivo, pero en esas partidas yo vi un acto de amor genuino: la voluntad de lidiar con un oponente imbatible por puro amor al juego, a su historia y a la gente que lo juega. Aquellas personas que vieron la frustración de Ke respondieron de la misma manera. Puede que AlphaGo fuera el ganador, pero Ke se convirtió en el campeón de la gente. En ese sentido —seres humanos dando y recibiendo amor—, vislumbré como las personas encontrarían trabajo y significado en la era de la inteligencia artificial.

Creo que la hábil aplicación de la IA será la mayor oportunidad que China tendrá para alcanzar —y posiblemente superar— a Estados Unidos. Pero, lo que es más importante, este cambio propiciará la oportunidad de que todas las personas redescubran qué es lo que nos hace ser humanos.

Para entender el por qué, debemos comprender primero los fundamentos de la tecnología y cómo está preparada para transformar nuestro mundo.

Una breve historia sobre el aprendizaje profundo

El aprendizaje automático —el término general para el ámbito que incluye el aprendizaje profundo— es una tecnología de las que alteran la historia, pero que tiene la suerte de haber sobrevivido a un tumultuoso medio siglo de investigación. Desde sus inicios, la inteligencia artificial ha pasado por una serie de ciclos de auge y caída. Períodos de grandes promesas han ido seguidos de «inviernos de la IA», cuando la decepcionante falta de resultados prácticos conducía a importantes recortes de financiación. Entender qué es lo que hace que la llegada del aprendizaje profundo sea diferente requiere un rápido resumen acerca de cómo llegamos hasta aquí.

A mediados de la década de 1950, los pioneros de la inteligencia artificial se fijaron una misión increíblemente sublime pero bien definida: recrear la inteligencia humana en una máquina. Esa sorprendente combinación de claridad del objetivo y complejidad de la tarea atraería a algunas de las mejores mentes del emergente mundo de la informática: Marvin Minsky, John McCarthy y Herbert Simon.

En tanto que ingenuo estudiante de informática de la Universidad de Columbia a principios de los años ochenta, todo esto aguzó mi imaginación. Nací en Taiwán a principios de la década de 1960, pero me trasladé a Tennessee a la edad de once años, donde terminé la escuela secundaria. Después de cuatro años en Columbia, Nueva York, supe que quería profundizar en la IA. Cuando en 1983 solicité cursar el doctorado en informática, escribí el siguiente texto un tanto grandilocuente del campo en mi descripción de intenciones: «La inteligencia artificial es la elucidación del proceso de aprendizaje humano, la cuantificación del proceso de pensamiento humano, la explicación de la conducta humana y la comprensión de lo que hace posible la inteligencia. Es el paso final del hombre para comprenderse a sí mismo, y espero participar en esta nueva pero prometedora ciencia».

Esta disertación me ayudó a entrar en el departamento de informática mejor calificado de la Universidad Carnegie Mellon, un caldo de cultivo para la investigación en IA de vanguardia. También mostró mi ingenuidad sobre el campo de estudio, tanto por sobreestimar nuestro poder para entendernos a nosotros mismos como por subestimar el poder de la IA para producir inteligencia sobrehumana en estrechos ámbitos.

Cuando comencé mi doctorado, el sector de la inteligencia artificial se había escindido en dos campos: el enfoque «basado en normas» y el enfoque de «redes neuronales». Los investigadores en el campo basado en reglas (también llamado a veces «sistemas simbólicos» o «sistemas expertos») intentaban enseñar a los ordenadores a pensar codificando una serie de reglas lógicas: si X, entonces Y. Esta perspectiva funcionaba bien para juegos simples y bien definidos («problemas de juguete»), pero se desmoronaba cuando el universo de posibles opciones o movimientos se expandía. Para hacer el software más aplicable a problemas del mundo real, el campo basado en reglas entrevistaba a expertos en los problemas que se estaban abordando y luego codificaba su sabiduría en la toma de decisiones del programa (de ahí el apodo de «sistemas expertos»).

El campo de las «redes neuronales», sin embargo, adoptó un enfoque diferente. En lugar de tratar de enseñar al ordenador las reglas dominadas por el cerebro humano, estos profesionales intentaron reconstruir el mismo cerebro humano. Dado que las enmarañadas redes de neuronas de los cerebros de los animales era la única cosa susceptible de inteligencia tal y como la conocemos, estos investigadores decidieron ir directamente a la fuente. Esta orientación imita la arquitectura subyacente del cerebro, construyendo capas de neuronas artificiales que pueden recibir y transmitir información en una estructura similar a nuestras redes de neuronas biológicas. A diferencia del enfoque basado en reglas, los artífices de redes neuronales no suelen dar a las redes reglas a seguir en la toma de decisiones. Simplemente introducen muchísimos ejemplos de un determinado fenómeno —imágenes, partidas de ajedrez, sonidos— en las redes neuronales y dejan que las propias redes identifiquen patrones dentro de los datos. En otras palabras, cuanto menos interferencia humana, mejor.

Las diferencias entre ambos enfoques se advierten en cómo abordan un problema simple: identificar si hay un gato en una foto. El enfoque basado en reglas intentaría establecer pautas del tipo «si-entonces» para ayudar al programa a tomar una decisión: «Si hay dos formas triangulares encima de una forma circular, entonces probablemente haya un gato en la imagen». En cambio, el enfoque de redes neuronales, alimentaría el programa con millones de fotos de muestra etiquetadas como «gato» o «no gato», dejando que el programa descubra por sí mismo qué características de las millones de imágenes se relacionaban de forma más estrecha con la etiqueta «gato».

Durante las décadas de 1950 y 1960, las primeras versiones de redes neuronales artificiales rindieron resultados prometedores y mucha publicidad. Pero luego, en 1969, los investigadores del campo basado en reglas retrocedieron, lo que convenció a muchos en el sector de que las redes neuronales no eran confiables y su uso, limitado. El enfoque de redes neuronales pasó rápidamente de moda, y en los años setenta la IA se sumergió en uno de sus primeros «inviernos».

Durante las décadas siguientes, las redes neuronales disfrutaron de breves períodos de prominencia, seguidos de un abandono casi total. En 1988 utilicé una técnica similar a las redes neuronales (modelo oculto de Markov o HMM, por sus siglas en inglés) para crear Sphinx, el primer sistema de habla continua y reconocimiento del habla.[6] Ese logro me reportó una reseña en *The New York Times.*[7] Pero no fue suficiente para salvar a las redes neuronales de caer en desgracia una vez más, ya que la IA volvió a entrar en una época glaciar prolongada durante la mayor parte de la década de 1990.

Lo que en última instancia resucitó el campo de las redes neuronales —y desencadenó el renacimiento de la IA que vivimos hoy—, fueron los cambios en dos de las materias primas clave de las que se nutren las redes neuronales, junto con un gran avance tecnológico. Las redes neuronales requieren grandes cantidades de dos cosas: potencia de cálculo y datos. Los datos «entrenan» al programa para reconocer patrones dándole muchos ejemplos, y la potencia de cálculo permite que el programa analice esos ejemplos a gran velocidad.

Tanto los datos como la potencia de cálculo eran escasos en los albores del campo de la IA en los años cincuenta. Pero con el transcurso de los años durante las décadas siguientes, todo eso ha cambiado. Hoy, tu *smartphone* tiene millones de veces más capacidad de procesamiento que los ordenadores de vanguardia que la NASA utilizó para enviar a Neil Armstrong a la Luna en 1969. E internet ha dado lugar a una explosión de todo tipo de datos digitales: texto, imágenes, vídeos, clics, compras, *tweets*, etc. En conjunto, todo esto ha proporcionado a los investigadores grandes volúmenes de datos con los que entrenar a sus redes, así como una inmensa capacidad de procesamiento a bajo coste para utilizarla en más formación.

Pero las propias redes seguían siendo muy limitadas en cuanto a lo que podían hacer. La precisión de los resultados a problemas complejos requerían muchas capas de neuronas artificiales,

6. LEE, Kai-Fu, «On Large-Vocabulary Speaker-Independent Continuous Speech Recognition», *Speech Communication* 7, nº 4, diciembre de 1988, pp. 375-379.

7. MARKOFF, John, «vTalking to Machines: Progress Is Speeded», *The New York Times*, 6 de julio de 1988 <https://www.nytimes.com/1988/07/06/business/business-technology-talking-to-machines-progress-is-speeded.html>.

y los investigadores no habían encontrado aún la forma de entrenar esas capas con eficacia a medida que se agregaban. El gran salto técnico del aprendizaje profundo llegó por fin a mediados de la década de 2000, cuando el destacado investigador Geofrey Hinton descubrió un modo de entrenar de manera eficaz a las nuevas capas de redes neuronales. El resultado fue como dar esteroides a las viejas redes neuronales, multiplicando su potencia para realizar tareas como el reconocimiento de voz y de objetos.

Pronto, estas redes neuronales aceleradas, rebautizadas ahora como «aprendizaje profundo *(Deep learning)*», podrían superar a los modelos más antiguos en una variedad de tareas. Pero años de prejuicios arraigados contra el enfoque de las redes neuronales llevaron a muchos investigadores de IA a pasar por alto a este grupo «alternativo» que reivindicaba resultados sobresalientes. El punto de inflexión llegó en 2012, cuando una red neuronal construida por el equipo de Hinton arrolló a sus competidores en un concurso internacional de visión por ordenador.[8]

Tras décadas al margen de la investigación de la IA, de la noche a la mañana las redes neuronales pasaron a formar parte de la corriente dominante, esta vez en forma de aprendizaje profundo. Este avance prometía derretir el hielo del último invierno de la IA y, por primera vez, llevar de verdad el poder de la IA al mundo real. Investigadores, futuristas y directores ejecutivos de empresas tecnológicas comenzaron a hablar sobre el enorme potencial del sector para descifrar el habla humana, traducir documentos, reconocer imágenes, predecir el comportamiento del consumidor, identificar fraudes, tomar decisiones crediticias, ayudar a los robots a «ver», e incluso a conducir un coche.

Abrir el telón al aprendizaje profundo

¿Cómo funciona el aprendizaje profundo? En esencia, estos algoritmos utilizan cantidades masivas de datos de un dominio

8. ImageNet Large Scale Visual Recognition Challenge 2012, Resultados completos en <http://image-net.org/challenges/LSVRC/2012/results.html>.

específico para adoptar una decisión que optimiza el resultado deseado. Esto lo hace entrenándose a sí mismo para reconocer patrones y correlaciones profundamente enterrados que conectan los muchos puntos de datos con el resultado deseado. Este proceso de búsqueda de patrones es más fácil cuando los datos se etiquetan con el resultado deseado: «gato» contra «no gato»; «clicado» frente a «no ha clicado»; «juego ganado» contra «juego perdido». Entonces puede recurrir a su amplio conocimiento de estas correlaciones —muchas de las cuales son invisibles o irrelevantes para los observadores humanos— para tomar decisiones mejores que las que una persona podría adoptar.

Para ello se necesitan grandes cantidades de datos relevantes, un algoritmo sólido, un dominio limitado y un objetivo concreto. Si te falta alguno de éstos, las cosas se desmoronan. ¿Demasiados pocos datos? El algoritmo no tiene suficientes ejemplos para descubrir correlaciones significativas. ¿Un objetivo demasiado amplio? El algoritmo carece de puntos de referencia claros para aspirar a la optimización.

El aprendizaje profundo es lo que se conoce como «IA estrecha», inteligencia que toma datos de un dominio específico y los aplica para optimizar un determinado resultado. Aunque impresionante, todavía está muy lejos de la «IA general», la tecnología polivalente capaz de hacer todo lo que puede hacer un ser humano.

La aplicación más natural del aprendizaje profundo es en campos como el de los seguros y la concesión de préstamos. Los datos relevantes sobre los prestatarios son abundantes (calificación crediticia, ingresos, uso reciente de tarjetas de crédito), y el objetivo a optimizar es claro (minimizar las tasas de impago). Si se va un paso más allá, el aprendizaje profundo ayudará a los vehículos autónomos a «ver» el mundo que les rodea: reconocer los patrones en los píxeles de la cámara (octágonos rojos), averiguar con qué se correlacionan (señales de stop) y utilizar esa información para tomar decisiones (pisar el freno para que el coche se detenga lentamente) que optimicen la obtención del resultado deseado (llevarme a casa de forma segura en el menor tiempo posible).

La gente está tan entusiasmada con el aprendizaje profundo

justamente porque su poder fundamental —su capacidad de reconocer un patrón, optimizar para obtener un resultado específico, tomar una decisión— se puede aplicar a muchos tipos diferentes de problemas cotidianos. Por eso, compañías como Google y Facebook se han apresurado para hacerse con los servicios del pequeño núcleo de expertos en aprendizaje profundo, pagándoles millones de dólares para llevar a cabo ambiciosos proyectos de investigación. En 2013, Google adquirió la startup fundada por Geofrey Hinton, y al año siguiente se adueñó de la británica DeepMind —la compañía que construyó AlphaGo— por más de quinientos millones de dólares.[9] Los resultados de estos proyectos han seguido asombrando a los observadores y acaparan titulares. Han cambiado el espíritu cultural de la época y han hecho que tengamos la sensación de estar en el precipicio de una nueva era, una en la que las máquinas empoderarán de forma radical y/o desplazarán de manera violenta a los seres humanos.

La IA y la investigación internacional

Pero ¿dónde estaba China en todo esto? Lo cierto es que la historia del nacimiento del aprendizaje profundo tuvo lugar casi por completo en Estados Unidos, Canadá y Reino Unido. Después de eso, un número más pequeño de empresarios y de fondos de capital riesgo chinos, como el mío, comenzaron a invertir en este sector. Pero la gran mayoría de la comunidad tecnológica china no despertó realmente a la revolución del aprendizaje profundo hasta su momento Sputnik, en 2016, una década después del avance en el campo que supuso el estudio académico y cuatro años después de haber demostrado su valía en el concurso de visión por ordenador.

Las universidades y compañías tecnológicas estadounidenses llevan décadas cosechando los frutos de la capacidad del país

9. SHU, Catherine, «Google Acquires Artificial Intelligence Startup for Over $500 Million», *TechCrunch*, 6 de enero de 2014, <https://techcrunch.com/2014/01/26/google-deepmind/>.

para atraer y absorber talento procedente de todo el mundo. El progreso en IA no parecía ser diferente. Estados Unidos se afianzaba en una posición de liderazgo, que sólo crecía a medida que estos investigadores de élite se aprovechaban del generoso entorno de financiación, su cultura única y empresas puntales de Silicon Valley. En opinión de la mayoría de los analistas, la industria tecnológica china estaba destinada a desempeñar el mismo papel en la IA global que había tenido durante décadas: el del imitador que se quedaba muy por detrás de la vanguardia.

Como se demuestra en los capítulos siguientes, ese análisis es erróneo. Se basa en suposiciones anticuadas sobre el entorno tecnológico chino, así como en la incomprensión más esencial de lo que está impulsando la revolución de la IA en curso. Puede que Occidente haya encendido la chispa del aprendizaje profundo, pero China será el mayor beneficiario del calor que el fuego de la inteligencia artificial está generando. Este cambio global es el resultado de dos transiciones: de la era del descubrimiento a la de la implementación, y de la era de los conocimientos especializados a la de los datos.

Básica a la creencia errónea de que Estados Unidos lleva gran ventaja en IA es la convicción de que vivimos en una era de descubrimientos, una época en la que los investigadores de élite de la IA tumban sin parar viejos paradigmas y descifran antiguos misterios. Esta impresión ha sido alimentada por un flujo constante de apasionantes informes mediáticos que anuncian la última hazaña realizada por la IA: diagnosticar ciertos tipos de cáncer mejor que los médicos, vencer a los campeones de la versión estándar del juego de cartas de póquer llamado Texas Hold'em, enseñándose a sí misma a dominar nuevas habilidades con cero interferencia humana. Ante esta riada de atención mediática a cada nuevo logro, se podrá perdonar al observador ocasional —e incluso al analista experto— el hecho de creer que no paran de abrirse nuevos caminos en la investigación de la inteligencia artificial.

Creo que esta impresión es engañosa. Muchos de estos recientes hitos son, más bien, la mera aplicación de los avances de la última década —principalmente del aprendizaje profundo, pero también de tecnologías complementarias como el aprendizaje de refuerzo y la transferencia del aprendizaje— a nuevos problemas. Lo que estos investigadores están llevando a cabo requiere de una gran habilidad y un profundo conocimiento: la capacidad de modificar complejos algoritmos matemáticos, de manipular cantidades masivas de datos y de adaptar la red neuronal a diferentes problemas. Eso a menudo exige ser un experto en la materia de nivel de doctorado. Pero estos avances son mejoras y optimizaciones adicionales que aprovechan el dramático salto hacia delante del aprendizaje profundo.

La era de la implementación

Lo que realmente representan es la aplicación de las increíbles facultades de reconocimiento de patrones y de predicción del aprendizaje profundo en diferentes esferas, como el diagnóstico de una enfermedad, la emisión de una póliza de seguro, la conducción de un automóvil o la traducción de una frase en chino a inglés legible. No significan un progreso rápido hacia la «IA general» o cualquier otro avance similar en el nivel del aprendizaje profundo. Ésta es la era de la implementación, y las empresas que quieran beneficiarse de este período de tiempo necesitarán empresarios, ingenieros y gerentes de producción con talento.

Andrew Ng, pionero del aprendizaje profundo, ha comparado la IA con el aprovechamiento de la electricidad de Thomas Edison:[10] una tecnología revolucionaria por sí sola, y que una vez que se utiliza se puede emplear para revolucionar decenas de industrias diferentes. Del mismo modo en que los empresarios del siglo XIX no tardaron en comenzar a aplicar el gran avance de la electricidad a la cocina de alimentos, en salas de iluminación y equipos industriales, los actuales empresarios de la IA están haciendo lo mismo con el aprendizaje profundo. Gran parte del di-

10. LYNCH, Shana, «Andrew Ng: Why AI is the New Electricity», The Dish (blog), *Stanford News*, 14 de marzo de 2017<https://news.stanford.edu/thedish/2017/03/14/andrew-ng-why-ai-is-the-new-electricity/>.

fícil y abstracto trabajo de investigación de la IA ya se ha realizado, y ahora es el momento de que los empresarios se arremanguen y se pongan manos a la obra para convertir los algoritmos en negocios sostenibles.

Eso de ninguna manera disminuye el entusiasmo actual en torno a la IA; la implementación es lo que hace que los avances académicos tengan sentido y lo que realmente terminará cambiando el entramado de nuestra vida diaria. La era de la implementación significa que veremos aplicaciones en el mundo real tras décadas de prometedora investigación, algo que llevo esperando durante gran parte de mi vida adulta.

Pero hacer esa distinción entre descubrimiento e implementación es fundamental para entender cómo la IA transformará nuestras vidas o qué país será el principal impulsor de ese progreso. Durante la era del descubrimiento, el progreso fue promovido por un puñado de pensadores de élite, prácticamente todos ellos concentrados en Estados Unidos y Canadá. Sus investigaciones e innovaciones intelectuales únicas dieron lugar a un repentino y monumental aumento de aquello que los ordenadores pueden llegar a hacer. Desde los albores del aprendizaje profundo, ningún otro grupo de investigadores o ingenieros ha aportado ninguna innovación de tal magnitud.

La era de los datos

Esto nos lleva a la segunda gran transición; de la era de los conocimientos especializados a la de los datos. Hoy día, los buenos algoritmos de IA necesitan tres cosas: gran volumen de datos, capacidad de procesamiento y el trabajo de sólidos ingenieros de algoritmos de IA, aunque no necesariamente de élite. Llevar el poder del aprendizaje profundo a nuevos problemas requiere de los tres elementos, y en esta era de implementación, los datos constituyen la parte central. Esto se debe a que una vez que la capacidad de procesamiento y el talento de ingeniería alcanzan cierto umbral, la cantidad de datos se vuelve decisiva para determinar la potencia y la precisión de un algoritmo.

En el aprendizaje profundo, no hay mejor dato que más datos. A cuantos más ejemplos de un determinado fenómeno esté expuesta una red, con mayor exactitud podrá ésta seleccionar patrones e identificar elementos en el mundo real. Con muchos más datos, un algoritmo diseñado por un puñado de ingenieros de IA de nivel medio suele superar al diseñado por un investigador de aprendizaje profundo de clase mundial. Tener el monopolio de los mejores científicos ya no es lo que era.

Los investigadores de IA de élite todavía tienen el potencial de impulsar el sector al siguiente nivel, pero esos avances ocurren una vez cada varias décadas. Mientras esperamos el siguiente descubrimiento, la pujante disponibilidad de datos será la fuerza motriz detrás de la alteración del aprendizaje profundo de innumerables industrias en todo el mundo.

Ventaja china

La realización de la nueva promesa de la electrificación hace un siglo requirió de cuatro insumos clave: combustibles fósiles para generarla, empresarios para construir nuevos negocios alrededor de ella, ingenieros eléctricos para manipularla y un gobierno que prestase su apoyo para desarrollar la infraestructura pública esencial. Aprovechar el poder de la IA hoy —la «electricidad» del siglo XXI— requiere de cuatro insumos análogos: datos abundantes, empresarios hambrientos, científicos de IA y un entorno político favorable a la IA. Al examinar las relativas fortalezas de China y de Estados Unidos en estas cuatro categorías, podemos predecir el emergente equilibrio de poder en el orden mundial de la IA.

Ambas transiciones descritas en las páginas anteriores —desde el descubrimiento hasta la implementación, y de los conocimientos especializados a los datos— inclinan la balanza hacia China. Lo hacen minimizando las debilidades de China y ampliando sus fortalezas. Pasar del descubrimiento a la implementación reduce uno de los mayores puntos débiles de China (planteamientos fuera de lo convencional a las preguntas de investigación) y también aprovecha la fuerza más significativa del país: aguerridos empresarios con un agudo instinto para construir negocios sólidos. La transición de los conocimientos especializados a los datos tiene un beneficio similar, ya que minimiza la importancia de la élite global de investigadores de la que China carece y maximiza el valor de otro recurso clave que China tiene en abundancia: datos.

Los empresarios de Silicon Valley se han ganado la reputación de ser algunos de los más trabajadores de Estados Unidos, jóvenes fundadores apasionados que trasnochan en una loca carrera para sacar un producto, y luego repiten de forma obsesiva ese producto mientras buscan el siguiente gran acontecimiento que lo cambiará todo. No hay duda de que los empresarios de allí trabajan duro. Pasé décadas arraigado a fondo tanto en Silicon Valley como en la escena tecnológica de China, trabajando en Apple, Microsoft y Google antes de pensárlo bien e invertir en decenas de startups chinas. Puedo asegurar que Silicon Valley parece lento en comparación con su competidor al otro lado del Pacífico.

Los exitosos empresarios chinos de internet han llegado donde están mediante la conquista del entorno competitivo más despiadado del planeta. Viven en un mundo donde la velocidad es esencial, copiar es una práctica aceptada, y los competidores no se detendrán ante nada para ganar un nuevo mercado. Cada día que uno pasa en la escena de las startups chinas es una prueba de fuego, como un día en la vida de un gladiador en el Coliseo. Las batallas son a vida o muerte, y tus oponentes no tienen escrúpulos.

La única manera de sobrevivir a esta batalla es mejorar de manera constante tu producto, pero también innovar en tu modelo de negocio y construir un «foso» alrededor de tu empresa. Si tu única ventaja es una sola idea novedosa, esa idea acabará siendo copiada de forma inevitable, te robarán tus empleados clave y serás expulsado del negocio por los competidores subvencionados por inversores de capital riesgo. Este entorno de frenética actividad contrasta con Silicon Valley, donde copiar está estigmatizado y a muchas empresas se les permite avanzar sin esfuerzo sobre la base de una idea original o de un golpe de suerte. Esta falta de competencia puede llevar a un cierto nivel de autocomplacencia, en el que los empresarios dejan de explorar todas las versiones posibles de su primera innovación. Los complicados mercados y los sucios trucos de «imitación» de China engendraron algunas empresas de reputación cuestionable, y también incubaron una generación de empresarios sagaces, espabilados y dispuestos a trabajar duro. Estos emprendedores serán el ingrediente secreto que ayude al gigante asiático a convertirse en el primer país en sacar provecho de la era de la implementación de la IA.

Estos empresarios tendrán acceso a la otra «fuente natural» del mundo tecnológico chino: una sobreabundancia de datos. China ya ha superado a Estados Unidos en términos de volumen como principal productor de datos. Éstos no sólo son impresionantes desde un punto de vista cuantitativo, sino que gracias al ecosistema tecnológico único de China —un universo alternativo de productos y funciones que no se ve en ningún otro lugar—, los datos están hechos a medida para construir empresas de IA rentables.

Hasta hace unos cinco años, tenía sentido comparar directamente el progreso de las compañías de internet chinas y estadounidenses en los términos de una competición. Llevaban trayectorias más o menos paralelas, con Estados Unidos ligeramente por delante de China. Pero hacia 2013, el internet de China dio un golpe de timón. En lugar de seguir los pasos de las compañías estadounidenses o de copiarlas sin más, los empresarios chinos comenzaron a desarrollar productos y servicios sin análogos en Silicon Valley. Los analistas solían invocar analogías sencillas basadas en Silicon Valley para describir a las empresas chinas —«el Facebook de China», «el Twitter de China»—, pero en los últimos años, estas etiquetas dejaron de tener sentido en muchos casos. El internet chino se había transformado en un universo alternativo.

Los urbanitas chinos comenzaron a pagar por comprar en el mundo real con códigos de barras en sus teléfonos, parte de una revolución de pagos móviles no vista en ningún otro lugar. Ejércitos de repartidores de comida y masajistas a la carta que se desplazaban en motos eléctricas obstruyeron las calles de las ciudades chinas. Representaban una ola sísmica de startups *online-to-offline* (O2O) que llevaron las ventajas del comercio electrónico a los servicios del mundo real, como la comida de restaurante o las manicuras. Poco después llegaron los millones de bicicletas compartidas de colores brillantes que los usuarios podían coger o dejar en cualquier lugar con sólo escanear un código de barras con sus teléfonos móviles.

La unión de todos estos servicios dio lugar a la aparición de la super app china WeChat, una especie de navaja digital del ejército suizo para la vida moderna. Los usuarios de WeChat empezaron a enviar mensajes de texto y de voz a sus amigos, a pagar sus compras, a pedir una cita con el médico, a pagar impuestos, a desbloquear bicicletas compartidas y a comprar billetes de avión, todo ello sin salir de la aplicación. WeChat se convirtió en la aplicación social universal, en la que se utilizaban diferentes tipos de grupos de chat—formados con compañeros de trabajo y amigos, o en torno a intereses concretos— para negociar acuerdos comerciales, organizar fiestas de cumpleaños o discutir sobre arte moderno. Reunió una serie de funciones esenciales que en Estados Unidos y otros países se encuentran dispersas en una docena de aplicaciones.

Ahora, el universo digital alternativo de China crea y captura un montón de nuevos datos sobre el mundo real. Esa riqueza de información sobre los usuarios —su ubicación cada segundo del día, cómo viajan, qué alimentos les gustan, cuándo y dónde compran comida y cerveza— es valiosísima en la era de la implementación de la IA. Proporciona a estas empresas un pormenorizado tesoro de los hábitos diarios de estos usuarios, que puede combinarse con algoritmos de aprendizaje profundo para ofrecer servicios a medida que van desde la auditoría financiera hasta a la planificación urbanística. También supera ampliamente lo que las compañías líderes de Silicon Valley pueden descifrar a partir de tus búsquedas, «*likes*» u ocasionales compras *online*. Este incomparable tesoro de datos del mundo real dará a las empresas chinas una importante ventaja en el desarrollo de servicios basados en la inteligencia artificial.

Con la mano en la balanza

Estos recientes y poderosos acontecimientos inclinan como es lógico el equilibrio de poder a favor de China. Pero además de este reequilibrio natural, también el gobierno chino está haciendo todo lo posible para inclinar la balanza. El plan de gran envergadura del gobierno de China para convertir al país en una superpotencia de la IA garantizó un amplio apoyo y financiación para la investigación de la IA, pero sobre todo sirvió de faro para que las administraciones locales de todo el país siguieran su ejemplo. Las estructuras de gobierno chinas son más complejas de lo que la mayoría de los estadounidenses suponen. El gobierno central no emite simplemente órdenes que se implementan al instante en toda la nación, aunque sí tiene la capacidad de elegir ciertos objetivos a largo plazo y movilizar recursos épicos para caminar en esa dirección. El desarrollo a un ritmo vertiginoso de una red ferroviaria de alta velocidad en expansión constituye un ejemplo de ello.

Los líderes de los gobiernos locales respondieron al auge de la IA como si acabaran de escuchar el pistoletazo de salida de una carrera, compitiendo entre sí para atraer a las compañías y empresarios de IA a sus regiones con generosas promesas de subsidios y políticas preferenciales. Esa carrera apenas acaba de comenzar, y todavía no está claro el impacto que tendrá en el desarrollo de la IA en China. Pero cualquiera que sea el resultado, contrasta con un gobierno estadounidense que de manera deliberada adopta un enfoque de no injerencia en la iniciativa empresarial y que está recortando de forma activa la financiación de la investigación básica.

Si unimos todas estas piezas —la doble transición hacia la era de la implementación y la era de los datos, los emprendedores chinos de talla mundial y un gobierno proactivo— creo que China no tardará en igualar e incluso superar a Estados Unidos en el desarrollo y despliegue de la inteligencia artificial. A mi modo de ver, ese liderazgo en la implementación de la inteligencia artificial se traducirá en un aumento de la productividad a una escala nunca vista desde la revolución industrial. PriceWaterhouseCoopers estima que el despliegue de la IA aportará 15,7 billones de dólares al PIB mundial para 2030.[11] Está previsto que China se lleve a casa siete billones de dólares de ese total, casi el doble de los 3,7 billo-

11. DR. RAO, Anand S. y VERWEIJ, Gerard, «Sizing the Prize», PwC, 27

nes de dólares en ganancias de Estados Unidos. A medida que el equilibrio de poder económico se incline a favor de China, también lo harán la influencia política y el «poder de atracción», la huella cultural e ideológica del país en todo el mundo.

Este nuevo orden mundial de la IA será particularmente agitado para Estados Unidos, que se ha acostumbrado a ejercer un dominio casi total de la esfera tecnológica. Porque desde que muchos de nosotros podemos recordar, son las compañías de tecnología estadounidenses las que han presionado para colocar sus productos y sus valores a usuarios de todo el mundo. Como resultado, las empresas, los ciudadanos y los políticos de Estados Unidos han olvidado lo que se siente al ser la parte receptora de estos intercambios, un proceso que con frecuencia parece una «colonización tecnológica». China no tiene la intención de utilizar su ventaja en la era de la IA como plataforma para tal colonización, pero las alteraciones inducidas por la IA en el orden político y económico, conducirán a un cambio importante en la forma en que todos los países experimenten el fenómeno de la globalización digital.

Las auténticas crisis

Por muy significativa que llegue a ser esta competición entre las dos superpotencias del mundo, palidece en comparación con los problemas de pérdida de empleo y creciente desigualdad —tanto en el nivel interno como entre países— que invocará la IA. A medida que el aprendizaje profundo invada la economía mundial, acabará con miles de millones de puestos de trabajo a todos los niveles de la escala socioeconómica: contables, trabajadores de líneas de montaje, operarios de almacenes, analistas bursátiles, inspectores de control de calidad, camioneros, asistentes legales e incluso radiólogos, por nombrar algunos.

En el pasado, la civilización humana ha absorbido en la economía perturbaciones tecnológicas similares, convirtiendo a

de junio de 2017, <https://www.pwc.com/gx/en/issues/analytics/assets/pwc-ai-analysis-sizing-the-prize-report.pdf>.

cientos de millones de agricultores en obreros industriales durante los siglos XIX y XX. Pero ninguno de estos cambios llegó tan rápido como la IA. Basándome en las tendencias actuales en el avance y la adopción de la tecnología, predigo que dentro de quince años, la inteligencia artificial será técnicamente capaz de reemplazar entre el cuarenta y el cincuenta por ciento de los puestos de trabajo en Estados Unidos. La pérdida real de empleo puede llegar a retrasar esas capacidades técnicas una década más, pero preveo que la alteración del mercado de trabajo será muy real, muy grande y que se producirá en breve.

En paralelo con el desempleo, aumentará la astronómica riqueza en manos de los nuevos magnates de la IA. Uber ya es una de las empresas más valiosas del mundo, incluso otorgando al conductor alrededor del 75 por ciento del dinero ganado en cada trayecto. Con ese fin, ¿a cuánto puede llegar a ascender el valor de Uber si en el lapso de un par de años la compañía fuera capaz de reemplazar a cada uno de sus conductores humanos por un coche autónomo con IA? ¿O si los bancos pudieran reemplazar a todos sus agentes hipotecarios con algoritmos que emitieran préstamos más inteligentes con tasas de morosidad mucho más bajas? ¿Y todo ello sin interferencia humana? Pronto se producirán transformaciones similares en sectores como el transporte en camión por carretera, los seguros, la fabricación y la venta al por menor.

Mayor concentración de beneficios. Ése es el hecho: la IA tiende de forma natural hacia una economía en la que el ganador se lo lleva todo dentro de una industria. La relación del aprendizaje profundo con los datos fomenta un círculo virtuoso para fortalecer los mejores productos y empresas: más datos conducen a mejores productos, que a su vez atraen a más usuarios, que generan más datos que mejoran aún más el producto. Esta combinación de datos y dinero en efectivo también atrae a los mejores talentos de la IA a las mejores compañías, ampliando la brecha entre los líderes de la industria y los rezagados.

En el pasado, el dominio de los bienes físicos y los límites de la geografía ayudaban a frenar los monopolios de consumidores (la legislación antimonopolio estadounidense tampoco hacía daño). Pero en el futuro, los bienes y servicios digitales continuarán comiéndose una mayor proporción del pastel del consumidor, y los camiones autónomos y los drones reducirán de manera drástica el coste del envío de bienes físicos. En lugar de una dispersión de los beneficios de la industria entre diferentes empresas y regiones, empezaremos a ver una concentración cada vez mayor de estas sumas astronómicas en manos de unos pocos, mientras que las colas del paro serán cada vez más largas.

El orden mundial de la IA

La desigualdad no se contendrá dentro de las fronteras nacionales. China y Estados Unidos ya han dado un gran salto y llevan una enorme ventaja en inteligencia artificial sobre todos los demás Estados, al establecer el escenario de un nuevo tipo de orden mundial bipolar. Otros países —Reino Unido, Francia y Canadá, por nombrar algunos— cuentan con sólidos laboratorios de investigación en IA dotados de un gran talento, pero carecen del ecosistema de capital riesgo y de grandes bases de usuarios para generar los datos clave en la era de la implementación. A medida que las empresas de IA de Estados Unidos y China acumulan más datos y talento, el círculo virtuoso de las mejoras basadas en datos está ampliando su liderazgo hasta un punto que se volverá insuperable. En la actualidad, China y Estados Unidos están incubando a los gigantes de la IA que dominarán el mercado mundial y obtendrán riqueza de los consumidores de todo el mundo.

Al mismo tiempo, la automatización impulsada por la IA en las fábricas socavará la única ventaja económica que los países en vías de desarrollo poseían históricamente: la mano de obra barata. Es probable que las fábricas operadas por robots se trasladen para estar más cerca de sus clientes en los grandes mercados, alejando la escalera que países en desarrollo como China y los «tigres asiáticos» de Corea del Sur y Singapur subieron en pleno proceso de convertirse en economías de altos ingresos basadas en la tecnología. La brecha entre los que tienen y los que no tienen se ensanchará, sin que se conozca el modo de estrecharla o cerrarla.

El orden mundial de la IA combinará la economía del ganador que se lo lleva todo con una concentración sin precedentes de la riqueza en manos de unas pocas empresas chinas y estadounidenses. Ésta es, en mi opinión, la verdadera amenaza subyacente que plantea la inteligencia artificial: un tremendo desorden social y colapso político derivados del desempleo generalizado y de la enorme desigualdad.

El tumulto en el mercado de trabajo y la agitación en las sociedades se producirán en el contexto de una crisis mucho más personal y humana: una pérdida psicológica del propósito de cada uno. Durante siglos, los seres humanos han pasado sus días trabajando: intercambiando su tiempo y sudor por techo y comida. Hemos construido valores culturales profundamente arraigados en torno a este intercambio, y muchos de nosotros hemos sido condicionados a derivar nuestra autoestima del acto del trabajo diario. El crecimiento de la inteligencia artificial desafiará estos valores y amenaza con socavar ese sentido de propósito de la vida en un espacio de tiempo ridículamente corto.

Estos desafíos son trascendentales, pero no insuperables. En los últimos años, yo mismo me he enfrentado a una amenaza mortal y a una crisis existencial en mi propia vida personal. Esa experiencia me transformó y me abrió los ojos a posibles soluciones a la crisis de empleo que preveo, inducida por la IA. Abordar estos problemas requerirá una combinación de un análisis clarividente y un examen filosófico profundo de lo que importa en nuestras vidas, una tarea tanto para nuestra mente como para nuestro corazón. En los capítulos finales de este libro esbozo mi propia visión de un mundo en el que los seres humanos no sólo coexisten con la IA, sino que crecen con ella.

Para llegar hasta allí —en los niveles tecnológico, social y humano— debemos primero entender cómo hemos llegado hasta aquí. Para ello tenemos que remontarnos al pasado, mirar quince años atrás, a una época en la que se ridiculizaba a China en tanto que tierra de compañías imitadoras, y en la que Silicon Valley se alzaba orgulloso y solo en la vanguardia de la tecnología.

2

Imitadores en el Coliseo

Lo llamaban el Clonador.[1] Wang Xing dejó su huella en el primer internet chino en tanto que imitador en serie, una extraña imagen invertida de la de los venerados empresarios en serie de Silicon Valley. En 2003, 2005, 2007, y de nuevo en 2010, Wang tomó y copió para los usuarios chinos la mejor startup del año en Estados Unidos.

Todo comenzó cuando se topó con la red social pionera Friendster mientras estudiaba un doctorado en ingeniería en la Universidad de Delaware. El concepto de una red virtual de amistades encajó de inmediato con los antecedentes de Wang en redes informáticas, y abandonó su programa de doctorado para regresar a China y recrear Friendster. En este primer proyecto, decidió no clonar el diseño exacto de Friendster. Más bien, él y un par de amigos tomaron el concepto central de la red social digital y construyeron su propia interfaz de usuario alrededor del mismo. El resultado fue, en palabras de Wang, «feo», y el sitio no llegó a despegar.

Dos años más tarde, Facebook arrasaba en los campus uni-

1. ESPTEIN, Gady, «The Cloner», *Forbes*, 28 de abril de 2011, <https://www.forbes.com/global/2011/0509/companies-wang-xing-china-groupon-friendster-cloner.html#1272f84055a6>.

versitarios con su diseño limpio y su nicho de mercado centrado en los estudiantes. Wang adoptó ambos cuando creó Xiaonei («En el campus»). La red era exclusiva de los estudiantes universitarios chinos, y la interfaz de usuario era una copia exacta de la página web de Mark Zuckerberg. Wang recreó con meticulosidad la página de inicio, el perfil, la barra de herramientas, y la combinación de colores de la startup de Palo Alto. Los medios de comunicación chinos informaron que la primera versión de Xiaonei llegó incluso a poner el eslogan de Facebook, «A Mark Zuckerberg Production», en la parte inferior de cada página.

Xiaonei fue un éxito, aunque Wang lo vendió demasiado pronto. Como el sitio creció rápidamente, no pudo recaudar suficiente dinero para pagar los costes del servidor y se vio obligado a aceptar una propuesta de compra. Bajo la nueva propiedad, una versión de Xiaonei con nuevo nombre —llamada ahora Renren, «Todo el mundo»— llegó a recaudar 740 millones de dólares durante su debut en la bolsa de valores de Nueva York en 2011. En 2007, Wang volvió a la carga e hizo una copia exacta del recién fundado Twitter. El clon era tan bueno que si uno cambiaba el idioma y la URL, era fácil engañar a los usuarios y hacerles creer que estaban en el Twitter original. El sitio chino, Fanfou, fue bien durante algún tiempo, pero pronto se cerró por publicar contenido políticamente delicado. Tres años más tarde, Wang tomó el modelo de negocio del candente Groupon y lo convirtió en la página de compras china Meituan.

Para la élite de Silicon Valley, Wang era un desvergonzado. En la mitología del valle, pocas cosas están más estigmatizadas que imitar a ciegas lo establecido. Fue precisamente este tipo de emprendimiento imitador lo que lastraría a China, o eso decía la sabiduría popular, e impediría que el gigante asiático construyera empresas de tecnología de verdad innovadoras y capaces de «cambiar el mundo».

Incluso algunos empresarios chinos consideraron que Wang había ido demasiado lejos con su clonación píxel a píxel de Facebook y Twitter. Sí, las empresas chinas a menudo imitaban a sus homólogas estadounidenses, pero al menos uno podía localizar o añadir un toque de estilo propio. Sin embargo, Wang no se disculpó por sus sitios de imitación. Copiar era una pieza del rompecabezas, dijo, pero también lo era su elección de las páginas a copiar y su ejecución en el frente técnico y comercial.

Al final, fue Wang quien rio el último. A finales de 2017, la capitalización bursátil de Groupon se había reducido a 2.580 millones de dólares, con una cotización inferior a la mitad del precio de su oferta pública inicial (OPI) de 2011. El antiguo favorito del mundo de las startups estadounidenses llevaba años estancado y tardó mucho en reaccionar cuando se desvaneció la locura de las compras de grupo. Mientras tanto, Meituan de Wang Xing había triunfado en un entorno brutalmente competitivo, superando a miles de sitios web de compra de grupo similares para dominar el sector. Luego se ramificó en docenas de nuevas líneas de negocio. En la actualidad es la cuarta startup más valiosa del mundo, valorada en treinta mil millones de dólares, y Wang considera que Alibaba y Amazon son sus principales competidores en el futuro.

Al analizar el éxito de Wang, los observadores occidentales cometen un error fundamental. Creen que Meituan triunfó al tomar una gran idea estadounidense y copiarla sin más en el protegido internet chino, un espacio seguro donde las débiles compañías locales pueden sobrevivir bajo una competencia mucho menos intensa. Este tipo de análisis, sin embargo, es el resultado de una gran ignorancia de la dinámica en juego en el mercado chino, y revela un egocentrismo que delimita toda innovación de internet en relación con Silicon Valley.

Al crear sus primeros clones de Facebook y Twitter, Wang dependió por completo del manual de estrategia de Sillicon Valley. Esta primera fase de la era de los imitadores —la clonación de sitios web de Sillicon Valley por parte de startups chinas— ayudó a desarrollar habilidades básicas de ingeniería y emprendimiento digital totalmente ausentes en China en ese momento. Pero fue una segunda fase —startups chinas que se inspiraban en un modelo de negocio estadounidense y competían ferozmente entre sí para adaptar y optimizar ese modelo en particular para los usuarios chinos— la que convirtió a Wang Xing en un empresario de talla mundial.

Wang no construyó una empresa de treinta mil millones de dólares simplemente trasladando el modelo de negocio de compras de grupo a China. Más de cinco mil empresas hicieron exactamente lo mismo, la propia Groupon incluida. La compañía estadounidense incluso se dotó de una gran ventaja sobre los imitadores locales al asociarse con un portal de internet líder en China. Entre 2010 y 2013, Groupon y sus imitadores locales libraron una guerra sin cuartel por la cuota de mercado y la lealtad de los clientes, quemando miles de millones de dólares y sin detenerse ante nada para acabar con la competencia.

La batalla campal por el mercado de compras de grupo de China representa un microcosmos de lo que se había convertido el ecosistema de internet de China: un coliseo donde cientos de gladiadores imitadores luchaban hasta la muerte. En medio del caos y el derramamiento de sangre, los precursores extranjeros a menudo resultaban irrelevantes. Eran los combatientes nacionales los que presionaban entre sí para ser más rápidos, más ágiles, más eficientes y más mezquinos. Copiaban de forma agresiva las innovaciones en los productos de los demás, recortaban los precios al máximo, lanzaban campañas de difamación, desinstalaban por la fuerza softwares de la competencia e incluso denunciaban a la policía a los directores ejecutivos rivales. Para estos gladiadores, ningún truco sucio o maniobra poco limpia estaba fuera de los límites. Desplegaron tácticas que harían sonrojar al fundador de Uber, Travis Kalanick. También demostraron una fanática ética del trabajo las veinticuatro horas del día que haría que los empleados de Google corrieran a sus cabinas a hacer la siesta.

Puede que Silicon Valley encontrara indigno copiar, y las tácticas para hacerlo, repugnantes. En muchos casos, lo fueron. Pero fue precisamente esta clonación generalizada —la arremetida de miles de competidores imitadores— lo que obligó a las empresas a innovar. La supervivencia en el coliseo de internet requería productos que iteraban sin cesar, el control de los costes, una ejecución impecable, la generación de relaciones públicas positivas, la recaudación de dinero en valoraciones exageradas y la búsqueda de formas de construir una sólida ventaja competitiva sustentable para mantener a los imitadores fuera. Los puros imitadores nunca estuvieron hechos para grandes compañías, y no lograron sobrevivir dentro de este coliseo. Pero el panorama competitivo a prueba de fuego creado cuando uno está rodeado por despiadados imitadores tuvo como consecuencia la forja de una generación de los empresarios más tenaces del mundo.

A medida que nos adentremos en la era de la implementación de la IA, este despiadado entorno empresarial será uno de los principales activos de China en la construcción de una economía impulsada por el aprendizaje automático. La dramática transformación que el aprendizaje profundo promete traer a la economía global no será llevada a cabo por investigadores aislados que produzcan resultados académicos novedosos en los laboratorios de informática de élite del MIT o Stanford. En lugar de eso, la realizarán sensatos y prácticos empresarios ávidos de beneficios, que formarán equipo con expertos en IA para llevar el poder transformador del aprendizaje profundo a las industrias del mundo real.

Durante la próxima década, los empresarios gladiadores de China se desplegarán en cientos de industrias, aplicando el aprendizaje profundo a cualquier problema que demuestre potencial de rendir ganancias. Si la inteligencia artificial es la nueva electricidad, los empresarios chinos serán los magnates e inventores que electrificarán todo, desde los electrodomésticos hasta los seguros de vivienda. Su habilidad para modificar sin cesar los modelos de negocio y olfatear las ganancias dará lugar a una increíble variedad de aplicaciones prácticas, puede que incluso de las que cambian la vida. Éstas se desplegarán en su país de origen y luego se trasladarán al extranjero, y posiblemente se apoderarán de la mayoría de los mercados en desarrollo de todo el mundo.

Estados Unidos corporativo no está preparado para esta ola global de emprendimiento chino porque fundamentalmente malinterpretó el secreto del éxito del Clonador. Wang Xing no tuvo éxito porque fuera un imitador. Triunfó porque se convirtió en gladiador.

Culturas contrapuestas

Las startups y los empresarios que las fundaron no nacieron en el vacío. Sus modelos de negocio, productos y valores fundamentales constituyen una expresión de la época y el lugar cultural únicos en los que llegan a la madurez.

Los ecosistemas de internet de Silicon Valley y China surgieron de un humus cultural muy diferente. Los empresarios del valle suelen ser hijos de profesionales de éxito, como expertos en informática, dentistas, ingenieros y académicos. Al crecer se les decía constantemente que ellos —sí, ellos en particular— podían cambiar el mundo. Dedicaron sus años de estudiante a aprender el arte de la codificación de los principales investigadores del mundo, pero también a disfrutar de los debates filosóficos de una educación en Humanidades. Cuando llegaron a Silicon Valley, sus viajes de ida y vuelta al trabajo los llevaban a través de las suaves curvas, bordeadas de árboles, de los suburbios de California.

Es un ambiente de abundancia que se presta a un pensamiento noble y elevado, a imaginar soluciones técnicas elegantes a problemas abstractos. Añade la rica historia de los avances informáticos en el valle, y habrás preparado el escenario para la ideología híbrida medio friki, medio *hippie* que desde hace tiempo caracteriza Silicon Valley. Un elemento central de esa ideología es un ingenuo optimismo tecnológico, la creencia de que todas las personas y empresas pueden de verdad cambiar el mundo a través de un pensamiento innovador. Copiar ideas o características de un producto está mal visto, como una traición al espíritu de la época y un acto impropio del código moral de un auténtico empresario. Se trata de innovación «pura», de crear un producto totalmente original que genere lo que Steve Jobs llamó una «marca en el Universo».

Las startups que crecen en este tipo de entorno tienden a estar comprometidas con la misión. Comienzan con una idea novedosa o una meta idealista, y construyen una empresa en torno a eso. Las declaraciones de objetivos de las compañías son claras y elevadas, desprendidas de preocupaciones terrenales o motivos financieros.

En marcado contraste, la cultura de las startups chinas es el yin y el yang de Silicon Valley: en lugar de estar orientadas hacia la misión, están sobre todo comprometidas con el mercado. Su meta final es ganar dinero, y están dispuestas a crear cualquier producto, adoptar cualquier modelo, o entrar en cualquier negocio con el que lograr ese objetivo. Esta mentalidad conduce a una increíble flexibilidad en los modelos de negocio y en la ejecución, una síntesis perfecta del modelo «Lean startup», con frecuencia elogiado en Silicon Valley. No importa de dónde provenga una idea o a quién se le haya ocurrido. Lo único que importa es si se puede ejecutar y obtener beneficios económicos. La motivación principal de los empresarios chinos impulsados por el mercado no es la fama, la gloria ni cambiar el mundo. Todas estas cosas son beneficios colaterales, el gran premio es hacerse rico, y no importa cómo conseguirlo.

Por muy chirriante que esta mercenaria actitud pueda parecer a muchos estadounidenses, el enfoque chino tiene profundas raíces históricas y culturales. Durante milenios, la memorización ha constituido el núcleo de la educación china. El ingreso en la burocracia imperial del país dependía de la memorización palabra por palabra de textos antiguos y de la capacidad de redactar un perfecto «ensayo de ocho patas» que seguía unas rígidas pautas estilísticas. Mientras Sócrates animaba a sus estudiantes a buscar la verdad cuestionándolo todo, los antiguos filósofos chinos aconsejaban a la gente que siguieran los rituales de los sabios del pasado antiguo. La copia rigurosa de la perfección era percibida como la ruta hacia la verdadera maestría.

Encima de esta propensión cultural a la imitación está la profunda mentalidad de escasez arraigada en la China del siglo XX. La mayoría de los empresarios tecnológicos chinos están a lo sumo a una generación de la extrema pobreza que se remonta a siglos atrás. Muchos de ellos son hijos únicos —producto de la ya desaparecida «política de hijo único»— que cargan a sus espaldas las expectativas de dos padres y cuatro abuelos que han invertido todas sus aspiraciones de una vida mejor en este niño. Al crecer, sus padres no les hablaron de cambiar el mundo. Más bien, les hablaron sobre la supervivencia, sobre la responsabilidad de ganar dinero para poder cuidar de ellos cuando éstos fueran demasiado mayores para trabajar en el campo. La educación universitaria era considerada la clave para escapar de generaciones de extrema pobreza, y eso requería de decenas de miles de horas de memorización para prepararse para el notoriamente competitivo examen chino de ingreso. Durante la vida de estos empresarios, China ha logrado salir de la pobreza a través de políticas audaces y de arduo trabajo, cambiando los tickets de comida por salarios, y luego por participaciones de capital en nuevas empresas.

El vertiginoso ritmo del crecimiento económico de China no ha mitigado esa mentalidad de escasez. Los ciudadanos chinos han visto cómo se creaban y perdían industrias, ciudades y fortunas individuales de la noche a la mañana en un entorno del Salvaje Oeste en el que las regulaciones luchaban por mantener el ritmo con la feroz competencia del mercado. Deng Xiaoping, el líder que llevó a China del igualitarismo de la era Mao a la competitividad mercantilista, dijo una vez que China necesitaba «dejar que algunas personas se enriquecieran primero» para poder desarrollarse.[2] Pero la velocidad del rayo de ese desarrollo sólo aumentó los temores y preocupaciones a que si no te mueves con rapidez —si no te aferras a esta nueva tendencia o no te lanzas a este nuevo mercado— seguirás siendo pobre mientras que los demás a tu alrededor se hacen ricos.

Combina estas tres corrientes —una aceptación cultural de la copia, una mentalidad de escasez y la voluntad de sumergirse en cualquier nueva y prometedora industria—, y tendrás los fundamentos psicológicos del ecosistema de internet de China.

Esto no pretende ser un evangelio del determinismo cultural. Como alguien que se ha movido entre estos dos países y culturas, sé que el lugar de nacimiento y la herencia no son los únicos factores determinantes del comportamiento. Las excentricidades personales y la regulación gubernamental resultan de gran importancia para moldear el comportamiento de las empresas. En

2. «To Each According to His Abilities» *The Economist*, 31 de mayo de 2001, <https://www.economist.com/node/639652>.

Pekín, los empresarios suelen bromear diciendo que Facebook es «la empresa más china de Silicon Valley» por su disposición a copiar de otras startups y por la vena ferozmente competitiva de Zuckerberg. Asimismo, mientras trabajaba en Microsoft, vi cómo la política antimonopolio del gobierno puede parar los pies a cualquier empresa devoradora. Pero la historia y la cultura sí importan, y al comparar la evolución de la tecnología de Silicon Valley y de China, son cruciales para comprender cómo diferentes crisoles culturales producen diferentes tipos de compañías.

Durante años, la élite de Silicon Valley se burló sin piedad de los productos de imitación que surgían del guiso cultural de China. Fueron ridiculizados como copias baratas, avergonzados sus creadores y considerados indignos de la atención de los verdaderos innovadores. Pero esos foráneos no vieron lo que se gestaba bajo la superficie. El producto más valioso que surgió de la era de los imitadores en China no fue un producto en absoluto, fueron los propios empresarios.

Los nuevos relojes del emperador

El salón del culto de los antepasados cobra vida dos veces al día. Situado en la Ciudad Prohibida de Pekín, era aquí donde los emperadores de las dos últimas dinastías de China quemaban incienso y realizaban rituales sagrados para honrar a los hijos del cielo que les precedieron. Hoy, el salón alberga algunos de los relojes mecánicos más intrincados e ingeniosos jamás creados. Las esferas de los relojes transmiten una artesanía experta, pero son las complejísimas funciones mecánicas insertadas en las estructuras de los relojes las que atraen a las multitudes para los espectáculos de la mañana y de la tarde.

A medida que pasan los segundos, un pájaro de metal corre alrededor de una jaula de oro. Flores de loto de madera pintadas abren y cierran sus pétalos, revelando un pequeño dios budista en profunda meditación. Un elefante tallado con delicadeza mueve su trompa hacia arriba y hacia abajo mientras tira en círculos de un carruaje en miniatura. Una figura robótica de un chino vestido con el abrigo de un erudito europeo utiliza un pincel cargado con tinta para escribir un aforismo chino en un pergamino en miniatura, la caligrafía del robot está modelada a partir de la del emperador chino que encargó la pieza.

Se trata de un espectáculo deslumbrante, un recordatorio de la naturaleza atemporal de la verdadera artesanía. Los misioneros jesuitas llevaron muchos de los relojes a China como parte de su «diplomacia de los relojes», un intento por parte de los religiosos de entrar en la corte imperial a través de regalos de la avanzada tecnología europea. El emperador Qianlong, de la dinastía Qing, era muy aficionado a los relojes, de modo que los fabricantes británicos no tardaron en elaborar relojes que se adaptasen a los gustos del hijo del cielo. Muchos de los relojes que se exhiben en el salón del culto de los antepasados fueron obra de los mejores talleres artesanales de Europa de los siglos XVII y XVIII. Estos talleres elaboraron una combinación sin precedentes de arte, diseño e ingeniería funcional. Es una particular alquimia de conocimientos especializados que en la actualidad resulta familiar para muchas personas en Silicon Valley.

Mientras trabajé como presidente fundador de Google China, llevaba a delegaciones de ejecutivos de Google a ver los relojes en persona. Pero no lo hacía para que pudieran deleitarse con el genio de sus antepasados europeos. Los llevaba porque, al examinarlos de cerca, uno descubre que muchos de los mejores ejemplares de la artesanía europea fueron creados en la ciudad de Guangzhou, en el sur de China, que entonces se llamaba Cantón.

Después de que los relojes europeos se granjearan el favor del emperador chino, surgieron talleres locales por toda China para estudiar y recrear las importaciones europeas. En las ciudades portuarias del sur, donde los occidentales acudían a comerciar, los mejores artesanos de China desmontaron los ingeniosos dispositivos europeos y examinaron cada pieza interconectada y cada diseño. Dominaron los conceptos básicos y comenzaron a fabricar relojes que eran réplicas casi exactas de los modelos europeos. A partir de ahí, los artesanos tomaron los principios subyacentes de la producción de relojes y comenzaron a construir relojes que encarnaban los diseños y las tradiciones culturales chinas: caravanas animadas de la Ruta de la Seda, escenas reales de las calles de Pekín y la tranquila ecuanimidad de los sutras budistas. Con el tiempo, estos talleres comenzaron a producir relojes que rivalizaban o incluso superaban la artesanía procedente de Europa, todo ello mientras tejían una sensibilidad auténticamente china.

El salón del culto de los antepasados se remonta a la dinastía Ming, y la historia de los relojeros imitadores de China sucedió hace cientos de años, en el pasado. Pero las mismas corrientes culturales continúan fluyendo hasta nuestros días. Mientras veíamos girar y repicar estas maravillas mecánicas, me preocupaba que dichas corrientes arrastraran en breve a los maestros artesanos del siglo XXI que me rodeaban.

Pequeños imitadores

Desde fuera, las primeras empresas imitadoras de internet chinas parecían inofensivas, casi monas. Durante el primer auge de internet en el gigante asiático a finales de la década de 1990, las empresas chinas recurrieron a Silicon Valley en busca de talento, financiación e incluso nombres para sus incipientes startups. El primer buscador del país fue creación de Charles Zhang, un físico chino con un doctorado del MIT. Durante el tiempo que vivió en Estados Unidos, Zhang vio despegar internet, y quiso poner en marcha el mismo proceso en su país de origen. Zhang utilizó inversiones de sus profesores del MIT y regresó a China, con la intención de construir la infraestructura básica de internet del país.

Pero después de una reunión con el fundador de Yahoo!, Jerry Yang, Zhang decidió dedicarse a crear un motor de búsqueda y un portal web en chino. Llamó a su nueva compañía Sohoo, una combinación, no muy sutil, de la palabra china «buscar» (*sou*) y el modelo estadounidense a imitar de la empresa. Pronto cambió la ortografía a «Sohu» para restarle importancia a la conexión, pero este tipo de imitación fue tomada más como un halago que como una amenaza al gigante de la red estadounidense. En esa época, Silicon Valley consideraba una novedad el internet chino, un pequeño e interesante experimento en un país tecnológicamente atrasado.

Es importante tener en cuenta que ésta fue una época en la que la copia estimuló muchas partes de la economía china. Las fábricas en la zona meridional del país producían en serie bolsos de lujo de imitación. Los fabricantes de automóviles chinos crearon duplicados tan cercanos de modelos extranjeros que algunos concesionarios ofrecían a sus clientes la opción de eliminar el logotipo de la empresa china y sustituirlo por el de la marca extranjera más prestigiosa. Incluso se construyó una imitación de Disneylandia, un espeluznante parque de atracciones situado a las afueras de Pekín, donde los empleados vestidos con réplicas de trajes de Mickey y Minnie Mouse abrazaban a los niños chinos. En la entrada del parque colgaba un cartel que decía: «Disneylandia está demasiado lejos, por favor, ven a Shijingshan». Mientras que los emprendedores explotadores de parques de diversión de China copiaban descaradamente a Disney, Wang Xing trabajaba duro reproduciendo un Facebook y luego un Twitter chino.

Mientras dirigía Google China, experimenté de primera mano el peligro que estos clones representaban para la imagen de marca. A partir de 2005, me dediqué a la construcción de nuestro buscador chino, así como a establecer la confianza de sus usuarios locales. Pero la noche del 11 de diciembre de 2008, un importante canal de televisión chino dedicó una sección de seis minutos de su programa nacional de noticias a un devastador reportaje sobre Google China. El programa mostró a usuarios en busca de información médica en el sitio chino de Google, que les publicaba anuncios con enlaces a tratamientos médicos falsos. La cámara se acercó a la pantalla del ordenador, donde el logotipo chino de Google flotaba ominosamente sobre estafas peligrosas y falsificaciones de medicamentos recetados.

Google China se vio sumida en una crisis total de confianza pública. Después de ver las imágenes, corrí a mi ordenador para realizar las mismas búsquedas pero, curiosamente, no pude hacer aparecer los resultados que habían salido en las noticias. Cambié las palabras y modifiqué mi configuración, pero aun así no conseguí navegar hasta —y luego eliminar— los controvertidos anuncios. Al mismo tiempo, me vi inundado de inmediato por mensajes de periodistas que pedían una explicación sobre la publicidad engañosa de Google China, pero sólo pude ofrecer lo que probablemente sonó a débil excusa: Google trabaja con rapidez para eliminar cualquier publicidad problemática, pero el proceso no es instantáneo, y de vez en cuando anuncios ofensivos pueden vivir *online* durante algunas horas.

La tormenta continuó con furia, mientras nuestro equipo no lograba encontrar o localizar los dichosos anuncios del programa de televisión. Más tarde, esa misma noche recibí un entusiasta correo electrónico de uno de nuestros ingenieros. Había descubierto por qué no podíamos reproducir los resultados: porque el buscador que había aparecido en el programa no era Google. Era una imitación china que había hecho una copia perfecta de Google —el diseño, las fuentes, el estilo— casi exacta hasta el último píxel. Los resultados de búsqueda y los anuncios del sitio eran suyos, pero habían sido empaquetados *online* para que no se pudieran distinguir de los de Google China. El ingeniero había advertido una pequeña diferencia, una leve variación en el color de una fuente utilizada. Los imitadores habían hecho un trabajo tan bueno que sólo uno de los setecientos empleados de Google China se había dado cuenta de ello.

La precisión de la copia se extendió incluso al hardware más elegante y vanguardista. Cuando Steve Jobs lanzó el iPhone original, sólo tuvo unos meses de tiempo antes de que los mercados electrónicos de toda China vendieran «mini-iPhones». Las réplicas pequeñas eran prácticamente iguales a los de verdad, pero tenían la mitad de tamaño y encajaban a la perfección en la palma de la mano. Además, carecían por completo de la posibilidad de acceder a internet a través del plan de datos del teléfono, lo que los convertía en el *smartphone* más bobo del mercado.

Los visitantes estadounidenses a Pekín clamaban por hacerse con un mini-iPhone, porque les parecía un estupendo regalo de broma para sus amigos. Para aquellos inmersos en la mitología de la innovación de Silicon Valley, los mini-iPhones eran la metáfora perfecta de la tecnología china durante la era de las imitaciones: un exterior brillante copiado de Estados Unidos, pero una carcasa vacía que no contenía nada innovador o al menos funcional. La actitud predominante en Estados Unidos era que personas como Wang Xing podían copiar el aspecto y el espíritu de Facebook, pero que los chinos nunca tendrían acceso a la misteriosa magia de la innovación que impulsaba un lugar como Silicon Valley.

Bloques y escollos

Los inversores de Silicon Valley toman como artículo de fe que una mentalidad de innovación pura es la base sobre la cual se construyen compañías como Google, Facebook, Amazon y Apple. Fue un irrefrenable impulso a «pensar diferente» lo que llevó a personas como Steve Jobs, Mark Zuckerberg y Jeff Bezos a crear estas compañías que cambiarían el mundo. En esa escuela de pensamiento, los fabricantes de relojes de imitación chinos se dirigían hacia un callejón sin salida. Una mentalidad imitadora es un escollo en el camino hacia la verdadera innovación. Al imitar ciegamente a otros —o eso dice la teoría—, la propia imaginación se atrofia y se acaba con la posibilidad de crear un producto original e innovador.

Pero he visto a primeras copias, como el Twitter de Wang Xing, imitar no como escollo sino como bloques. Ese primer acto de copiar no se convirtió en una mentalidad antiinnovadora de la que su creador no logró zafarse nunca. Fue un trampolín necesario para desarrollar productos tecnológicos más originales y adaptados a las necesidades locales.

Los conocimientos de ingeniería y la sensibilidad de diseño necesarios para crear un producto tecnológico de clase mundial no surgen de la nada. En Estados Unidos, las universidades, empresas e ingenieros llevan generaciones cultivando y transmitiendo este conjunto de habilidades. Cada generación tiene sus empresas o productos revelación, pero estas innovaciones descansan sobre la base de la educación, la tutela, las prácticas y la inspiración.

China carecía de ese lujo. Cuando Bill Gates fundó Microsoft en 1975, China seguía en los estertores de la revolución cultural, una época de agitación social masiva y fiebre antiintelectual. Cuando Serguéi Brin y Larry Page fundaron Google en 1998, sólo el 0,2 por ciento de la población china estaba conectada a internet, en comparación con el treinta por ciento de Estados Unidos.[3] Los primeros empresarios tecnológicos chinos que buscaron mentores o empresas modelo dentro de su propio país no los encontraron. Así que en vez de eso, exploraron en el extranjero y copiaron lo mejor que pudieron.

Fue un proceso burdo, sin duda, y a veces vergonzoso. Pero enseñó a estos imitadores los conceptos básicos del diseño de la interfaz de usuario, la arquitectura del sitio web y el desarrollo de software. A medida que los productos similares a las copias se empezaban a utilizar, estos empresarios mercantilistas se veían obligados a lidiar con la satisfacción de los usuarios y la elaboración de productos. Si querían ganar cuota de mercado, tenían que vencer no sólo a su inspiración de Silicon Valley, sino también a multitud de imitadores similares. Aprendieron lo que funcionaba y lo que no con los usuarios chinos. Comenzaron a reproducir, mejorar y localizar el producto para prestar un mejor servicio a sus clientes.

Y esos clientes tenían costumbres y preferencias únicas, formas de usar el software que no siempre se adaptaban al modelo de producto global de Silicon Valley. Compañías como Google y Facebook son a menudo reacias a permitir que las empresas locales hagan cambios en sus productos principales o en sus modelos de negocio. Tienden a creer en construir una cosa y construirla bien. Es un enfoque que les ayudó a propagarse con rapidez por el mundo en los primeros días de internet, cuando la mayo-

3. DU, Xueping, «Internet Adoption and Usage in China», 27ª Conferencia anual sobre política e investigación en materia de telecomunicaciones, Alejandría, VA, 25-27 de septiembre de 1999, <https://pdfs.semanticscholar.org/4881/088c67ad919da32487c567341f8a0af7e47e.pdf>.

ría de los países estaban tan rezagados en tecnología que no podían ofrecer ninguna alternativa localizada. Pero a medida que el conocimiento técnico se ha difundido por todo el mundo, se está volviendo más difícil obligar a gente de todos los países y culturas que se adapte a un molde genérico construido a menudo en Estados Unidos para los estadounidenses.

Como resultado, cuando los imitadores chinos se enfrentaron con sus precursores de Silicon Valley, tomaron esa renuencia estadounidense, se adaptaron y la convirtieron en un arma. Cada divergencia entre las preferencias de los usuarios chinos y un producto global se convertía en una oportunidad que los competidores locales podían atacar. Comenzaron a adaptar sus productos y modelos de negocio a las necesidades locales, abriendo una brecha entre los usuarios de internet chinos y Silicon Valley.

«Gratis no es un modelo de negocio»

Jack Ma hizo un arte de este tipo de ataques en los primeros tiempos de la empresa de comercio electrónico china Alibaba. Ma fundó su compañía en 1999, y durante los dos primeros años de actividad, sus principales competidores fueron otras compañías chinas locales. Pero en 2002, eBay entró en el mercado chino. En ese momento, eBay era la mayor empresa de *e-commerce* del mundo y una de las favoritas tanto de Silicon Valley como de Wall Street. Se ridiculizó al mercado *online* de Alibaba como otro imitador chino sin derecho a estar en primera división como los peces gordos de Silicon Valley. Así que Ma inició una guerra de guerrillas de cinco años contra eBay, volviendo el tamaño de la empresa extranjera en su contra y castigando de forma implacable al invasor por no adaptarse a las condiciones locales.

Cuando eBay entró en el mercado chino en 2002, lo hizo mediante la compra del sitio de subastas *online* líder en China; no Alibaba, sino un imitador de eBay llamado EachNet. La unión creó la pareja de poder definitiva: el mejor sitio de comercio electrónico global y la mejor imitación de China. eBay procedió a eliminar la interfaz de usuario de la empresa china, y reconstruyó el sitio con la imagen de producto global de eBay. La dirección de la compañía se llevó a China a gerentes internacionales para las nuevas operaciones en el país, quienes dirigieron todo el tráfico a través de los servidores de eBay en Estados Unidos. Pero la nueva interfaz de usuario no encajaba con los hábitos de los chinos para navegar por la web, la nueva dirección no entendía los mercados nacionales chinos, y el encaminamiento transpacífico del tráfico ralentizaba el tiempo de carga de las páginas. Una vez, un terremoto bajo el océano Pacífico cortó el cableado principal dejando al sitio *offline* inactivo durante unos días.

Mientras tanto, el fundador de Alibaba, Jack Ma, estaba ocupado copiando las funciones principales de eBay y adaptando el modelo de negocio a la realidad china. Comenzó con la creación de una plataforma estilo subastas, Taobao, para competir directamente con el negocio principal de eBay. A partir de ahí, el equipo de Ma fue ajustando cada dos por tres las funciones de Taobao, agregando características para satisfacer necesidades únicas de los chinos. Sus puntos fuertes eran el modelo de pago y de ingresos. Para superar la falta de confianza del usuario en las compras *online*, Ma creó Alipay, una herramienta de pago que retenía en custodia el dinero de las compras hasta que el comprador confirmaba la recepción de los bienes. Taobao también añadió funciones de mensajería instantánea para permitir a compradores y vendedores comunicarse en la plataforma en tiempo real. Estas innovaciones empresariales ayudaron a Taobao a arañar cuota de mercado de eBay, cuya mentalidad de producto global y profunda centralización del poder de decisión en Silicon Valley hacía que fuera lenta a la hora de reaccionar y añadir características.

Pero el arma más poderosa de Ma fue la implantación de un modelo de ingresos «freemium», la práctica de servicios básicos gratuitos, mientras se cobra dinero por otros servicios más avanzados o especiales. En ese momento, eBay cobraba a los vendedores una tarifa sólo por listar sus productos, otra tarifa cuando vendían los productos y una tarifa final si se utilizaba PayPal para realizar el pago, propiedad de eBay. La sabiduría convencional sostenía que los sitios de subastas o los sitios de mercado de comercio electrónico tenían que hacer esto con el fin de garantizarse una fuente de ingresos constante.

Pero a medida que se fue acalorando la competencia con eBay, Ma concibió un nuevo enfoque: se comprometió a hacer que todos los listados y transacciones en Taobao fueran gratis durante los siguientes tres años, promesa que no tardó en extender indefinidamente. Fue una ingeniosa artimaña de relaciones públicas así como una inteligente jugada empresarial. En el corto plazo, se ganó la benevolencia de los vendedores chinos que aún desconfiaban de las transacciones a través de internet. Listar productos gratis permitió a Ma construir un próspero mercado en una sociedad de baja confianza. Llevó años llegar hasta allí, pero a largo plazo, ese mercado se hizo tan grande que, para que la gente pudiera ver sus productos, los vendedores profesionales con un gran volumen de negocio o PowerSellers, tuvieron que pagar a Ma por los anuncios y un mejor posicionamiento. Las marcas terminarían pagando primas aún mayores para listar sus productos en el sitio de gama alta de Taobao, llamado Tmall.

eBay falló en su respuesta. En un condescendiente comunicado de prensa, la compañía sermoneó a Ma, afirmando que «gratis no es un modelo de negocio».[4] En tanto que sociedad anónima que cotiza en el Nasdaq, eBay estaba bajo presión para mostrar unos ingresos y unos beneficios cada vez mayores. Las entidades públicas empresariales estadounidenses tienden a tratar a los mercados internacionales como una gallina de los huevos de oro, fuentes de ingresos a las que tienen derecho en virtud de ganar en casa. La compañía de *e-commerce* más rica de Silicon Valley no estaba dispuesta a hacer una excepción a su modelo global para igualar los salvajes dictámenes de un molesto imitador chino.

Esa clase de miope terquedad selló el destino de eBay en China. Taobao se llevó con rapidez a los usuarios y vendedores del gigante estadounidense. Con la cuota de mercado de eBay en caída libre, el CEO de eBay, Meg Whitman, se trasladó brevemente

4. «Ebay Lectures Taobao That Free Is Not a Business Model», *South China Morning Post*, 21 de octubre de 2005, <http://www.scmp.com/node/521384>.

a China para intentar salvar las operaciones allí. Cuando eso no funcionó, invitó a Ma a Silicon Valley para tratar de llegar a un acuerdo. Pero como los tiburones, Ma olió sangre en el agua y quiso la victoria total. En un año, eBay se retiró por completo del mercado chino.

Las páginas amarillas frente al bazar

Fui testigo de esta misma desconexión entre los productos globales y los usuarios locales mientras dirigí Google China. Como extensión de la compañía de internet más prestigiosa del mundo, deberíamos haber disfrutado de una gran ventaja de marca. Pero esa vinculación con el cuartel general de Silicon Valley se convirtió en un gran obstáculo a la hora de adaptar los productos a un público chino más amplio. Cuando lancé Google China en 2005, nuestro principal competidor era el buscador chino Baidu. El sitio web era creación de Robin Li, un experto chino en buscadores con experiencia en Silicon Valley. Las funciones principales y el diseño minimalista de Baidu imitaban a Google, pero Li optimizaba sin cesar el sitio para adaptarlo a las costumbres de búsqueda de los usuarios chinos.

Esos hábitos divergentes eran más marcados en la forma en que los usuarios interactuaban con una página de resultados de búsqueda. Dentro de los grupos focales, pudimos rastrear los movimientos oculares de los usuarios y las veces que clicaban una página determinada de los resultados de búsqueda. Usamos esos datos para crear mapas de calor en la página: los puntos verdes mostraban dónde había mirado el usuario, los amarillos dónde había mirado fijamente, y los puntos rojos marcaban cada uno de sus clics. La comparación de mapas de calor generados por usuarios estadounidenses y chinos supuso un contraste sorprendente.

Los mapas de los usuarios de Estados Unidos mostraban una estrecha agrupación de verde y amarillo en la esquina superior izquierda donde aparecen los resultados de búsqueda más importantes, con un par de puntos rojos para los clics en los dos primeros resultados. Los usuarios estadounidenses permanecían unos diez segundos en la página antes de seguir navegando. Por el contrario, los mapas de calor de los usuarios chinos parecían un desastre. La esquina superior izquierda experimentaba la mayor cantidad de miradas y clics, pero el resto de la página estaba cubierta de manchas verdes y rojas. Los usuarios chinos pasaron entre treinta y sesenta segundos en la página de búsqueda, con los ojos fijos en casi todos los resultados mientras clicaban con promiscuidad.

Los mapas de *eye tracking*, o seguimiento ocular, revelaron una verdad más profunda sobre la forma en que ambos grupos de usuarios abordaban la búsqueda. Los estadounidenses trataban a los buscadores como Páginas Amarillas, una herramienta para encontrar simplemente una información específica. Los usuarios chinos los utilizaban como si de un centro comercial se tratara, un lugar donde echar un vistazo a una variedad de productos, probarse cada uno de ellos y, finalmente, elegir comprar alguna cosa. Para decenas de millones de chinos nuevos en internet, era su primera exposición a tal variedad de información, y querían probarlo todo.

Esta notable diferencia fundamental en la actitud de los usuarios debería haber conducido a una serie de modificaciones del producto para los usuarios chinos. En la plataforma de búsqueda global de Google, cuando los usuarios hacen clic en el enlace de un resultado de búsqueda, lo alejan de la página de resultados de búsqueda. Eso quería decir que estábamos forzando a los «compradores» chinos a elegir un artículo para comprar y luego, en efecto, los echábamos del centro comercial. Baidu, por el contrario, abría al usuario una nueva ventana del navegador por cada enlace que clicaba, lo que les permitía probar varios resultados de búsqueda sin tener que «abandonar el centro comercial».

Dada la clara evidencia de las diferentes necesidades de los usuarios, recomendé a Google hacer una excepción y copiar el modelo de Baidu de abrir diferentes pestañas para cada clic. Pero el proceso de revisión de cualquier cambio en los productos principales de la compañía era muy prolongado porque esos cambios «bifurcaban» el código y hacían que resultara más difícil de mantener. Google y otras empresas de Silicon Valley se esforzaron por evitarlo, ya que consideraban que los elegantes productos que salían de las oficinas centrales de Silicon Valley debían ser lo suficientemente buenos para los usuarios de todo el mundo. Luché durante meses para lograr este cambio y al final prevaleció, pero mientras tanto Baidu había conquistado a más usuarios con su oferta de productos centrada en China.

Batallas como ésta se repitieron de continuo a lo largo de mis cuatro años en Google. Para ser justos con Google, las oficinas centrales nos dieron más libertad que la mayoría de las empresas de Silicon Valley a sus sucursales en China, y utilizamos esa ventaja para desarrollar muchas funciones optimizadas en el nivel local, lo que nos permitió recuperar una parte sustancial del mercado que Google había perdido en años anteriores. Pero la resistencia de la sede central a la bifurcación hizo que cada nueva característica fuera una batalla cuesta arriba, que nos ralentizó y desgastó. Cansados de luchar contra su propia compañía, muchos empleados se marcharon debido a la frustración.

Por qué los gigantes de Silicon Valley fracasan en China

Como una sucesión de gigantes estadounidenses —eBay, Google, Uber, AirBnb, LinkedIn, Amazon— intentaron y fracasaron a la hora de ganarse el mercado chino, los analistas occidentales se apresuraron a atribuir sus fracasos a los controles del gobierno chino. Asumieron que la única razón por la que las empresas chinas sobrevivían se debía al proteccionismo del gobierno que perjudicaba a sus oponentes estadounidenses.

En mis años de experiencia trabajando para esas compañías estadounidenses y como inversor ahora en sus competidores chinos, he descubierto que el modo en que Silicon Valley se aproxima a China es una razón mucho más importante para su fracaso. Las empresas estadounidenses tratan a China como a cualquier otro mercado que tachar de su lista global. No invierten los recursos, no tienen la paciencia, ni proporcionan a sus equipos chinos la flexibilidad necesaria para competir con los empresarios de clase mundial de China. Contemplan el trabajo principal en el gigante asiático como la simple comercialización de sus productos existentes a los usuarios chinos. En realidad, necesitan poner mucho empeño en adaptar sus productos para los usuarios chinos o construir nuevos productos desde cero para satisfacer las demandas de ese mercado. La resistencia a la localización ralentiza la iteración del producto y hace que los equipos locales se sientan como engranajes en una tosca maquinaria.

Las empresas de Silicon Valley también pierden a sus mejores talentos. Con tantas oportunidades de crecimiento en startups chinas, los jóvenes más ambiciosos se incorporan o crean empresas locales. Saben que si se unen al equipo chino de una empresa estadounidense, la dirección siempre los considerará «empleados locales», trabajadores cuya utilidad se limita a su país de nacimiento. Nunca se les dará la oportunidad de ascender en la jerarquía en la sede de Silicon Valley, sino que se toparán con el techo de un «gerente a cargo de las operaciones» en China. Los jóvenes más ambiciosos —los que quieren tener impacto global— se irritan con esas restricciones, y prefieren crear sus propias empresas o ascender en el escalafón de uno de los gigantes de la tecnología china. Las compañías extranjeras suelen dejarse en manos de gerentes mansos o de vendedores profesionales que llegan en helicóptero desde otros países, personas que se preocupan más por proteger su salario y sus opciones de compra de acciones que por luchar de verdad para hacerse con el mercado chino. Esos gerentes relativamente cautelosos tuvieron que vérselas con emprendedores gladiadores que se habían abierto paso en el competitivo coliseo chino, y siempre son los gladiadores los que salen victoriosos.

Mientras que los analistas extranjeros insistían en la cuestión de por qué las empresas estadounidenses no podían ganar en China, las empresas chinas se ocupaban de la creación de mejores productos. Weibo, una red social de microblogging inspirada en un principio en Twitter, fue mucho más rápida a la hora de abrirse a la multimedia y ahora vale más que la empresa estadounidense. Didi, la empresa de transporte que se las vio con Uber, expandió de manera notable su oferta de productos y da más viajes al día en China que Uber en todo el mundo. Toutiao, una plataforma de noticias china comparada a menudo con BuzzFeed, utiliza avanzados algoritmos de aprendizaje automático para adaptar su contenido a cada usuario, lo que incrementa su valoración varios múltiplos por encima del sitio web estadounidense. El rechazo de estas compañías en tanto que imitadores que dependen de la protección del gobierno para tener éxito, ciega a los analistas a la innovación de clase mundial que se da en otros lugares.

Pero la maduración del ecosistema empresarial chino fue mucho más que la simple competencia con los gigantes estadounidenses. Después de que empresas como Alibaba, Baidu y Tencent demostraran lo lucrativos que podían ser los mercados de internet de China, nuevas olas de capital riesgo y talento comenzaron a fluir en la industria. El mercado se estaba calentando y el número de empresas chinas crecía de manera exponencial. Puede que éstas se inspiraran en el otro lado del océano, pero sus verdaderos competidores eran otras compañías nacionales, y los enfrentamientos empezaban a asumir la intensidad de una rivalidad entre hermanos.

Las batallas con Silicon Valley pueden haber creado alguno de los Goliats de internet locales de China, pero fue una despiadada competencia nacional la que forjó una generación de empresarios gladiadores.

Todo vale en las startups y en la guerra

Zhou Hongyi es el tipo de hombre al que le gusta posar para una fotografía con artillería pesada. Sus doce millones de seguidores en redes sociales pueden disfrutar con regularidad de fotos de Zhou posando al lado de cañones o móviles empalados con un arco y flechas de largo alcance. Durante años, una de las paredes de su despacho estuvo adornada por completo con hojas de papel para la práctica del tiro al blanco agujereadas por armas de fuego. A veces, cuando su equipo de relaciones públicas envía una fotografía de archivo a los medios de comunicación, Zhou aparece en ella vestido con ropa del ejército, humo y una ametralladora apoyada a su lado.

También es el fundador de algunas de las primeras compañías de internet chinas de mayor éxito. Yahoo! compró la primera startup de Zhou, que lo eligió para dirigir las operaciones en China. Enfrentándose sin cesar con los líderes de Silicon Valley, se rumorea que Zhou lanzó una vez una silla por la ventana de una oficina durante una discusión. Cuando dirigía Google China, invité a Zhou a hablar con nuestro equipo directivo sobre las características únicas del mercado chino. Aprovechó la oportunidad para reprender a los ejecutivos estadounidenses, diciéndoles que eran ingenuos y que no sabían nada de lo que se necesitaba para competir en China. Les dijo que les convendría más ceder el control a un guerrero curtido en batallas como él. Más tarde fundó la empresa de software de antivirus líder en China, Qihoo 360, y lanzó un navegador cuyo logotipo era una copia exacta de Explorer en verde.

Zhou encarna la mentalidad gladiatoria de los empresarios chinos de internet. En su mundo, la competencia es la guerra y no se detendrá ante nada hasta ganar. En Silicon Valley, sus tácticas garantizarían el ostracismo social, investigaciones antimonopolio y acciones legales interminables y costosas. Pero en el coliseo chino, nunguno de estos tres elementos puede detener a los combatientes. El único recurso con el que alguien cuenta cuando algún oponente da un golpe bajo, es lanzar un contraataque más dañino, que pueda revestir la forma de copiar productos, difamar a los oponentes, o incluso la detención legal. Zhou se enfrentó a todo lo anterior durante la «Guerra de los 3Q», una batalla entre Qihoo de Zhou y QQ, la plataforma de mensajería del gigante de internet Tencent.

Fui testigo de primera mano del comienzo de las hostilidades una noche de 2010, cuando Zhou nos invitó a mí y a los empleados de la recién constituida Sinovation Ventures a unirnos a su equipo en un curso de laser tag en las afueras de Pekín. Zhou estaba en su salsa, disparando a la competencia, cuando sonó su teléfono móvil. Era un empleado con malas noticias: Tencent acababa de lanzar una imitación del antivirus de Qihoo 360 y lo estaba instalando de forma automática en cualquier ordenador que utilizara QQ. Tencent era una empresa potente que ejercía una enorme influencia a través de su base de usuarios de QQ. Era un desafío directo al negocio principal de Qihoo; y como escribió en su autobiografía, *Disruptor*, una cuestión de vida o muerte corporativa en la mente de Zhou.[5] Convocó de inmediato a su equipo en el lugar de los laser tag, que después regresaron a toda prisa a su cuartel general para formular un contraataque.

Durante los dos meses siguientes, Zhou utilizó todos los trucos sucios y desesperados que se le ocurrieron para hacer retroceder a Tencent. Primero, Qihoo creó una nueva y popular «protección de la privacidad» que emitía advertencias de seguridad extremas cada vez que se abría un producto Tencent. Con frecuencia, las advertencias no se basaban en ninguna vulnerabilidad real de seguridad, pero era una eficaz campaña de difamación contra la empresa más fuerte. Qihoo lanzó entonces un software de «seguridad» que podía filtrar todos los anuncios dentro de QQ, lo que acababa de forma efectiva con la principal fuente de ingresos del producto. Poco después, un día que Zhou se dirigía al trabajo, recibió una llamada telefónica: más de treinta agentes de policía habían allanado las oficinas de Qihoo y lo esperaban para detenerlo en el marco de una investigación. Convencido de que la redada había sido orquestada por Tencent, Zhou condujo directo al aeropuerto y voló a Hong Kong para formular su próxima jugada.

Finalmente, Tencent optó por la alternativa nuclear: el 3 de noviembre de 2010 anunció que bloquearía el uso de mensajería QQ en cualquier ordenador que tuviera Qihoo 360, lo que obligaba a los usuarios a elegir entre los dos productos. Es como si Facebook anunciara a sus usuarios que bloquearía el acceso a la red social a cualquiera que utilizara Google Chrome. Las empresas estaban librando entre sí una guerra total, con los ordenadores de los usuarios chinos como campo de batalla. Qihoo hizo un

5. Disruptor: (北京: 北京 合出版公司, 2017).

llamamiento a sus usuarios para que secundaran una «huelga QQ» de tres días, y al final el gobierno tuvo que intervenir para separar a los combatientes ensangrentados. En una semana, tanto QQ como Qihoo 360 volvían a funcionar con normalidad, pero las cicatrices de este tipo de batallas perduraron en empresarios y compañías.

Zhou Hongyi era uno de los empresarios más belicosos, pero los trucos sucios y el comportamiento anticompetitivo eran la norma en la industria. ¿Te acuerdas de la imitación de Facebook de Wang Xing, Xiaonei? Después de venderla en 2006, el sitio resurgió como Renren (que quiere decir «todo el mundo») y se convirtió en la red social dominante al estilo Facebook. Pero en 2008, Renren tuvo que hacer frente a un aguerrido rival llamado Kaixin001 (que significa «feliz» en mandarín). La startup ganó impulso ya que en un principio se dirigió a los jóvenes urbanitas en lugar de a los estudiantes universitarios que ya estaban en Renren. Kaixin001 integró la red social con juegos de azar con productos como «Steal Vegetables», una imitación de Farmville, pero en el que se recompensaba a la gente no por cultivar cooperativamente, sino por robar en los jardines de los demás. La startup pronto se convirtió en la red social con mayor crecimiento.

Kaixin001 era un producto sólido, pero su fundador no era un gladiador. Cuando creó la red, la URL que quiso utilizar —kaixin.com— ya estaba tomada, y no quiso (o posiblemente no pudo) comprarla a su propietario. Así que en su lugar optó por kaixin001.com, que resultó ser un error fatal, equivalente a entrar el Coliseo sin casco.

En el momento en que Kaixin001 se convirtió en una amenaza, el propietario de Renren simplemente compró la URL original de www.kaixin.com a su propietario. Luego recreó una copia exacta de la interfaz de usuario de Kaixin001, cambiando sólo el color, y con todo descaro la llamó «La verdadera red Kaixin». De repente, muchos usuarios que trataban de inscribirse en la nueva y popular red social se vieron sin saberlo atrapados en la red de Renren. Pocos advertían la diferencia. Renren anunció más tarde la fusión deKaixin.com con Renren, completando así su secuestro de usuarios de Kaixin001. El movimiento fue como un disparo a las rodillas al crecimiento de usuarios de Kaixin001, y neutralizó una gran amenaza para el dominio deRenren.

Kaixin001 demandó a su despreciable rival, pero la demanda no pudo revertir el daño causado por el combate. En abril de 2011, dieciocho meses después de que la demanda fuera presentada, un tribunal de Pekín ordenó a Renren a pagar sesenta mil dólares a Kaixin001, pero el que una vez fue un prometedor rival no era más que una sombra de su antiguo yo. Un mes después de eso, Renren comenzó a cotizar en la bolsa de Nueva York, recaudando 740 millones de dólares.

Las lecciones aprendidas en el coliseo eran claras: matar o morir. Cualquier empresa que no pueda aislarse por completo de sus competidores —a nivel técnico, empresarial o incluso personal— es blanco de ataque. El ganador se queda con el botín, y ese botín puede ascender a miles de millones de dólares.

Es un sistema cultural que también inspira una ética de trabajo verdaderamente loca. Silicon Valley se enorgullece de sus largas horas de trabajo, algo que se hace más llevadero con comidas gratis, gimnasios en las oficinas y cerveza de barril. Pero en comparación con la escena de startups de China, las empresas del valle parecen letárgicas y sus ingenieros perezosos. Andrew Ng, el pionero del aprendizaje profundo que fundó el proyecto Google Brain y dirigió las actividades de IA del buscador chino Baidu, comparó los dos entornos en un evento de Sinovation en Menlo Park, California:

> El ritmo es increíble en China. Cuando dirigí allí equipos de trabajo, podía convocar una reunión en sábado o en domingo, o cuando me apetecía, y todo el mundo se presentaba sin quejarse. Si enviaba un mensaje de texto a las 7:00 PM durante la cena y no habían respondido antes de las 8:00 PM, me preguntaba qué estaba pasando. No es más que un ritmo constante en la toma de decisiones. El mercado hace algo, así que será mejor que reacciones. Eso, creo, ha hecho que el ecosistema de China sea increíble a la hora de innovar, de vender en el mercado... Estaba en Estados Unidos trabajando con un vendedor. No usaré ningún nombre, pero un vendedor con el que trabajaba me llamó un día y me dijo: «Andrew, estamos en

Silicon Valley. Tienes que dejar de tratarnos como si estuvieras en China, porque no podemos hacer las cosas al ritmo que esperas».[6]

El gladiador Lean

Pero la era de las imitaciones enseñó a los empresarios tecnológicos chinos algo más que trucos sucios y horarios insensatos. Las elevadas inversiones financieras, la propensión a la imitación y la mentalidad mercantilista también terminaron desarrollando empresas que encarnaban la metodología Lean Startup.

Este sistema se formuló por primera vez de forma explícita en Silicon Valley y se popularizó en el libro *El método Lean* Startup, de Eric Ries, publicado en 2011.[7] El núcleo de su filosofía es la idea de que los fundadores no saben qué producto necesita el mercado; el mercado sabe qué producto necesita el mercado. En lugar de pasar años y gastar millones de dólares en crear en secreto su idea del producto perfecto, las startups deberían actuar con rapidez para lanzar un «producto mínimo viable» que pueda satisfacer la demanda del mercado para las distintas funciones. Las startups basadas en internet pueden recibir información inmediata en función de la actividad del cliente, lo que le permite comenzar sin demora a iterar sobre el producto: descartar las características no utilizadas, añadir nuevas funciones y tantear de manera incesante el terreno de la demanda del mercado. Las Lean startups deben detectar los sutiles cambios en el comportamiento de los consumidores y luego jugar sin descanso con los productos para satisfacer esa demanda. Tienen que estar dispuestas a abandonar productos o negocios cuando no resulten

6. DR. NG, Andrew, DR. HRUN Sebastian y DR. LEE, Kai-Fu, «The Future of AI», moderado por John Markoff, Sinovation Ventures, Menlo Park, California, 10 de junio de 2017.

7. RIES, Eric: *El método Lean* Startup*: Cómo crear empresas de éxito utilizando la innovción continua*, Ediciones Deusto, Barcelona, 2012.

rentables, a cambiar de rumbo y reposicionarse para seguir el dinero.

En 2011, la palabra «Lean» estaba en boca de empresarios e inversores de todo Silicon Valley. Las conferencias y discursos de apertura predicaban el evangelio del empresariado Lean, aunque no siempre fue un paso natural para las startups comprometidas con una misión determinada que Silicon Valley fomenta. Una «misión» constituye una sólida narrativa cuando se habla con los medios de comunicación o con empresas de capital riesgo, pero también puede convertirse en una auténtica carga en un mercado en rápida transformación. ¿Qué hace un fundador cuando se evidencia una divergencia entre lo que demanda el mercado y lo que dicta una determinada misión? Los empresarios chinos impulsados por el mercado nunca se enfrentaron a tal dilema. Sin la carga de nobles declaraciones de intenciones o «valores fundamentales», no tuvieron ningún problema a la hora de seguir las tendencias de la actividad de los usuarios dondequiera que condujeran a sus empresas. Esas tendencias los llevaron con frecuencia a industrias llenas de cientos de imitadores casi idénticos que competían por el mercado más popular y activo del año. Al igual que Taobao hizo con eBay, estos imitadores socavaban cualquier intento de cobrar a los usuarios ofreciendo sus propios productos de forma gratuita. La mera densidad de la competencia y la voluntad de reducir los precios a cero obligaba a las empresas a iterar: a ajustar sus productos e inventar nuevos modelos de monetización, construyendo sólidos negocios rodeados de altos muros que sus competidores imitadores no podían escalar.

En un mercado en el que copiar era la norma, estos empresarios se vieron obligados a trabajar más duro y a hacerlo mejor que sus oponentes. Silicon Valley se enorgullece de su aversión a la copia, pero esto es algo que a menudo conduce a la autocomplacencia. Al primero que se mueve simplemente se le cede un nuevo mercado porque otros no quieren ser vistos como poco originales. Los empresarios chinos no cuentan con ese lujo. Si logran desarrollar un producto que la gente quiere, no proclaman la victoria. Declaran la guerra.

La venganza de Wang Xing

La guerra de los mil Groupon cristalizó este fenómeno. Poco después de su lanzamiento en 2008, Groupon se convirtió en la niña mimada del mundo de las startups estadounidenses. La premisa era simple: ofrecer cupones que sólo funcionaban si los utilizaba un número suficiente de compradores. Éstos recibían un descuento y los vendedores obtenían ventas garantizadas a gran escala. Fue un éxito en Estados Unidos tras la crisis financiera, y el valor de Groupon se disparó a más de mil millones de dólares en sólo dieciséis meses, el mayor ritmo de crecimiento de la historia.

El concepto parecía hecho a medida para China, donde los compradores se obsesionan con los descuentos y regatear es un arte. Los empresarios en China en busca del siguiente mercado prometedor se subieron con rapidez al sistema de compras de grupo, iniciando plataformas locales basadas en el modelo «Oferta del día» de Groupon. Los principales portales de internet lanzaron su propia división de compras de grupo, y docenas de nuevas empresas entraron en la contienda. Sin embargo, lo que comenzó siendo decenas de competidores imitadores, pronto se convirtieron en cientos y luego en miles. En el momento de la oferta pública de acciones inicial de Groupon en 2011 —la mayor IPO desde la de Google en 2004— China albergaba más de cinco mil empresas diferentes de compras en grupo.

Para los que no eran chinos, parecía una broma. Una caricatura de un ecosistema de internet que no tenía vergüenza a la hora de copiar y que carecía de ideas originales. Muchísimas de esas cinco mil imitaciones eran irrisorias, producto de empresarios ambiciosos pero ignorantes, sin perspectivas de sobrevivir al subsiguiente derramamiento de sangre.

Pero bajo ese montón de gente, en el centro de este estruendo, se encontraba Wang Xing. En los últimos siete años había copiado tres productos tecnológicos estadounidenses, creado dos empresas y afinado las habilidades necesarias para sobrevivir en el coliseo. Wang había pasado de ser un ingeniero friki que clonaba sitios web de Estados Unidos a ser un emprendedor en serie con un profundo sentido para los productos de tecnología, los modelos de negocio, y la competición entre gladiadores.

Puso todas esas habilidades a trabajar durante la guerra de los mil Groupon. Fundó Meituan («Grupo bonito») a principios de 2010 y contrató a veteranos trabajadores de sus anteriores clones de Facebook y Twitter curtidos en mil batallas para encabezar el ataque. No repitió la copia píxel a píxel de sus imitaciones de Facebook y Twitter, sino que construyó una interfaz que se adaptaba mejor a la preferencia por interfaces densas de los usuarios chinos.

Cuando se lanzó Meituan, la batalla sólo estaba entrando en calor. Los competidores gastaban cientos de millones de dólares en publicidad *offline*. La lógica era que para destacar de la manada, una empresa tenía que recaudar mucho dinero y gastarlo para ganar clientes a través de la publicidad y las subvenciones. Esa elevada cuota de mercado se podía utilizar para conseguir más dinero y repetir el ciclo. Con inversores sobreexigentes financiando a miles de empresas casi idénticas, los urbanitas chinos se aprovechaban de los descuentos absurdos para comer fuera en tropel. Era como si la comunidad de capital riesgo de China estuviera invitando a cenar a todo el país.

Pero Wang era consciente de los peligros de quemar liquidez —así es como había perdido Xiaonei, su copia de Facebook— y del peligro que entrañaba intentar comprar la lealtad de los clientes a largo plazo con ofertas a corto plazo. Si sólo se competía en materia de subvenciones, los clientes saltarían sin parar de una plataforma a otra en busca de la mejor oferta. Que los competidores se gastasen el dinero en subvencionar comidas y en educar al mercado, ya recogerían la cosecha que sembraran. Wang se concentró en mantener los costes bajos mientras iteraba su producto. Meituan se abstuvo de toda publicidad *offline*, y en su lugar invirtió recursos en adaptar productos, lo que redujo el coste de adquisición y retención de usuarios, y en optimizar un complejo programa de soporte. Éste incluía el procesamiento de pagos procedentes de millones de clientes y dirigidos a decenas de miles de vendedores. Fue un reto de ingeniería de enormes proporciones para el que la década de experiencia práctica de Wang lo había preparado.

Una de las principales diferencias de Meituan fue su relación con los vendedores, una pieza crucial de la ecuación que a menudo pasan por alto las nuevas empresas obsesionadas con la cuota de mercado. Meituan fue pionero en un mecanismo de pago automatizado que ponía el dinero en manos de las empresas con mayor rapidez, un cambio bienvenido en un momento en que las nuevas startups de compra de grupos desaparecían a diario y los restaurantes se quedaban con las facturas sin pagar. La estabilidad inspiró lealtad, y Meituan la aprovechó para construir redes más amplias de colaboraciones exclusivas.

Groupon entró oficialmente en el mercado chino a principios de 2011, al forzar una alianza comercial con Tencent. La asociación aunó a la principal empresa internacional de compra de grupos con un gigante local con experiencia en China y una enorme presencia en redes sociales. Pero la asociación Groupon-Tencent fracasó desde el principio. Tencent aún no había descubierto cómo asociarse de forma efectiva con las compañías de comercio electrónico, y la empresa conjunta aplicó a ciegas el manual de estrategia estándar de Groupon para la expansión internacional: contratar a docenas de consultores de gestión y utilizar la agencia de empleo Manpower para crear equipos de ventas masivos y de bajo nivel. Los cazatalentos de Manpower ganaron una fortuna en comisiones, y los costes de adquisición de clientes de Groupon fueron muy superiores a las de los competidores locales. El gigante extranjero perdía muchísimo dinero demasiado rápido y optimizaba su producto demasiado despacio. Cayó en la irrelevancia mientras que la sangría entre las startups chinas continuaba.

Desde el exterior, las batallas de este tipo por la cuota de mercado financiadas por el capital riesgo parecen estar determinadas sólo por quién puede reunir mayor capital y así sobrevivir a sus oponentes. Eso es verdad a medias: si bien la cantidad de dinero recaudado es importante, también lo es el flujo de caja negativo y la fidelidad de los clientes comprados por medio de subvenciones. Las startups que se enzarzan en estas batallas casi nunca son rentables en el momento, pero las empresas que logran reducir al mínimo sus pérdidas por cliente atendido pueden durar más que sus competidoras mejor financiadas. Una vez que se acaba la sangría de dinero y los precios empiezan a subir, esa misma eficiencia despiadada será un importante activo en el camino hacia la rentabilidad.

A medida que la guerra de los mil Groupon avanzaba, los combatientes lucharon por la supervivencia de diferentes maneras. Al igual que los gladiadores que formaban facciones en el coliseo, las startups más débiles se fusionaron con la esperanza de alcanzar economías de escala. Otras confiaban en las ráfagas de publicidad de gran repercusión para estar brevemente por encima de la contienda. Meituan, sin embargo, se mantuvo rezagada, clasificándose con regularidad entre las diez primeras, pero sin presionar para ocupar el primer lugar.

Wang Xing encarnaba una filosofía de conquista que se remonta al emperador del siglo XIV Zhu Yuanzhang, líder de un ejército rebelde que duró más que docenas de otros señores de la guerra que competían para fundar la dinastía Ming: «Construye altos muros, almacena grano y espera el momento oportuno antes de reclamar el trono». Para Wang Xing, la financiación de capital riesgo era su grano, su muro era un producto superior, y un mercado de mil millones de dólares sería su trono.

En 2013, el polvo comenzó a asentarse en lo que había sido la guerra más salvaje de imitadores que el país había visto jamás. La gran mayoría de los combatientes había perecido víctima de ataques brutales o de su propia mala gestión. Aún quedaban en pie tres gladiadores: Meituan, Dianping y Nuomi. Dianping era una inveterada copia de Yelp que había entrado en el negocio de compra de grupos, mientras que Nuomi era una filial de compra de grupos lanzada por Renren, la imitación de Facebook que el propio Wang Xing había fundado y vendido. Estos tres representaban más del ochenta por ciento del mercado, y Meituan de Wang había crecido hasta alcanzar una valoración de tres mil millones de dólares. Después de años fotocopiando sitios web estadounidenses, había aprendido el oficio de empresario y se había hecho con gran parte de un enorme nuevo mercado.

Pero no fue ateniéndose a la compra de grupos como Meituan se convirtió en lo que es hoy día. Groupon había continuado en gran medida con su negocio original, viviendo de la novedosa idea de los descuentos a través de grupos. En 2014, Groupon cotizaba a menos de la mitad de su precio de salida a bolsa. Hoy es la sombra de lo que fue en su día. Por el contrario, Wang expandió sin descanso las líneas de negocio de Meituan y modificó sin cesar sus productos principales. Cada vez que algo se ponía de moda en la economía china —florecientes éxitos de taquillas, auge de la entrega de comida a domicilio, turismo nacional generalizado, las ventas multicanal o O2O (por sus siglas en inglés, *online-to-offline*)—, Wang daba un giro y acababa por transformar su empresa. Era voraz en su apetito de nuevos mercados e implacable en su constante iteración de nuevos productos, un excelente ejemplo de una Lean startup orientada al mercado.

Meituan se fusionó con su rival Dianping a finales de 2015, manteniendo a Wang a cargo de la nueva compañía. En 2017, el gigante híbrido recibía veinte millones de pedidos diferentes al día de un grupo de 280 millones de usuarios activos mensuales. Hacía tiempo que la mayoría de los clientes habían olvidado que Meituan comenzó siendo un sitio de compra de grupos. La conocían por lo que se había convertido: un imperio de consumidores en expansión que cubría fideos, entradas de cine y reservas de hotel. Hoy día, Meituan Dianping está valorado en treinta mil millones de dólares, lo que la convierte en la cuarta startup más valiosa del mundo, por delante de Airbnb y SpaceX de Elon Musk.

Emprendedores, electricidad y petróleo

La historia de Wang es algo más que la del imitador que tuvo éxito. Su transformación muestra la evolución del ecosistema tecnológico de China, y el mayor activo de ese ecosistema: sus tenaces emprendedores, que están venciendo a los gigantes de Silicon Valley en su propio terreno y que han aprendido a sobrevivir en el más competitivo entorno de startups del mundo. A continuación, aprovecharon la revolución de internet de China y la explosión de internet móvil para insuflar vida a la nueva economía del país, orientada al consumidor.

Pero por notables que hayan sido estos logros, los cambios serán insignificantes en comparación con lo que estos empresarios harán con el poder de la inteligencia artificial. Los albores de internet en China funcionaron como la invención del telégrafo: acortó las distancias, aceleró los flujos de información y facilitó el comercio. El inicio de la IA en China será como el aprovechamiento de la electricidad: algo revolucionario que turboalimente a las industrias en general. Los empresarios chinos que mejoraron y perfeccionaron sus habilidades en el coliseo ven ahora el poder que tiene esta nueva tecnología, y ya están buscando sectores y aplicaciones donde poder convertir esta energía en ganancias.

Pero para ello necesitan algo más que su propia sensibilidad empresarial basada en el conocimiento de la calle. Si la inteligencia artificial es la nueva electricidad, los macrodatos o *big data* son el petróleo que alimenta los generadores. Y al despegar el vibrante y único ecosistema de internet de China después de 2012, éste se convirtió en el mayor productor mundial de este petróleo para la era de la inteligencia artificial.

3

El universo alternativo de internet de China

Guo Hong es el fundador de una startup atrapado en el cuerpo de un funcionario del gobierno. De mediana edad, Guo siempre viste un modesto traje oscuro y gafas con muchas dioptrías. Cuando permanece de pie para las fotos oficiales en las ceremonias de apertura, no difiere de las docenas de otras autoridades municipales de la ciudad de Pekín que cortan cintas y pronuncian discursos vestidos de la misma manera.

Durante los dos decenios anteriores a 2010, China estuvo gobernada por ingenieros. El oficialismo chino estaba lleno de hombres que habían estudiado la ciencia de construir cosas físicas, y que pusieron a trabajar ese conocimiento para transformar China, que pasó de ser una sociedad agrícola pobre a ser un país de fábricas bulliciosas y ciudades enormes. Pero Guo representaba un nuevo tipo de funcionario para una nueva era, en la que China necesitaba tanto construir cosas como crear ideas.

Uno deja a Guo solo en una habitación con otros emprendedores o tecnólogos y de repente cobra vida. Rebosante de ideas, habla rápido y escucha con suma atención. Tiene un apetito voraz por lo próximo en tecnología y la capacidad de visualizar cómo las startups pueden aprovechar estas tendencias. Guo es original y creativo, y además adopta medidas sobre el terreno. Es el tipo de fundador en el que a los inversores de capital riesgo les encanta invertir su dinero.

Todos estos hábitos resultaron ser muy útiles cuando Guo decidió convertir su trozo de Pekín en el Silicon Valley de China, un hervidero de innovaciones chinas autóctonas. Era el año 2010, y Guo era responsable de la zona tecnológica de Zhongguancun en el noroeste de Pekín, un área que hacía tiempo que se había calificado a sí misma como la respuesta de China a Silicon Valley, pero que en realidad no estaba a la altura del título. Zhongguancun estaba repleto de mercados electrónicos que vendían *smartphones* de gama baja y softwar pirata, pero ofrecía pocas startups innovadoras. Guo quiso cambiar eso.

Para poner en marcha dicho proceso, vino a verme a las oficinas de mi nueva compañía, Sinovation Ventures. Tras pasar una década representando a las compañías de tecnología más poderosas de Estados Unidos en China, en otoño de 2009 dejé Google China para establecer Sinovation, una incubadora en fase inicial y un fondo de inversión ángel para startups chinas. Tomé esta decisión porque sentí burbujear nueva energía en el ecosistema chino de startups. La era de los imitadores había forjado empresarios de clase mundial, y apenas comenzaban a aplicar sus habilidades para resolver problemas exclusivamente chinos. La rápida transición de China al internet móvil y los bulliciosos centros urbanos habían creado un entorno muy diferente, en el que los productos innovadores y los nuevos modelos de negocio podían prosperar. Yo quería tanto asesorar como financiar a estas empresas a medida que se iban desarrollando y se hacían cargo de sí mismas.

Cuando Guo vino a visitar Sinovation, un equipo de exempleados de Google y yo trabajábamos en una pequeña oficina situada al noreste de Zhongguancun. Estábamos contratando a ingenieros prometedores para que se unieran a nuestra incubadora y lanzaran startups dirigidas a la primera ola de usuarios de *smartphones* en China. Guo quiso saber qué podía hacer para apoyar esa misión. Le dije que los gastos de alquiler se comían gran parte del dinero que queríamos invertir en fomentar estas nuevas empresas. Cualquier alivio en el alquiler significaría más dinero para la creación de productos y compañías. No hay problema, dijo, haría algunas llamadas. Posiblemente el gobierno local podría cubrir nuestro alquiler durante tres años si nos reubicábamos en el barrio de Zhongguancun.

Fue una magnífica noticia para nuestro proyecto y, lo que es mejor, Guo apenas estaba empezando. No quería sólo gastar dinero en una incubadora. Quería entender qué era lo que realmente hacía funcionar Silicon Valley. Guo empezó a bombardearme a preguntas sobre mi estancia en el valle durante la década de 1990. Le expliqué cuántos de los primeros emprendedores de la zona pasaron a convertirse en inversores ángeles y mentores, cómo la proximidad geográfica y las redes sociales estrechamente entretejidas dieron origen a un ecosistema de capital riesgo autosostenible que hacía apuestas inteligentes en grandes ideas.

Mientras hablábamos, pude ver cómo la mente de Guo trabajaba a toda máquina. Lo absorbía todo al mismo tiempo que formulaba las líneas generales de un plan. El ecosistema de Silicon Valley había tomado forma de manera orgánica a lo largo de varias décadas. Pero ¿y si China podía acelerar ese proceso forzando la proximidad geográfica? Podíamos elegir una calle en Zhongguancun, desalojar a todos los antiguos habitantes, y abrir el espacio a los agentes fundamentales de este tipo de ecosistemas: empresas de capital riesgo, startups, incubadoras y proveedores de servicios. Él ya tenía un nombre en mente: Chuangye Dajie o Avenida de los Emprendedores.

Este tipo de construcción vertical de un ecosistema de innovación va en contra de la ortodoxia de Silicon Valley. En esa cosmovisión, lo que realmente hace que el valle sea especial es una cultura del espíritu abstracto de la época, un compromiso con el pensamiento original y la innovación. No es algo que podría haberse construido simplemente usando ladrillos y subvenciones de alquiler.

Tanto Guo como yo veíamos el valor en ese sentido etéreo de misión, pero también sabíamos que China era diferente. Si queríamos iniciar este proceso en la China actual, el dinero, los bienes raíces y el apoyo del gobierno eran importantes. El proceso requeriría que nos ensuciáramos las manos, adaptando la ética incorpórea de la innovación del valle a las realidades físicas de la China actual. El resultado aprovecharía algunos de los mecanismos básicos de Silicon Valley, pero llevaría el internet chino en una dirección muy diferente.

Ese ecosistema se estaba volviendo independiente y autosuficiente. Los fundadores chinos ya no tenían que adaptar sus lanzamientos de startups a los gustos del capital riesgo extranjero. Ahora podían construir productos chinos para resolver problemas chinos. Fue un cambio radical que alteró la misma atmósfera de las ciudades de la nación y marcó una nueva era en el desarrollo del internet chino. También condujo a un auge de la producción del recurso natural de la era de la IA de la noche a la mañana.

Territorio inexplorado en internet

Durante la era de los imitadores, China y Silicon Valley tuvieron una relación de imitación, competencia y actualización. Pero hacia 2013, el internet chino cambió el rumbo. Ya no iba a la zaga del internet occidental en funcionalidad, aunque tampoco había superado a Silicon Valley en sus propios términos. En cambio, se estaba transformando en un universo alternativo de internet, un espacio con sus propias materias primas, sistemas planetarios y leyes de la física. Era un lugar donde muchos usuarios sólo accedían a internet a través de *smartphones* baratos, donde los teléfonos inteligentes desempeñaban el papel de las tarjetas de crédito, y donde las ciudades con alta densidad de población suponían un rico laboratorio en el que mezclar el mundo físico y el digital.

Las compañías tecnológicas chinas que gobernaban este mundo no tenían obvios corolarios en Silicon Valley. Una simple abreviatura como «el Amazon chino» o «el Facebook de China» ya no tenía sentido para describir aplicaciones como WeChat, la aplicación social dominante en China, pero que había evolucionado hasta convertirse en una «navaja digital del ejército suizo» capaz de permitir que la gente pagara en el supermercado, pidiera comida y reservara una visita con el médico.

Bajo esta transformación se encuentran varios elementos clave: los usuarios que acceden a internet sobre todo a través de su *smartphone*, el papel de WeChat en tanto que superapp nacional, y los pagos con el móvil que transforman cada *smartphone* en un monedero digital. Una vez que esas piezas estuvieron en su lugar, las empresas chinas desencadenaron una explosión de innovación autóctona. Fueron pioneros en estrategias de *e-commerce* multicanal, u O2O, que fijaron profundamente internet en la estructura de la economía china. Convirtieron las ciudades chinas en los primeros entornos sin dinero en efectivo desde los días de la economía de trueque. Y revolucionaron el transporte urbano con aplicaciones inteligentes para compartir bicicletas que crearon la mayor red mundial del internet de las cosas.

El gobierno echó más leña al fuego con una ola sin precedentes de apoyo a la innovación. La misión de Guo de construir la Avenida de los Emprendedores fue sólo la primera gota de lo que en 2014 se convirtió en un maremoto de políticas sociales para impulsar el espíritu emprendedor tecnológico. Bajo el lema «Innovación y espíritu empresarial masivo», los alcaldes chinos llenaron sus ciudades de nuevas zonas de innovación, incubadoras y fondos de capital riesgo respaldados por el gobierno, muchos de ellos inspirados en el trabajo de Guo en la Avenida de los Emprendedores. Fue una campaña que los analistas occidentales desestimaron por ineficiente y equivocada, pero que turboalimentó la evolución del universo paralelo de internet en China.

Para prosperar en este ambiente se requería tanto destreza de ingeniería como mano de obra bruta: ejércitos de repartidores en *scooters* yendo de aquí para allá repartiendo comida caliente por toda la ciudad, decenas de miles de representantes de ventas diseminados para impulsar los pagos móviles a los vendedores ambulantes, y millones de bicicletas compartidas cargadas en camiones y dispersas por las ciudades. Una explosión de estos servicios llevó a las empresas chinas a arremangarse y hacer el trabajo pesado de dirigir un negocio en el mundo real.

A mi modo de ver, esa voluntad de ensuciarse las manos en el mundo real separa a las compañías de tecnología chinas de sus pares de Silicon Valley. A las startups estadounidenses les gusta atenerse a lo que saben: construir plataformas digitales limpias que facilitan el intercambio de información. Estas plataformas pueden ser utilizadas por los vendedores que hacen el trabajo de campo, pero las compañías de tecnología tienden a permanecer distantes y al margen de estos detalles logísticos. Aspiran a la mitología satirizada en la serie de HBO *Silicon Valley*, la de un equipo mínimo de hackers que construyen un negocio de mil millones de dólares sin salir de su loft de San Francisco.

Las compañías chinas carecen de ese lujo. Rodeadas de competidores dispuestos a aplicar la ingeniería inversa a sus productos digitales, deben utilizar su escala, gastos y eficiencia a la hora de desempeñar el trabajo pesado como factor diferenciador. Ellos gastan dinero como locos y dependen del ejército de repartidores mal pagados para que sus modelos de negocio funcionen. Se trata de un rasgo definitorio del universo paralelo chino de internet que hace que los analistas estadounidenses atrincherados en la ortodoxia de Silicon Valley se rasquen la cabeza.

La Arabia Saudita de los datos

Pero este compromiso chino con el trabajo pesado es también lo que está sentando las bases para que China ostente el liderazgo en la era de la implementación de la IA. Al sumergirse en las minucias de la entrega de comida a domicilio, reparaciones de coches, bicicletas compartidas y compras en la tienda de la esquina, estas compañías están convirtiendo a China en la Arabia Saudita de los datos: un país que de repente se encuentra ubicado sobre el recurso fundamental que impulsa esta era tecnológica. China está muy por delante de Estados Unidos en tanto que principal productor mundial de datos digitales, y la brecha es mayor a cada día que pasa.

Como sostuve en el primer capítulo, la invención del aprendizaje profundo significa que estamos pasando de la era del conocimiento especializado a la de los datos. La exitosa habilitación de los algoritmos del aprendizaje profundo requiere capacidad de procesamiento, talento técnico y una gran cantidad de datos. Pero de estos tres, el volumen de datos será el más importante en el futuro. Esto se debe a que una vez que el talento técnico alcanza cierto umbral, comienza a mostrar una disminución del rendimiento. Más allá de ese punto, los datos marcan la gran diferencia. Los algoritmos ajustados por un ingeniero medio pueden superar a los construidos por los principales expertos del mundo si el ingeniero medio tiene acceso a muchos más datos.

Pero la ventaja de los datos de China abarca desde la cantidad hasta la calidad. El enorme número de usuarios de internet del país —mayor que el de Estados Unidos y que el de toda Europa juntos— proporciona la cantidad de datos, pero es lo que esos usuarios hacen *online*, lo que le confiere la calidad. La naturaleza del universo alternativo de aplicaciones de China implica que los datos recopilados también serán mucho más útiles para la creación de empresas impulsadas por la IA.

Los gigantes de Silicon Valley acumulan datos de tu actividad en sus plataformas, pero estos datos se concentran en gran medida en el comportamiento *online*, como por ejemplo las búsquedas realizadas, las fotos subidas, los vídeos de YouTube vistos, y los mensajes publicados que «gustan» a la gente. En cambio, las empresas chinas recopilan datos del mundo *real*: el qué, cuándo y dónde de las compras físicas, las comidas, los cambios de imagen y el transporte. El aprendizaje profundo sólo puede optimizar lo que puede «ver» a través de los datos, y el ecosistema tecnológico de China físicamente fundamentado proporciona a estos algoritmos muchos más ojos en el contenido de nuestra vida diaria. A medida que la IA comienza a «electrificar» nuevas industrias, el hecho de que China acepte los complicados detalles del mundo real le proporcionará ventaja sobre Silicon Valley.

Este repentino golpe de suerte para China no fue el resultado de un plan maestro. Cuando Guo Hong vino a verme en 2010, era imposible predecir con exactitud la forma que adoptaría el universo alternativo de China o el modo en que el aprendizaje automático de repente convertiría los datos en una mercancía inestimable. Pero él creía que con un entorno y financiación adecuados, y con un empujoncito, las startups chinas podrían crear algo totalmente único y muy valioso. En ese punto, el instinto emprendedor de Guo estaba completamente en lo cierto.

El salto al móvil

Dejé Google China y fundé Sinovation Ventures unos meses antes de que el buscador estadounidense decidiera retirarse del mercado continental chino. Esa maniobra de Google causó una gran decepción en nuestro equipo, dados los años de trabajo que habíamos invertido en hacer que la empresa fuera competitiva en China. Pero su partida dejó también un agujero para que las startups chinas construyeran un conjunto completamente nuevo de productos para la más apasionante nueva tendencia de la tecnología, el internet móvil.

Tras el debut de iPhone en 2007, el mundo de la tecnología comenzó a adaptar poco a poco los sitios web y los servicios para su acceso a través de un *smartphone*. En su forma más simple, significaba construir una versión del propio sitio web que funcionara bien cuando se transpusiera de una gran pantalla de ordenador a un pequeño *smartphone*. Pero también implicaba la creación de nuevas herramientas: una app tienda, aplicaciones de edición de fotos y software antivirus. Con la salida de Google de China, el mercado de las aplicaciones basadas en Android en este espacio estaba ahora plenamente abierto. El primer grupo de startups incubadas de Sinovation parecía colmar esas lagunas. En el proceso, quería que exploráramos una nueva y emocionante forma de interactuar con internet, un espacio en el que Silicon Valley aún no había desafiado el paradigma dominante.

Durante la era de los imitadores en China, la pequeña porción de su población que accedía a internet lo hacía de la misma manera que los estadounidenses, a través de un ordenador de sobremesa o de un portátil. El comportamiento de los usuarios chinos difería de forma significativa del de los estadounidenses, pero las herramientas fundamentales utilizadas eran las mismas.

Los ordenadores seguían siendo demasiado caros para la mayoría de los chinos, y en 2010 sólo alrededor de un tercio de la población de China tenía acceso a internet. Así que cuando los *smartphones* baratos salieron al mercado, oleadas de ciudadanos de a pie pasaron por encima de los ordenadores personales y se conectaron por primera vez a través de sus teléfonos.

Por simple que esta transición parezca, tuvo profundas repercusiones sobre la particular forma que adoptaría el internet chino. Los usuarios de *smartphones* no sólo actuaban de manera diferente a sus homólogos de ordenadores de mesa, sino que también querían cosas diferentes. Para los usuarios que accedían sobre todo a través de su teléfono móvil, internet no era sólo una colección abstracta de información digital a la que se accedía desde un determinado lugar. Más bien era una herramienta que uno llevaba consigo mientras se movía por la ciudad; contribuía a ayudar a resolver los problemas locales con los que uno se encuentra cuando necesita comer, comprar, viajar, o simplemente cruzar la urbe. Las startups chinas necesitaban construir sus productos adecuándose a esta circunstancia.

Esto abrió una oportunidad real para las startups chinas, respaldadas por los fondos chinos de capital riesgo, de abrir nuevos caminos para fomentar la innovación al estilo chino. En Sinovation, nuestra primera ronda de inversiones se destinó a incubar a nueve compañías, varias de las cuales acabaron siendo adquiridas o controladas por Baidu, Alibaba y Tencent. Estos tres gigantes de internet chinos (conocidos en conjunto por la abreviatura «BAT») usaron nuestras startups para acelerar su transición a empresas de internet móvil. Dichas adquisiciones constituían una base sólida, pero sería un proyecto interno secreto de Tencent el que abrió por primera vez una grieta en el potencial de lo que yo llamo el universo alternativo de internet de China.

WeChat: inicio humilde, grandes ambiciones

Casi nadie advirtió la aparición en el escenario mundial de la aplicación más poderosa del mundo. El lanzamiento en enero de

2011 de WeChat, la nueva aplicación de mensajería social de Tencent, recibió sólo una mención en la prensa en inglés, en el sitio tecnológico Next Web[1]. Tencent ya poseía las dos redes sociales dominantes en China —su plataforma de mensajería instantánea QQ y la red social Q-Zone contaban ambas con millones de usuarios—, pero los analistas de Estados Unidos las descartaban como mediocres copias de productos estadounidenses. La nueva aplicación para *smartphone* de la compañía ni siquiera tenía todavía un nombre en inglés, y era conocida sólo por el nombre chino Weixin, o «micromensaje».

Pero tenía algunas cosas más a su favor. La aplicación te permite enviar fotos y breves grabaciones de voz junto con mensajes escritos. Esto último supuso una gran ventaja dado lo engorroso que era en ese momento introducir caracteres chinos en un teléfono. WeChat también fue creado específicamente para *smartphones.* En lugar de intentar transformar su plataforma de escritorio dominante, QQ, en una aplicación telefónica, Tencent optó por alterar su propio producto con uno mejor construido sólo para móviles. Era una estrategia arriesgada para un gigante consolidado, pero que iba a ofrecer una gran recompensa.

La limpia funcionalidad de la aplicación empezó a tener éxito, y a medida que WeChat ganaba usuarios, fue añadiendo más funciones. En poco más de un año logró alcanzar los cien millones de usuarios registrados, y en su segundo aniversario, en enero de 2013, la cifra era de trescientos millones. Sobre la marcha había agregado llamadas de voz, videollamadas y conferencias telefónicas, funciones que parecen evidentes hoy, pero que el competidor global de WeChat, WhatsApp, no incorporó hasta 2016.

Los primeros ajustes y optimizaciones de WeChat fueron sólo el comienzo. Pronto fue pionera en un modelo innovador de «app-dentro-de-una-app» que cambió la forma en que los medios de comunicación y los anunciantes utilizaban las platafor-

1. TAN, Francis, «Tencent Launches Kik-Like Messaging App» The Next Web, 21 de enero de 2011, <https://thenextweb.com/asia/2011/01/21/tencent-lanza-un-mensaje-similar-al-kik-app-in-china/>.

mas sociales. Éstas eran las «cuentas oficiales» de WeChat, contenido de terceros por suscripción que vivían dentro de la aplicación y que a veces se comparaban con las páginas de Facebook de las empresas de medios de comunicación. Pero en lugar de la plataforma minimalista de Facebook para publicar contenido, las cuentas oficiales ofrecían gran parte de la funcionalidad de una aplicación independiente sin la molestia de tener que crear una. Estas cuentas pronto se hicieron tan dominantes en el espacio de las redes sociales que muchas empresas mediáticas y de consumo simplemente dejaron de construir sus propias aplicaciones y optaron por vivir por completo en el mundo de WeChat.

En el transcurso de dos años, WeChat pasó de ser una aplicación anónima a ser un centro neurálgico de mensajería, medios, marketing y juegos. Pero Tencent quería aún más. Ya monopolizaba la vida digital de los usuarios, pero quería extender esa funcionalidad más allá del *smartphone*.

Durante los siguientes cinco años, Tencent transformó concienzudamente WeChat en la primera superapp del mundo. Se convirtió en un «mando a distancia para la vida»[2] que domina no sólo el mundo digital de los usuarios, sino que además les permite pagar en restaurantes, tomar taxis, desbloquear bicicletas compartidas, gestionar inversiones, concertar citas médicas y hacer que les entreguen las recetas del médico en casa. Esta funcionalidad metastásica desdibujaría las líneas que dividen nuestro mundo *online* y el *offline*, tanto en el moldeado como en la alimentación del universo alternativo de internet de China. Pero antes de que pudiera hacer eso, WeChat tuvo que meterse en las carteras de sus usuarios, y eso significó enfrentarse al mandamás del comercio electrónico.

2. CHAN, Connie, «A Whirlwind Tour Through China Tech Trends», Andreesen Horowitz (blog), 6 de febrero de 2017, <https://a16z.com/2017/02/06/china-trends-2016-2017/>.

El Pearl Harbor de los pagos móviles

El ataque se produjo la noche más festiva del calendario chino —la víspera del Año Nuevo chino de 2014— y el arma se inspiró en la ocasión. La tradición china exige regalar «sobres rojos» durante el Año Nuevo chino, pequeños y decorativos paquetes rojos con dinero en efectivo dentro. El dinero es el equivalente chino de un regalo de Navidad, algo que por lo general dan los familiares de más edad a los niños, y los jefes a sus empleados.

La novedad de Tencent fue tan simple —y tan divertida para los usuarios— que enmascaraba la magnitud de la toma de poder. WeChat proporcionó a sus usuarios la capacidad de enviar sobres rojos digitales con dinero real a amigos cercanos y lejanos de WeChat. Una vez que los usuarios vinculaban su cuenta bancaria a WeChat, podían enviar sobres por valor de cierta cantidad de dinero a una persona, o a un chat de grupo y ver quién de sus amigos era el más rápido en «abrirlo» y conseguir el dinero. Ese dinero entonces permanecía dentro del monedero de WeChat de los usuarios, una nueva subdivisión de la aplicación. El dinero se podía utilizar para realizar compras, se podía transferir a otros amigos, o ingresar en la propia cuenta bancaria si la vinculaban con WeChat.

Fue una perfecta traslación a lo digital de una milenaria tradición china, que añadió un elemento de juego al proceso. A los usuarios de WeChat les encantaron los sobres, y se enviaron dieciséis millones de paquetes durante el Año Nuevo chino; y en el proceso, se vincularon cinco millones de nuevas cuentas bancarias a WeChat Wallet.

A Jack Ma el tema le divirtió mucho menos. Llamó «ataque Pearl Harbour» a la jugada de Tencent contra la hegemonía de Alibaba en el comercio electrónico.[3] Alipay, de Alibaba, había sido pionero en los pagos digitales adaptados a los usuarios chinos en 2004, y posteriormente había adaptado el producto a los

3. HORWITZ, Josh, «Chinese WeChat Users Sent out 20 Million Cash-Filled Red Envelopes to Friends and Family Within Two Days» TechinAsia, 4 de febrero de 2014.

smartphones. Pero de la noche a la mañana, WeChat había aprovechado el impulso del nuevo tipo de pago móvil, y conseguido que millones de nuevos usuarios vincularan sus cuentas bancarias a lo que ya era la aplicación social más poderosa de China. Ma advirtió a los empleados de Alibaba que si no luchaban por mantener el control sobre los pagos móviles, significaría el fin de la compañía. Algunos analistas apuntaron que se trataba de la típica retórica exagerada de Jack Ma, un carismático empresario con un talento natural para alentar a su tropa. Pero si echamos la vista atrás, cuatro años después, parece muy probable que Ma viera lo que se avecinaba.

Los cuatro años previos al momento Pearl Harbor de Tencent presenciaron cómo muchas de las piezas del universo alternativo de internet de China encontraban su lugar. La competencia gladiatoria entre las startups imitadoras chinas había capacitado a una generación de espabilados emprendedores de internet. Entre 2009 y 2013 se habían más que duplicado los usuarios de *smartphones*, que habían pasado de 233 millones a la friolera de quinientos millones. Los recursos de la fase inicial fomentaban una nueva generación de startups que creaban innovadoras aplicaciones móviles para este mercado. Y WeChat demostró el poder de una superapp instalada en prácticamente todos los *smartphones*, un portal todo en uno al ecosistema móvil chino.

Cuando la avalancha de sobres rojos de Tencent llevó a millones de chinos a vincular sus cuentas bancarias a WeChat, instauró la última pieza crucial del rompecabezas de una revolución del consumo: la capacidad de pagar por cualquier cosa y por todo con tu teléfono. En los próximos años, Alibaba, Tencent y miles de startups chinas se apresurarían a aplicar estas herramientas a todos los rincones de la vida en las ciudades chinas, incluyendo la entrega de comida, las facturas de electricidad, la transmisión en directo de las vidas de los famosos, manicuras a la carta, bicicletas compartidas, billetes de tren, entradas de cine y multas de tráfico. Los mundos *online* y *offline* de China comenzarían a aproximarse de una manera nunca vista en ningún otro lugar del Planeta. Estaban remodelando el paisaje urbano de China y el paisaje de datos del mundo real más rico de la Tierra.

Pero la construcción de un universo alternativo de internet que llegase a todos los rincones de la economía china no se podía llevar a cabo sin el principal agente económico: el gobierno chino.

Si lo construyes, vendrán

En ese frente, Guo Hong iba por delante de los demás. En los años posteriores a su primera visita a mi oficina, su sueño de una Avenida de los Emprendedores se había convertido en un plan; plan que se había llevado a la práctica. Guo eligió para su experimento una calle peatonal en Zhongguancun que albergaba una mezcolanza de librerías, restaurantes y mercados de electrónica.

En la década de 1980, el gobierno ya había transformado esta calle en aras de una mejora económica. En ese momento, China se encontraba en plena fase de crecimiento impulsado por las exportaciones y la urbanización, dos proyectos que requerían conocimientos de ingeniería de los que carecía el país. Así que las autoridades convirtieron la calle peatonal en una «Ciudad de los Libros» repleta de tiendas que vendían libros de texto de ciencia actual y de ingeniería para que los escrutaran los estudiantes de las cercanas Universidades Tsinghua y de Pekín. Para el año 2010, el auge del internet chino había llevado a la quiebra a muchas de las librerías, sustituidas por pequeñas tiendas que vendían productos electrónicos baratos y softwar pirateado, la materia prima de la era de los imitadores en China.

Sin embargo, Guo quiso acelerar la actualización a una nueva era de innovación autóctona. Su experimento original a pequeña escala de atraer a Sinovation Ventures a través de subsidios de alquiler había tenido éxito, por lo que Guo proyectó reacondicionar toda una calle para inquilinos de alta tecnología. Él y el gobierno del distrito local utilizaron una combinación de subvenciones en efectivo y ofertas de espacio en otros lugares para lograr que casi todos los negocios tradicionales de la calle se mudaran a otro sitio. En 2013, cuadrillas de albañiles armados con taladradoras y maquinaria de pavimentación comenzaron a trabajar en la calle ahora desierta, y después de un año de colocar ladrillos y construir nuevos y elegantes exteriores, el 11 de junio de 2014, la Avenida de los Emprendedores abrió la puertas a sus nuevos inquilinos.

Guo había utilizado las herramientas a su disposición —efectivo, cemento y mano de obra— para dar un fuerte empujón hacia la innovación interna en las startups locales. Fue un momento histórico para Zhongguancun, aunque éste no estaba destinado a permanecer aislado en aquel rincón de Pekín. De hecho, la estrategia de Guo estaba a punto de aplicarse a escala nacional.

Innovación para las masas

El 10 de septiembre de 2014, el primer ministro chino Li Keqiang subió al escenario durante el Foro de Davos del verano de 2014 en la ciudad costera china de Tianjin. Allí habló del papel crucial de la innovación tecnológica en la generación de crecimiento y la modernización de la economía china. El discurso fue largo y denso, lleno de jerga y pocos aspectos específicos. Pero cabe destacar que durante el discurso, Li repitió una frase nueva en el léxico político chino: «Espíritu empresarial e innovación masiva».[4] Concluyó deseando a los asistentes un foro exitoso y un buen estado de salud.

Fue un acontecimiento totalmente irrelevante para los observadores externos, y la prensa occidental apenas publicó nada sobre el mismo. Los líderes chinos pronuncian discursos como éste casi todos los días, largos, arduos y llenos de frases hechas que suenan huecas a oídos occidentales. Estas frases pueden actuar como señales durante los debates internos en el seno del gobierno chino, pero no necesariamente se traducen en cambios inmediatos en el mundo real.

4. «Premier Li's Speech at Summer Davos Opening Ceremony», *Xinhua*, 10 de septiembre de 2014, <http://english.gov.cn/premier/speeches/2014/09/22/content_281474988575784.htm>.

Esta vez era diferente. El discurso de Li prendió la primera chispa de lo que se convertiría en un voraz incendio en la industria tecnológica china, impulsando la actividad en el espacio de la inversión y de las startups a nuevas cotas febriles. La nueva frase — «espíritu empresarial e innovación masiva»— se convirtió en el lema de un impulso trascendental del gobierno para fomentar ecosistemas de startups y apoyar la innovación tecnológica. El enfoque proactivo de Guo Hong hacia la innovación se expandió de repente a través de toda la segunda economía más grande del mundo, algo que turboalimentaría la creación del único auténtico contrapeso a Silicon Valley.

La campaña de innovación masiva de China se hizo mediante la subvención directa a emprendedores tecnológicos chinos y con el cambio del espíritu cultural de la época. Proporcionó a los innovadores el dinero y el espacio que necesitaban para hacer su magia, y consiguió que sus padres dejaran de molestarlos con el tema de que consiguieran un trabajo en un banco estatal local.

Nueve meses después del discurso de Li, el Consejo de Estado de China —más o menos equivalente al consejo de ministros— publicó una importante directriz sobre el espíritu empresarial y la innovación masiva. Instó a la creación de miles de incubadoras de tecnología, zonas de emprendimiento y fondos de orientación respaldados por el gobierno para atraer mayores fondos de capital riesgo privado. El plan del Consejo de Estado promovía políticas fiscales preferenciales y la simplificación de los permisos gubernamentales para iniciar un negocio.

El gobierno central de China estableció los objetivos, pero se dejó la implementación en manos de miles de alcaldes y autoridades locales dispersos por todo el país. La promoción de los responsables locales en la burocracia del gobierno chino se basa en evaluaciones de rendimiento realizadas por altos cargos del departamento de recursos humanos del Partido Comunista. De modo que cuando el gobierno central establece un objetivo claro —un nuevo parámetro de medición con el que los funcionarios de bajo nivel pueden demostrar su competencia—, los más ambiciosos se lanzan a promover dicho objetivo y demostrar su valía. Tras la publicación de la directiva del Consejo de Estado, las ciudades de China copiaron con celeridad la visión de Guo Hong e implantaron sus propias versiones de la Avenida de los Emprendedores. Utilizaron rebajas fiscales y descuentos en el alquiler para atraer startups. Crearon una oficina gubernamental especializada donde los empresarios podían registrar con rapidez sus empresas. La avalancha de subvenciones creó 6.600 nuevas incubadoras de startups en todo el país, más que cuadruplicando el total general. De repente, a las empresas de nueva creación les era más fácil que nunca obtener espacio de calidad, y podían hacerlo a precios especiales, lo que les dejaba más dinero para construir sus negocios.

Las administraciones provinciales y aquellos gobiernos de ciudades más grandes fueron pioneros en la creación de diferentes modelos para «fondos de orientación», un mecanismo que utiliza el dinero del gobierno para estimular una mayor inversión de capital riesgo. Los fondos lo hacen aumentando el beneficio para los inversores privados sin eliminar el riesgo. El gobierno utiliza el dinero del fondo de orientación para invertir en fondos privados de capital riesgo desempeñando el mismo papel que otros socios comanditarios. Si las startups en las que invierte el fondo (las «empresas de cartera») fracasan, todos los socios pierden su inversión, incluido el gobierno.

Pero si las empresas de cartera triunfan —digamos que doblan su valor en cinco años— el gerente del fondo limita los beneficios del gobierno a un porcentaje predeterminado, tal vez de un diez por ciento, y utiliza dinero privado para comprar las acciones del gobierno a ese precio. Eso deja el noventa por ciento restante de ganancias de la inversión del gobierno para ser distribuido entre los inversores privados que ya han multiplicado por dos el valor de su inversión. Así pues, se incentiva a los inversores privados a seguir el ejemplo del gobierno, a invertir en fondos e industrias que el gobierno local quiere fomentar. Durante la campaña de innovación masiva de China, se disparó el uso de los fondos de orientación de los gobiernos locales, y casi se cuadruplicaron al pasar de los 7.000 millones de dólares en 2013 a los 27.000 millones en 2015.[5]

A esto le siguió la financiación de empresas privadas. Cuando se fundó Sinovation en 2009, China experimentaba un crecimiento tan rápido en el sector manufacturero e inmobiliario que los inversionistas inteligentes seguían colocando su dinero en esos campos tradicionales. Pero todo cambió en 2014. Durante tres de los cuatro años anteriores a 2014, la financiación total china se mantuvo estable en torno a los 3.000 millones de dólares. En 2014, esa cifra se cuadruplicó de inmediato a 12.000 millones de dólares, y luego se duplicó de nuevo a 26.000 millones de dólares en 2015.[6] Parecía que cualquier joven inteligente y experimentado con una idea novedosa y algunas habilidades técnicas podía improvisar un plan de negocios y encontrar financiación para poner en marcha su startup.

Los analistas políticos e inversionistas estadounidenses miraron con recelo esta dura intervención del gobierno en lo que se supone que son mercados libres y eficientes. Los actores del sector privado hacen mejores apuestas cuando se trata de invertir, dijeron, y las zonas de innovación o incubadoras financiadas por el gobierno serán ineficaces, un desperdicio del dinero de los contribuyentes. En la mente de muchos peces gordos de Silicon Valley, lo mejor que el gobierno federal puede hacer es dejarlos en paz.

Pero lo que estos críticos no tienen en cuenta es que este proceso puede ser tanto muy ineficaz como extraordinariamente efectivo. Cuando los beneficios a largo plazo son tan monumentales, pagar de más en el corto plazo puede ser la decisión correcta. El gobierno chino quiso diseñar un cambio fundamental en la economía china, que pasase de un crecimiento impulsado por la

5. Zero2IPO Research, «清科 察：《2016政府引 基 报告》 布，管理办法支持四大 域、明确 面清单», 清科研究中心, 30 de marzo de 2016, <http://free.pedata.cn/1440998436840710.html>.

6. «Venture Pulse Q4 2017», KPMG Enterprise, 16 de enero de 2018, <https://assets.kpmg/content/dam/kpmg/cl/pdf/2017-12-kpmg-chile-advisory-venture-pulse.pdf>.

industria manufacturera a uno impulsado por la innovación, y deseaba hacerlo deprisa.

Podría haber adoptado una política de no intervención, y mantenerse al margen mientras caían los rendimientos de la inversión en las industrias tradicionales y la inversión privada avanzaba lentamente hacia el sector de la alta tecnología. Este cambio habría estado sujeto a las tensiones ordinarias del comportamiento humano: información imperfecta, inversores anticuados que no estaban tan seguros de esta cosa de internet, y la inercia económica de siempre. Con el tiempo, sin embargo, se superarían dichas fricciones, y el dinero acabaría en fondos de capital riesgo privados que podrían gastar cada dólar de manera más eficaz que el gobierno.

Pero ése es un proceso que llevaría muchos años, si no décadas. La cúpula de China no tenía la paciencia de esperar. Quería usar el dinero del gobierno para forzar una transformación más rápida, una que pagaría dividendos a través de una transición más temprana hacia un crecimiento de mayor calidad. Ese proceso de fuerza pura fue con frecuencia ineficaz a nivel local —incubadoras desocupadas y avenidas de la innovación que nunca dieron frutos— pero a escala nacional, el impacto fue tremendo.

Una revolución en la cultura

Los efectos de la campaña de espíritu empresarial e innovación masiva de China fueron mucho más allá del mero espacio de oficina y la inversión de millones de dólares. La campaña dejó una profunda huella en la percepción de la gente común sobre el espíritu emprendedor en internet, lo que cambió realmente el espíritu de la época.

La cultura china tiende tradicionalmente a la conformidad y a la deferencia hacia figuras de autoridad, como padres, jefes, maestros y representantes del gobierno. Antes de que una nueva industria o actividad haya recibido el sello de aprobación por parte de las figuras de autoridad, es considerada inherentemente arriesgada. Pero si esa industria o actividad recibe el rotundo apoyo de los dirigentes de China, la gente se apresurará a participar de la oportunidad y a hacerse con parte del botín. Esta estructura descendente inhibe la innovación de libre disposición o exploratoria, pero cuando llega el respaldo de las autoridades y se establece la dirección a seguir, todos los rincones de la sociedad entran en acción a la vez.

Antes de 2014, el gobierno chino nunca había aclarado qué pensaba en concreto sobre el auge del internet chino. A pesar de los éxitos iniciales de compañías como Baidu y Alibaba, períodos de relativa apertura *online* fueron seguidos por señales ominosas y medidas legales contra los usuarios que «propagaban rumores» a través de las redes sociales. Nadie podía estar seguro de lo que vendría después. Con la campaña de innovación masiva, el gobierno chino dictó a pleno pulmón su aprobación incondicional a la iniciativa empresarial en internet. Surgieron carteles y pancartas por todo el país exhortando a unirse a la causa. Los medios de comunicación oficiales publicaron innumerables artículos en los que se alababan las virtudes de la innovación autóctona y se pregonaban los éxitos de las startups del país. Las universidades se apresuraron a ofrecer nuevos cursos en torno a la iniciativa empresarial, y las librerías se llenaron de biografías de celebridades tecnológicas y libros de autoayuda para fundadores de startups.

El debut sin precedentes de Alibaba en la bolsa de valores de Nueva York en 2014, echó aún más leña al fuego. Un grupo de vendedores de TaoBao tocó la campana de apertura de la oferta pública inicial de Alibaba el 19 de septiembre, sólo nueve días después del discurso del primer ministro Li. Cuando el polvo se asentó en una furiosa ronda de negociación, Alibaba se adjudicó el título de mayor oferta pública inicial de la historia, y Jack Ma fue coronado como el hombre más rico de China.

Pero se trataba de algo más que del dinero. Ma se había convertido en un héroe nacional, pero uno con el que era muy fácil identificarse. Bendecido con un carisma bobalicón, parece el vecino de al lado. No estudió en una universidad de élite y nunca aprendió a codificar. Le encanta explicar la historia de que cuando KFC se instaló en su ciudad natal, fue el único de los veinticinco solicitantes al que rechazaron para trabajar allí. Otros gigantes de internet de China suelen tener algún doctorado o experiencia en Silicon Valley. Pero el ascenso de Ma al estatus de estrella del rock proporcionó un nuevo significado a la expresión «emprendimiento masivo». En otras palabras, era algo que cualquiera de entre las masas chinas tenía oportunidad de conseguir.

El apoyo del gobierno y el ejemplo de Ma resultaron en particular eficaces a la hora de conquistar a algunos de los clientes más difíciles: las madres chinas. En la mentalidad china tradicional, el espíritu emprendedor seguía siendo algo para la gente que no podía conseguir un trabajo de verdad. El «bol de arroz de hierro» de un empleo de por vida en un puesto público seguía siendo la máxima ambición para las generaciones mayores que habían vivido hambrunas. De hecho, cuando abrí Sinovation Ventures en 2009, muchos jóvenes quisieron unirse a las startups que financiamos, pero no pudieron debido a la firme oposición de sus padres o cónyuges. Para ganarme a estas familias, intenté todo lo que se me ocurrió, incluido llevar a los padres a disfrutar de una agradable cena, escribirles largas cartas a mano, e incluso hacer previsiones financieras de cómo una determinada startup podía dar frutos. Con el tiempo logramos construir equipos fuertes en Sinovation, pero en aquella época cada nuevo recluta era una ardua batalla.

En 2015, estas mismas personas golpeaban nuestra puerta —en una ocasión, rompieron literalmente la puerta principal de Sinovation— para tener la oportunidad de trabajar con nosotros. Ese grupo incluía a aguerridos estudiantes de secundaria que habían abandonado el instituto, brillantes graduados de las mejores universidades, antiguos ingenieros de Facebook, y más de una persona con un estado mental cuestionable. Una vez que me encontraba fuera de la ciudad, la sede de Sinovation recibió la visita de un emprendedor frustrado que se negó a marcharse hasta que yo me reuniera con él. Cuando el personal le dijo que no volvería pronto, el hombre se tumbó en el suelo, se desnudó y prometió que no se movería de allí hasta que Kai-Fu Lee escuchara su idea.

Ese empresario en particular recibió escolta policial en lugar de una inversión seminal, pero el episodio capta la manía por la innovación que se apoderó de China. Un país que llevaba una década dando vueltas alrededor del espíritu empresarial en internet, se estaba zambullendo de cabeza. Lo mismo ocurrió con Guo Hong. Al crear la Avenida de los Emprendedores, a Guo le picó el gusanillo del emprendimiento y en 2017 dejó el mundo del oficialismo chino para convertirse en fundador y presidente de Zhongguancun Bank, una startup financiera basada en Silicon Valley Bank y dedicada al servicio de los emprendedores e innovadores locales.

Todas las piezas encajaban ahora para dar lugar al florecimiento del universo alternativo de internet de China. Contaba con el salto tecnológico, la financiación, las instalaciones, el talento y el entorno. Ya podían crear compañías de internet nuevas, valiosas y exclusivamente chinas.

Aquí, allá y O2O en todas partes

Para hacer todo esto, el internet chino tuvo que ensuciarse las manos. Durante dos décadas, las compañías de internet chinas desempeñaron un papel similar al de sus homólogas estadounidenses: nodos de información en una red digital. Ahora estaban listas para sumergirse en los detalles prácticos de la vida cotidiana.

Los analistas denominaron «Revolución O2O» —abreviación por sus siglas en inglés de «*online-to-offline*»—, a la explosión de los servicios de internet en el mundo real que surgió a través de las ciudades chinas. La terminología puede resultar confusa pero el concepto es simple: convertir acciones *online* en servicios *offline*. Los sitios web de comercio electrónico como Alibaba y Amazon llevan tiempo haciendo esto para la compra de bienes físicos duraderos. La revolución O2O supuso llevar esa misma conveniencia del comercio electrónico a la compra de servicios del mundo real, cosas que no se pueden meter en una caja de cartón y enviar a través del país, como comida caliente, que te lleven a un bar, o un nuevo corte de pelo.

Silicon Valley dio vida a uno de los primeros modelos O2O: el transporte compartido. Uber usó teléfonos móviles y coches personales para cambiar la forma en que la gente se desplazaba por las ciudades de Estados Unidos, y luego por todo el mundo. Compañías chinas como Didi Chuxing no tardaron en copiar el modelo de negocio y adaptarlo a las condiciones locales. Didi acabó por expulsar a Uber de China y ahora lucha contra ella en los mercados internacionales. Puede que Uber fuera uno de los primeros en aplicar O2O, pero fueron las compañías chinas las que tomarían las fortalezas principales de ese modelo y las aplicaría a la transformación de decenas de otras industrias.

Las ciudades chinas fueron el perfecto laboratorio de experimentación. Las zonas urbanas de China pueden ser una gozada, pero también pueden ser la jungla: atestadas, contaminadas, ruidosas y no muy limpias. Después de pasar un día desplazándose en metros abarrotados y transitando por intersecciones de ocho carriles, muchos chinos de clase media sólo quieren ahorrarse tener que volver a salir de casa para comer o hacer un recado. Por suerte para ellos, estas ciudades son también el hogar de grandes masas de trabajadores migrantes quienes con mucho gusto estaban dispuestos a llevar ese servicio a su puerta por un módico precio. Era sin duda un entorno propicio para estrategias O2O.

El primer servicio O2O, aparte de las empresas de transporte con conductor, que despegó de verdad fue la entrega de comida a domicilio. Los gigantes de internet de China y un aluvión de startups como Meituan Dianping, de Wang Xing, intentaron hacerse con el negocio de la comida a domicilio, sin reparar en subsidios y recursos de ingeniería. La gente desapareció de los restaurantes y las calles se llenaron de enjambres de scooters eléctricos seguidos por el rastro de vapor procedente de la comida caliente que transportaban de un lado a otro. Se podía pagar sin problemas a través de WeChat Wallet y Alipay. A finales de 2014, el gasto chino en la entrega de comida a domicilio O2O había aumentado más del cincuenta por ciento y superado los quince mil millones de yuanes. Para 2016, los veinte millones de pedidos de comida *online* diarios de China equivalían a diez veces el total de todo Estados Unidos.[7]

A partir de ahí, los modelos O2O se volvieron aún más creativos. Algunas peluquerías y manicuras abandonaron definitivamente sus locales físicos, y quedaban con sus clientes a domicilio a través de aplicaciones móviles. Las personas que estaban enfermas podían contratar a otras para que esperaran por ellas en las famosas largas colas de los hospitales. Dueños de mascotas perezosos podían usar una aplicación para llamar a alguien que fuera a su casa y limpiara la caja de arena del gato o lavara a su perro. Los padres chinos podían contratar a conductores de camionetas para que recogieran a sus hijos de la escuela, confirmando su identificación y su llegada a casa a través de aplicaciones. Aquellos que no querían tener hijos podían usar otra aplicación para la entrega de condones las 24 horas del día.

Para los chinos, la transición atemperó la vida urbana. Para las pequeñas empresas significó un auge de clientes, ya que la reducción de las fricciones llevó a los urbanitas chinos a gastar más. Y para la nueva ola de startups de China, significó valoraciones por las nubes y una incesante tendencia a introducirse en más sectores de la vida urbana.

Después de un par de años de impresionante crecimiento y de competencia gladiatoria, la producción maníaca de nuevos modelos de negocio O2O se tranquilizó. Muchos unicornios O2O desaparecieron una vez terminado el progreso alimentado por subsidios. Pero los innovadores y gladiadores que sobrevivieron —como Meituan Dainping, de Wang Xing— multiplicaron su anterior valoración de mil millones de dólares básicamente mediante la remodelación del sector servicios de las zonas urbanas de China. A finales de 2017, Meituan Dianping estaba valorada en treinta mil millones de dólares, y Didi Chuxing alcanzó una valoración de 57.600 millones de dólares, superando a la de la propia Uber.

7. LAFFONT, Thomas y Daniel SENFT, «East Meets West 2017 Keynote», East Meets West 2017 Conference, Pebble Beach, CA, 26-29 de junio de 2017.

Fue una transformación social y comercial impulsada por —y que además empoderó a— WeChat. Instalada en la actualidad en más de la mitad de *smartphones* de China y vinculada a las cuentas bancarias de muchos usuarios, WeChat tenía la facultad de empujar a cientos de millones de chinos a comprar O2O y elegir a los ganadores entre las startups competidoras. WeChat Wallet se conectó a las mejores startups O2O para que los usuarios de WeChat pudieran llamar a un taxi, pedir comida, reservar un hotel, administrar una factura de teléfono y comprar un vuelo a Estados Unidos, todo ello sin salir de la aplicación. (No es una casualidad que la mayoría de startups que WeChat escogió para figurar en su Wallet fueran también los destinatarios de las inversiones de Tencent.)

Con el auge del O2O, WeChat se convirtió en el título que Connie Chan, del fondo líder de capital riesgo Andreesen Horowitz, le otorgó: un mando a distancia para nuestras vidas. Se había vuelto una superapp, un centro neurálgico para varias funciones que se extienden a través de docenas de aplicaciones diferentes en otros ecosistemas. En efecto, WeChat ha asumido la funcionalidad de Facebook, iMessage, Uber, Expedia, eVite, Instagram, Skype, Pay Pal, Grubhub, Amazon, LimeBike, WebMD, y otras muchas. No se trata de un sustituto perfecto para ninguna de estas aplicaciones, pero puede realizar la mayoría de las funciones básicas de cada una de ellas, con pagos móviles que no ocasionan ningún problema.

Todo esto constituye un marcado contraste con el modelo de «app constelación» en Silicon Valley, en el que cada aplicación se ciñe a un conjunto de funciones estrictamente prescritas. Facebook llegó incluso a dividir sus funciones de red social y mensajería en dos aplicaciones diferentes, Facebook y Messenger. La decisión de Tencent de optar por el modelo de superapp parecía arriesgada en un principio: ¿se podían unir tantas cosas sin abrumar al usuario? Pero el modelo de su superapp fue un completo éxito para WeChat y ha desempeñado un papel crucial en la configuración de este universo alternativo de servicios de internet.

Un ligero toque frente a lanzarse de lleno

Pero la revolución O2O mostró una división aún más profunda —y en la era de la implementación de la IA, más impactante— entre Silicon Valley y China. Lo que yo llamo «ir ligero» frente a «lanzarse de lleno». Los términos se refieren a lo mucho o poco que una compañía de internet se involucra en el suministro de bienes o en la prestación de servicios. Representan el alcance de la integración vertical cuando una empresa conecta los mundos *online* y *offline*.

Cuando se trata de alterar una nueva industria, las compañías de internet estadounidenses tienden a adoptar un enfoque «ligero». Por lo general creen que el poder fundamental de internet es compartir información, llenar lagunas de conocimiento y conectar a la gente digitalmente. En tanto que empresas basadas en internet, intentan atenerse a esta fuerza central. Las startups de Silicon Valley construirán la plataforma de información, pero luego dejarán que las empresas físicas se encarguen de la logística sobre el terreno. Quieren ganar siendo más listos que sus contrincantes, inventando soluciones originales y elegantes basadas en código a los problemas de información.

En China, las compañías suelen «lanzarse de lleno». No quieren construir la plataforma sin más, quieren reclutar a todos los vendedores, gestionar los bienes, dirigir el equipo de entrega, suministrar los scooters, repararlos y controlar el pago. Y si fuera necesario, subvencionarán todo el proceso para acelerar la adopción del usuario y debilitar a sus contrincantes. Cuanto más profundizan las startups chinas en los detalles concretos —y con frecuencia carísimos— más difícil le resultará a un rival imitador mimetizar el modelo de negocio y vender a precios más bajos. «Lanzarse de lleno» significa construir muros alrededor de tu negocio, protegerte de la matanza económica de las guerras de gladiadores en China. Estas compañías ganan tanto por ser más astutas que sus oponentes como por trabajar más que ellas, ser más rápidas y gastar más en la calle.

Se trata de una distinción que se capta bien al comparar plataformas de restaurantes célebres en dos países. Yelp y Dianping.

Ambas fueron fundadas alrededor de 2004 como plataformas de escritorio para publicar reseñas de restaurantes. Ambas pasaron a ser con el tiempo aplicaciones de *smartphones*, pero mientras que Yelp se aferró en gran medida a las opiniones, Dianping se sumergió de lleno en el frenesí de la compra de grupos: creación de pagos, desarrollo de relaciones con los proveedores y gasto masivo en subvenciones.

Cuando las dos compañías comenzaron a hacer pedidos y entregas en línea, adoptaron dos enfoques diferentes. Yelp reaccionó tarde y se decantó por ir ligero. Después de once años como plataforma puramente digital viviendo de la publicidad, en 2015 Yelp por fin dio un pequeño paso hacia las entregas a domicilio mediante la adquisición de Eat24, una plataforma de pedido y entrega de comida. Pero aun así, pidió a los restaurantes que se encargaran de la mayoría de las entregas, y sólo utilizó Eat24 para llenar los vacíos de los restaurantes que no tenían personal de reparto. Este proceso ofrecía a los restaurantes pocos incentivos reales para participar en él y, como resultado, el negocio no acabó de despegar del todo. Yelp se dio por vencido en un plazo de dos años y medio, vendió Eat24 a Grubhub y se refugió en su enfoque tradicional. «[La venta a Grubhub] nos permitió hacer lo que mejor sabemos hacer —explicó Jeremy Stoppelman, CEO de Yelp—, construir la aplicación Yelp».[8]

Por el contrario, Dianping se dedicó al comercio desde muy temprano y de forma muy intensa a la entrega de alimentos. Tras cuatro años en las trincheras de la guerra de compra de grupos, Dianping comenzó a dedicarse al negocio de comida a domicilio a finales de 2013. Dedicó millones de dólares a contratar y administrar flotas de repartidores en sus scooters que entregaban los pedidos desde el restaurante hasta la puerta de casa. Los equipos de reparto de Dianping se encargaban del trabajo sucio, por lo que de repente los negocios familiares tuvieron la opción de ampliar su base de clientes sin tener que contratar personal de reparto.

8. BRUSTEIN, Joshua «GrubHub Buys Yelp's Eat24 for $288 Million», *Bloomberg*, 3de agosto de 2017, <https://www.bloomberg.com/news/articles/2017-08-03/grubhub-buys-yelp-s-eat24-for-288-million>.

Al invertir toneladas de dinero y gente en el problema, Dianping pudo llegar a economías de escala en los densos centros urbanos de China. Fue un esfuerzo costoso y logísticamente agotador, pero que al final mejoró la eficiencia y redujo los costes para el cliente final. Dieciocho meses después de que Dianping debutara en el negocio de la comida a domicilio, su servicio de entrega se duplicó con respecto a las economías a escala al fusionarse con su archirrival Meituan. En 2017, la valoración de treinta mil millones de dólares de Meituan Dianping era más del triple que la de Yelp y Grubhub juntas.

Abundan otros ejemplos en China de compañías de O2O que se meten de lleno. Después de expulsar a Uber del mercado chino de vehículos con conductor, Didi comenzó a comprar gasolineras y talleres de reparación de automóviles que atienden a su flota de coches, obteniendo grandes márgenes debido a que muestran comprensión hacia sus conductores y a la confianza de éstos en la marca Didi. Mientras que Airbnb sigue siendo en gran medida una plataforma en la que sólo puedes anunciar tu casa, el rival chino de la compañía, Tujia, administra una gran cantidad de propiedades en alquiler. Tujia se encarga de gran parte del trabajo más pesado para los anfitriones chinos: limpiar el apartamento después de cada visita, abastecerlo de suministros e instalar cerraduras inteligentes.

Esa disponibilidad a lanzarse de lleno —gastarse el dinero, gestionar a los trabajadores, hacer el trabajo sucio, y crear economías de escala— ha reconfigurado la relación entre la economía digital y la del mundo real. El internet de China está introduciéndose mucho más profundamente en la vida económica de los ciudadanos de a pie, y afectando tanto a las tendencias de consumo como al mercado laboral. En un estudio de 2016 de McKinsey and Company, el 65 por ciento de los usuarios chinos de O2O aseguraban que las aplicaciones los llevaban a gastar más dinero en comida. En las categorías de viajes y transporte, el 77 por ciento y el 42 por ciento de los usuarios, respectivamente, señalaron haber incrementado el gasto.[9]

9. WEI WANG, Kevin, Alan LAU y Fang GONG, «How Savvy, Social Sho-

A corto plazo, esta corriente de efectivo estimuló la economía china e infló las valoraciones. Pero el legado a largo plazo de este movimiento es el entorno de datos que creó. Al inscribir a los proveedores, procesar los pedidos, entregar la comida y hacerse cargo del pago, los gigantes del O2O chinos comenzaron a acumular gran cantidad de datos del mundo real sobre las pautas de consumo y los hábitos personales de sus usuarios. El hecho de lanzarse de lleno proporcionó a estas compañías una ventaja de datos sobre sus homólogos de Silicon Valley, pero fueron los pagos móviles los que ampliaron su alcance aún más allá dentro del mundo real y convirtieron esa ventaja de datos en una posición de liderazgo.

Escanear o que te escaneen

Cuando se disparó el gasto de O2O, Alipay y Tencent decidieron pujar por alterar la economía en efectivo del país. (En 2011, Alibaba escindió sus servicios financieros, Alipay incluida, en una compañía que se convertiría en Ant Financial.) China nunca llegó a adoptar del todo las tarjetas de crédito y débito. En lugar de eso, la gran mayoría se aferraba al dinero en efectivo para realizar la inmensa mayoría de todas las transacciones. Los grandes supermercados o centros comerciales permitían que los clientes usaran una tarjeta, pero los negocios familiares que dominan el paisaje urbano rara vez tenían un terminal punto de venta o TPV para tramitar el pago con tarjeta.

Sin embargo, los dueños de esas tiendas sí tenían *smartphones*. Así que los gigantes de internet de China convirtieron esos teléfonos en portales móviles para efectuar pagos. La idea era simple, pero la velocidad de ejecución, el impacto en el comportamiento de los consumidores y los datos resultantes han sido asombrosos.

---

ppers Are Transforming Chinese E-Commerce», McKinsey and Company, abril de 2017, <https://www.mckinsey.com/industries/retail/our-insights/how-savvy-social-shoppers-are-transforming-chinese-e-commerce>.

Durante 2015 y 2016, Tencent y Alipay introdujeron de forma gradual la posibilidad de pagar en una tienda tan sólo escaneando un código QR —un código de barras cuadrado para teléfonos— dentro de la aplicación. Un mundo en el que escaneas o te escanean. Las grandes empresas compraron sencillos dispositivos TPV que pudieran escanear el código QR que aparecía en los teléfonos de los clientes y cargarles la compra. Los propietarios de pequeños comercios podían simplemente imprimir sin más una foto de un código QR vinculado a su WeChat Wallet. Los clientes luego usaban las aplicaciones Alipay o WeChat para escanear el código e introducir el pago total, haciendo uso de la huella dactilar para confirmar. Los fondos se transfieren al instante de una cuenta bancaria a la otra; sin comisiones y sin necesidad de hurgar en ningún monedero. Marcó un cambio radical con respecto al modelo de las tarjetas de crédito en el mundo desarrollado. Cuando se introdujeron por primera vez, las tarjetas de crédito supusieron toda una revolución, la solución más conveniente y económica al problema del pago. Pero esa ventaja ha pasado a ser un inconveniente, con tasas del 2,5 al 3 por ciento en la mayoría de cobros, por lo que su adopción y utilización se ha convertido en un lastre.

La infraestructura de pago móvil de China amplió su uso mucho más allá de las tradicionales tarjetas de crédito. Alipay y WeChat permitieron incluso las transferencias entre iguales, lo que significa que uno podía enviar dinero a algún familiar, amigo, pequeño comerciante o desconocido. Fáciles y conectadas a un móvil, las aplicaciones pronto se convirtieron en herramientas para «dar una propina» a los creadores de artículos o vídeos *online*. Crecieron los micropagos de cantidades tan exiguas como quince céntimos. Las empresas decidieron asimismo no cobrar comisiones en la gran mayoría de transacciones; y nada de la obligatoriedad de un mínimo de compra ni de los quince centavos que los minoristas estadounidenses cobran en pequeñas compras con tarjeta de crédito.

La adopción de los pagos móviles se produjo a una velocidad vertiginosa. Las dos compañías comenzaron a experimentar con el pago por escaneo en 2014 y que desplegaron a escala nacional en 2015. A finales de 2016, era difícil encontrar una tienda en una ciudad importante que no aceptara pagos móviles. Los chinos pagaban el supermercado, los masajes, las entradas de cine, las cervezas y las reparaciones de bicicletas con estas dos aplicaciones. A finales de 2017, el 65 por ciento de los más de 753 millones de usuarios de *smartphones* de China habían activado el pago móvil[10].

Dado que los obstáculos de entrada son sumamente bajos, estos sistemas de pago no tardaron en filtrarse en la amplia economía no regulada de China. Vendedores de comida ambulantes extranjeros que permitían que sus clientes escanearan y efectuaran el pago mientras el dueño freía los fideos. Llegó un punto en el que los mendigos en las calles de las ciudades chinas se colgaban trozos de papel alrededor del cuello con la impresión de dos códigos QR, uno para Alipay y otro para WeChat.

El dinero en efectivo desapareció en tan poco tiempo de las ciudades chinas que incluso «alteró» la criminalidad. En marzo de 2017, una pareja de primos fue noticia debido a una desafortunada cadena de robos. Fueron a Hangzhou, una ciudad próspera y sede de Alibaba, con el objetivo de dar un par de lucrativos golpes y largarse de allí. Armados con sendos cuchillos, los primos robaron tres tiendas consecutivas sólo para descubrir que los dueños apenas tenían dinero en efectivo en ellas ya que casi todos sus clientes les pagaban directamente con el móvil. Su ola criminal les reportó 125 dólares a cada uno —ni siquiera alcanzaba a cubrir el viaje de ida y vuelta a Hangzhou— cuando la policía los pilló. Según medios locales, algunos rumores decían que tras su detención, uno de los primos exclamó: «¿Cómo es que no hay dinero en efectivo en Hangzhou?»[11]

Esto supone un fuerte contraste con el retraso en el creci-

10. 第41次 «中国互 网 展状况 报告», 中国互 网 信息中心, 18 de enero de 2018, http://www.cac.gov.cn/2018/31/c_1122346138.htm

11. «你的城市还用 金 ？杭州的劫匪已 不到 了», «吴 波 道, 3 de abril de 2017, <http://www.sohu.com/a/131836799_565426>. iResearch estimado en 2017: «China's Third-Party Mobile Payments Report», iResearch, 28 de junio de 2017, <http://www.iresearchchina.com/content/details8_34116.html>.

miento de los pagos móviles en Estados Unidos. Google y Apple han hecho un intento con Google Wallet y Apple Pay, pero ninguno de los dos ha logrado realmente una adopción generalizada. Apple y Google no publican datos de usuarios de sus plataformas, pero la observación diaria y un análisis más riguroso apuntan a lagunas masivas en la adopción. La agencia de investigación de mercados iResearch estimó en 2017 que el gasto chino en pagos móviles superaba en número al de Estados Unidos en una proporción de cincuenta a uno. Según informes, en 2017 el total de transacciones en las plataformas de pagos móviles de China superaron los 17 billones de dólares —superior al PIB de China—, un número asombroso posible porque estos pagos permiten transferencias *peer-to-peer* o entre pares y múltiples transacciones móviles de artículos y servicios a lo largo de toda la cadena de producción.[12]

Salto adelante y taxistas

Esa enorme brecha se explica en parte por la fuerza del operador tradicional. Los estadounidenses ya se benefician de (y pagan por) la comodidad de tener tarjetas de crédito y débito, la tecnología financiera de vanguardia de los años sesenta. Los pagos móviles son una mejora con respecto a las tarjetas, pero no un avance tan espectacular como el paso directo del dinero en efectivo a las tarjetas. Como sucedió con la rápida transición de China al internet móvil, la debilidad del país en tecnología subyacente (ordenadores de mesa, teléfonos fijos y tarjetas de crédito) se convirtió en la fuerza que le permitió dar el salto a un nuevo paradigma.

Pero ese salto a los pagos móviles no fue sólo producto de operadores tradicionales débiles y de las preferencias de los consumidores independientes. Alibaba y Tencent aceleraron la transición forzando la adopción a través de enormes subsidios, una

12. Analysis 易，«中国第三方支付移动支付市 季度 报告2017年第4季度», <http://www.analysis.cn/analysis/trade/detail/1001257/>.

forma de «lanzarse de lleno» que hace que las empresas de tecnología estadounidenses se avergüencen.

En los primeros tiempos de las aplicaciones de vehículos de transporte con conductor en China, los pasajeros podían reservar uno a través de las mismas, pero a menudo pagaban en efectivo. Gran parte de los coches de las principales plataformas chinas eran taxis tradicionales conducidos por hombres mayores, gente que no tenía prisa por renunciar al viejo dinero en efectivo. Así que Tencent ofreció subsidios tanto al usuario como al conductor si usaban WeChat Wallet para pagar. El cliente pagaba menos y el conductor recibía más, y Tencent compensaba la diferencia por ambas partes.

La promoción resultó sumamente costosa —debido tanto a los viajes legítimos como a los fraudulentos diseñados para exprimir las subvenciones—, pero Tencent persistió. Esa decisión valió la pena. La promoción reforzó el hábito de los usuarios y atrajo a los taxistas a la plataforma, que son los nódulos fundamentales de la economía de consumo urbana.

Por el contrario, Apple Pay y Google Wallet han ido con cuidado en este asunto. En teoría ofrecen mayor comodidad a los usuarios, pero no han estado dispuestos a sobornarlos para que descubran ese método por sí mismos. La reticencia por parte de los gigantes de la tecnología estadounidense es comprensible: las subvenciones se comen parte de los ingresos trimestrales, y el intento de «comprar usuarios» suele estar mal visto por los puristas de la innovación de Silicon Valley.

Pero esa reticencia de Estados Unidos a lanzarse de lleno ha ralentizado la adopción de los pagos móviles, lo que perjudicará aún más a estas compañías en el mundo de la IA basado en datos. En la actualidad, los datos de los pagos móviles están generando los mapas más ricos de la actividad de los consumidores que el mundo haya visto jamás, y que exceden con creces los datos de las compras tradicionales con tarjeta de crédito o la actividad *online* capturada por los actores del comercio electrónico como Amazon o plataformas como Google y Yelp. Estos datos procedentes de los pagos móviles serán valiosísimos en la creación de empresas de venta al por menor, compañías de bienes raíces y una amplia gama de otros sectores impulsados por la IA.

La vuelta de la bicicleta en Pekín

Si bien los pagos móviles han transformado por completo el panorama financiero de China, las bicicletas compartidas han alterado su paisaje urbano. En cierto modo, la revolución de las bicicletas compartidas fue como retroceder en el tiempo. Desde la época de la revolución comunista en 1949 y en el cambio de milenio, las ciudades chinas estaban repletas de bicicletas. Pero a medida que las reformas económicas crearon una nueva clase media, el parque automovilístico aumentó de forma exponencial y montar en bicicleta se convirtió en algo que sólo hacían aquellos que no podían permitirse un transporte de cuatro ruedas. Las bicicletas fueron empujadas hacia los márgenes de las calles de la ciudad y de la cultura dominante. En el programa de citas más popular del país, una mujer reflejó el materialismo del momento cuando rechazó a un pobre pretendiente diciendo: «Prefiero llorar en la parte de atrás de un BMW que sonreír en la parte de atrás de una bicicleta».

Y entonces, de repente, el universo alternativo de China invirtió la tendencia. A partir de finales de 2015, las startups de bicicletas compartidas Mobike y Ofo comenzaron a suministrar decenas de millones de bicicletas conectadas a internet, y a distribuirlas por las principales ciudades chinas. Mobike equipó a sus bicicletas con códigos QR y cerraduras inteligentes con conexión a internet alrededor de la rueda trasera. Cuando los usuarios utilizan la aplicación Mobike (o su miniapp en WeChat Wallet) para escanear el código QR de una bicicleta, el candado de la rueda trasera se abre de forma automática. Los usuarios de Mobike pueden ir en bicicleta por cualquier lugar y dejarla donde ellos quieran, para que la encuentre el siguiente usuario. Los costes de un viaje dependen de la distancia recorrida y del tiempo que se haya utilizado, pero con los grandes subsidios a menudo suele salir a 15 centavos o menos. Se trata de una innovación revolucionaria del mundo real, posible gracias a los pagos móviles. Añadir a cada bicicleta una TPV para tarjetas de crédito sería demasiado caro y requeriría mucho trabajo de reparación, pero el cómodo pago móvil es barato de colocar en una bicicleta e increíblemente eficiente.

El uso de las bicicletas compartidas explosionó. En el lapso de un año, las bicicletas pasaron de ser una rareza urbana a estar omnipresentes, estacionadas en cada intersección, esperando fuera de cada salida de metro, y agrupadas en torno a tiendas y restaurantes populares. Rara vez se necesitaba más que echar un vistazo en cualquier dirección para encontrar una, y cinco segundos en la aplicación para desbloquearla. Las calles de la ciudad se convirtieron en un arco iris de bicicletas de colores brillantes: naranja y plateado para Mobike; amarillo intenso para Ofo; y un poco de azul, verde y rojo para otras compañías imitadoras. En otoño de 2017, Mobike registraba veintidós millones de trayectos al día, casi todos ellos en China. Eso es cuatro veces el número de viajes globales que Uber daba a diario en 2016, la última vez que anunció sus cifras totales. En la primavera de 2018, Mobike fue adquirida por Meituan Dianping, de Wang Xing, por 2.700 millones de dólares, sólo tres años después de su fundación.[13]

Algo nuevo emergía de todos estos trayectos en bicicleta: puede que la red del internet de las cosas (IoT, por sus siglas en inglés) más grande y útil del mundo. La IoT se refiere a conjuntos de dispositivos del mundo real, conectados a internet, que pueden transmitir datos del mundo que les rodea a otros dispositivos de la red. La mayoría de Mobikes están equipadas con GPS que funcionan con energía solar, aceleradores, Bluetooth y tecnología NFC,[14] que se puede activar con un *smartphone*.

13. CADELL, Cate «China's Meituan Dianping Acquires Bike-Sharing Firm Mobike for $2.7 Billion», *Reuters*, 3 de abril de 2018, <https://www.reuters.com/article/us-mobike-m-a-meituan/chinas-meituan-dianping-acquires-bike-sharing-firm-mobike-for-2-7-billion-idUSKCN1HB0DU>.

14. NFC es una plataforma abierta pensada desde el inicio para teléfonos y dispositivos móviles, enfocada a la comunicación instantánea, es decir, la identificación y validación de equipos/personas. *(N de la t.)*

Juntos, estos sensores generan veinte *terabytes* de datos al día que devuelven a los servidores en la nube de Mobike.

Líneas difusas y un mundo feliz

En menos de dos años, la revolución china de las bicicletas compartidas ha remodelado el paisaje urbano del país y enriquecido profundamente su panorama de datos. Este cambio constituye una dramática ilustración visual de lo que el universo alternativo de internet de China hace mejor: resolver problemas prácticos al desdibujar las líneas entre el mundo *online* y el mundo *offline*. Toma la fuerza central de internet (transmisión de información) y la aprovecha para crear negocios que se extienden al mundo real y tocan directamente cada rincón de nuestras vidas.

La construcción de este universo paralelo no ocurrió de la noche a la mañana. Fueron necesarios los emprendedores impulsados por el mercado, los primeros usuarios de móviles, superapps innovadoras, ciudades densas, mano de obra barata, pagos móviles y un cambio de mentalidad auspiciado por el gobierno. Ha sido un proceso complicado, costoso y disruptivo, pero la recompensa ha sido tremenda. China ha construido una lista de gigantes de la tecnología por valor de más de un billón de dólares, hazaña que ningún otro país ha logrado culminar, aparte de Estados Unidos.

Pero las mayores riquezas de este nuevo mundo tecnológico chino aún no se han materializado. Al igual que la materia orgánica largo tiempo sepultada que se convirtió en el combustible fósil que impulsó la revolución industrial, las interacciones del mundo real del universo alternativo de internet de China están creando los datos masivos que impulsarán la revolución de la IA. Cada dimensión de ese universo —la actividad de WeChat, los servicios O2O, los vehículos de transporte con conductor, los pagos móviles y las bicicletas compartidas—, añade una nueva capa a un panorama de datos que no tiene precedentes en su mapeo granular de los hábitos de consumo y transporte del mundo real.

La irrupción de O2O en China proporcionó a sus empresas enormes datos de la vida *offline* de sus usuarios: el qué, dónde y cuándo de sus comidas, masajes y actividades diarias. Los pagos digitales abrieron la caja negra de las compras de los consumidores en el mundo real, proporcionando a estas compañías un mapa de datos preciso y en tiempo real de los hábitos del consumidor. Las transacciones *peer-to-peer* añadieron una nueva capa de información de carácter social a esas transacciones económicas. La revolución de las bicicletas compartidas ha alfombrado las ciudades del país de dispositivos de transporte IoT que colorean la atmósfera de la vida urbana. Rastrean decenas de millones de trayectos al trabajo, viajes a la tienda, viajes a casa y primeras citas, eclipsando a compañías como Uber y Lyft tanto en la cantidad como en la granularidad de los datos.

Las cifras correspondientes a estas categorías ponen al descubierto la brecha entre China y Estados Unidos en estas industrias clave. Estimaciones recientes indican que las empresas chinas superan a sus contrincantes estadounidenses en diez a uno en cantidad de entregas de comida a domicilio, y de cincuenta a uno en pagos móviles. Las compras de comercio electrónico son aproximadamente el doble de los totales de Estados Unidos, y la distancia no hace más que crecer. Los datos sobre el total de viajes a través de las aplicaciones de vehículos de transporte con conductor son un tanto escasos, pero durante el apogeo de la rivalidad entre Uber y Didi, según las cifras declaradas por ambas compañías, el número de trayectos de Didi en China multiplica por cuatro el número de viajes globales de Uber. En cuanto a los paseos en bicicletas compartidas, China supera a Estados Unidos en una asombrosa proporción de trescientos a uno.[15]

Eso ya ha ayudado a los gigantes de China a recuperar terreno frente a sus homólogos estadounidenses, tanto en ingresos como en capitalización bursátil. En la era de la implementación de la IA, el impacto de estos ecosistemas de datos divergentes será mucho más profundo. Conformará de qué manera alterarán

15. LAFFONT y SENFT, «East Meets West 2017 Keynote».

las startups de IA a las industrias de cada país y qué intrincados problemas resolverán.

Pero construir una economía impulsada por la IA requiere algo más que sólo emprendedores gladiadores y abundantes datos. También se necesita un ejército de cualificados ingenieros de inteligencia artificial y un gobierno interesado en aceptar el poder de esta tecnología transformadora. Estos dos factores —conocimientos especializados en IA y el apoyo del gobierno— son las últimas piezas del rompecabezas de la IA. Una vez resuelto, completarán nuestro análisis del equilibrio competitivo entre las dos superpotencias del mundo en la tecnología definitoria del siglo XXI.

4

Historia de dos países

En 1999, los investigadores chinos seguían a oscuras a la hora de estudiar la inteligencia artificial. Literalmente. Permitidme que me explique.

Ese año visité la Universidad de Ciencia y Tecnología de China para dar una conferencia sobre nuestro trabajo de reconocimiento de voz e imagen en Microsoft Research. La universidad era una de las mejores escuelas de ingeniería del país, pero estaba situada en la ciudad meridional de Hefei, un remoto remanso comparado con Pekín.

La noche de la conferencia, los estudiantes se aglomeraron en el auditorio, y los que no pudieron conseguir una entrada se apretujaron contra las ventanas, con la esperanza de pillar parte de la conferencia a través del cristal. El interés era tanto que al final pedí a los organizadores que permitieran a los estudiantes sentarse en los pasillos e incluso en el escenario a mi alrededor. Escucharon con atención mientras explicaba los fundamentos del reconocimiento de voz, la síntesis de voz, los gráficos tridimensionales y la visión artificial. Ellos garabatearon notas y me acribillaron a preguntas acerca de los principios básicos y las aplicaciones prácticas. No hay duda de que China fue a la zaga de Estados Unidos durante más de una década en la investigación de la IA, pero estos estudiantes eran como esponjas para cualquier conocimiento del mundo exterior. La emoción en la sala era palpable.

La conferencia se alargó y ya había oscurecido cuando salí del auditorio y me dirigí hacia la puerta principal de la universidad. Las residencias de estudiantes se alineaban a ambos lados de la carretera, pero el silencio reinaba en el campus y la calle estaba vacía. Entonces, de repente, dejó de estarlo. Como si se hubieran puesto de acuerdo, largas filas de estudiantes comenzaron a salir a la calle procedentes de las habitaciones que me rodeaban. Me quedé allí desconcertado, mirando lo que parecía un simulacro de incendio a cámara lenta, todo ello realizado en total silencio.

No me di cuenta de lo que estaba pasando hasta que se sentaron en la acera y abrieron sus libros de texto: los dormitorios apagaban las luces a las 11 p.m. en punto, así que la mayoría de los alumnos salía a la calle para continuar sus estudios con la luz de fuera. Observé cómo cientos de las mentes más brillantes de la ingeniería de China se amontonaban en el suave resplandor amarillo. No lo supe en ese momento, pero entre ellos se encontraba el futuro fundador de una de las compañías de IA más importantes de China, que aprovechaba para estudiar un par de horas extras en la oscura noche de Hefei.

Muchos de los libros de texto que estos estudiantes estaban leyendo se habían quedado obsoletos o estaban mal traducidos. Pero era lo mejor que podían conseguir, y aquellos jóvenes los escurrían hasta obtener la última gota del conocimiento que contenían. El acceso a internet en la escuela era un bien escaso, y estudiar en el extranjero sólo era posible si los estudiantes obtenían una beca completa. Las manoseadas páginas de estos libros de texto y las ocasionales conferencias de algún erudito visitante eran la única ventana que tenían para conocer el estado de la investigación global de la IA.

¡Cómo han cambiado las cosas desde entonces!

El material de una superpotencia de la IA

Como expuse anteriormente, la creación de una superpotencia de la IA para el siglo XXI requiere cuatro elementos fundamentales: datos abundantes, empresarios tenaces, científicos de IA bien formados y un entorno normativo propicio. Ya hemos visto cómo el ecosistema gladiatorio de startups de China cualificó a una generación de los empresarios más espabilados del mundo, y cómo el universo alternativo de internet de China creó el ecosistema de datos más rico del mundo.

Este capítulo evalúa el equilibrio de poder en los dos elementos restantes: conocimientos especializados y dominio de la IA, y apoyo gubernamental. Creo que en la era de la implementación de la IA, la ventaja de Silicon Valley en conocimientos especializados de su élite no es tan determinante como la pintan. Y en el ámbito crucial del apoyo gubernamental, la cultura política tecnoutilitaria de China allanará el camino para un despliegue más rápido de las revolucionarias tecnologías.

A medida que la inteligencia artificial se vaya filtrando en la economía en general, dicho proceso premiará más la *cantidad* de ingenieros altamente capacitados en IA, que la *calidad* de los investigadores de élite. La verdadera fuerza económica en la era de la implementación de la IA no vendrá sólo de unos cuantos científicos de élite que amplíen los límites de la investigación. Procederá de un ejército de ingenieros con una buena formación que harán equipo con los emprendedores para convertir esos descubrimientos en empresas innovadoras que cambiarán las reglas del juego.

China está adiestrando semejante ejército. En las dos décadas transcurridas desde mi conferencia en Hefei, la comunidad de la inteligencia artificial de China ha reducido en gran medida la brecha con Estados Unidos. Mientras que los estadounidenses todavía dominan en cuanto a investigadores superestrella, las empresas e instituciones de investigación chinas han engrosado sus filas con el tipo de ingenieros bien formados que pueden potenciar esta era de despliegue de la IA. Lo ha hecho mediante la combinación de la extraordinaria hambre de conocimiento que presencié en Hefei con el auge al acceso a la investigación mundial de vanguardia. Los estudiantes chinos de IA ya no tienen que esforzarse en la oscuridad para leer libros de texto obsoletos. Aprovechan la cultura de investigación abierta de la IA para absorber el conocimiento directamente de la fuente y en tiempo real. Esto significa diseccionar las últimas publicaciones académicas en internet, debatir los enfoques de los principales científicos de IA en grupos de WeChat y transmitir sus conferencias a través de *smartphones*.

Esta rica conectividad permite a la comunidad de la IA de China ponerse al nivel de la élite, capacitando a una generación de sedientos investigadores chinos que en la actualidad contribuyen en ese campo a un alto nivel. También facilita a las nuevas startups chinas aplicar innovadores algoritmos de código abierto a productos de IA prácticos: drones autónomos, sistemas de pago por reconocimiento facial y electrodomésticos inteligentes.

Esas nuevas empresas se disputan ahora formar parte de un paisaje de la IA dominado cada vez más por un pequeño número de grandes jugadores: los llamados Siete Gigantes de la era de la IA, entre los que se incluyen Google, Facebook, Amazon, Microsoft, Baidu, Alibaba y Tencent. Estos gigantes corporativos se dividen casi por igual entre Estados Unidos y China, y están hilando jugadas audaces para dominar la economía de la IA. Utilizan miles de millones de dólares en efectivo y vertiginosas reservas de datos para fagocitar el talento de inteligencia artificial disponible. También trabajan para construir las «redes eléctricas» para la era de la IA: redes informáticas bajo control privado que distribuyan el aprendizaje automático a través de la economía, y donde los gigantes corporativos actúen como «empresas de servicio público». Se trata de un fenómeno preocupante para aquellos que valoran un ecosistema de IA abierto, y también representa un obstáculo potencial para el ascenso de China en tanto que superpotencia de la IA.

Sin embargo, aplicar el poder de la IA en la economía en general no puede ser llevado a cabo únicamente por empresas privadas, sino que requiere un entorno normativo acomodadizo, y se puede acelerar mediante el apoyo directo del gobierno. Como recordaréis, poco después de que Ke Jie perdiera ante AlphaGo, el gobierno central chino publicó un amplio plan para el liderazgo chino en IA. Al igual que la campaña «Innovación y espíritu empresarial masivo», el plan de IA de China está impulsando el crecimiento a través de un torrente de nuevos fondos, que incluyen subvenciones para startups de IA y generosos contratos gubernamentales para acelerar la adopción.

El plan también ha cambiado los incentivos por la innovación de políticas en torno a la IA. Ambiciosos alcaldes de toda China están tratando de convertir sus ciudades en escaparates de nuevas aplicaciones de la IA. Están trazando rutas de transporte sin conductor, instalando sistemas de reconocimiento facial en el transporte público y conectando las redes de tráfico a los «cerebros de la ciudad» que optimizan los flujos.

Detrás de estos esfuerzos hay una diferencia fundamental entre la cultura política estadounidense y la china: mientras que el combativo sistema político de Estados Unidos castiga de manera agresiva los pasos en falso o el despilfarro en la financiación de las mejoras tecnológicas, el enfoque tecnoutilitario de China recompensa la dinámica de las inversiones y la adopción de dichas mejoras. Ninguno de los dos sistemas puede reivindicar una superioridad moral objetiva, y el largo historial de libertad personal y logros tecnológicos de Estados Unidos no tiene parangón en la era moderna. Pero creo que en la era de la implementación de la IA, el enfoque chino tendrá el impacto de acelerar el despliegue, generar más datos y plantar las semillas de un mayor crecimiento. Se trata de un ciclo que se perpetúa a sí mismo y que se basa en una peculiar alquimia de datos digitales, valor empresarial, experiencia ganada con mucho esfuerzo y voluntad política. Para ver cuál es la situación de las dos superpotencias de la IA, primero debemos comprender la fuente de esa experiencia.

Ganadores de un Nobel y principiantes anónimos

Cuando en 1938 Enrico Fermi subió a la cubierta del transatlántico RMS *Franconia II*, cambió el equilibrio de poder mundial. Fermi acababa de recibir el Premio Nobel de Física en Estocolmo, pero en vez regresar a la Italia de Benito Mussolini, el científico y su familia pusieron rumbo a Nueva York. Hicieron el viaje para escapar de las leyes raciales de Italia, que prohibía a los judíos o africanos desarrollar numerosos oficios o casarse con italianos. La esposa de Fermi, Laura, era judía, por lo que decidieron mudarse al otro lado del mundo en lugar de vivir bajo el antisemitismo que arrasaba Europa.

Fue una decisión personal de trascendentales consecuencias. Al llegar a Estados Unidos, Fermi supo del descubrimiento de la fisión nuclear por parte de científicos de la Alemania nazi y rápidamente se puso a trabajar y a explorar el fenómeno. Creó la primera reacción nuclear en cadena bajo las gradas de la Universidad de Chicago y desempeñó un papel indispensable en el Proyecto Manhattan. Este proyecto ultra secreto fue la mayor actividad industrial que el mundo había visto nunca, y culminó en el desarrollo de las primeras armas nucleares del mundo para el ejército estadounidense. Esas bombas pusieron fin a la segunda guerra mundial en el Pacífico y sentaron las bases del orden mundial nuclear.

Fermi y el Proyecto Manhattan personifican una era de descubrimientos que recompensaba en conocimientos especializados la calidad por encima de la cantidad. En física nuclear, las décadas de 1930 y 1940 fueron una época de avances fundamentales, y cuando se trataba de hacer esos avances, un Enrico Fermi valía más que miles de físicos menos brillantes. El liderazgo estadounidense en esta época se construyó en gran parte a base de atraer a genios como Fermi: hombres y mujeres que sin ayuda de nadie podían inclinar la balanza del poder científico.

Pero no todas las revoluciones tecnológicas siguen este patrón. A menudo, una vez alcanzado un avance fundamental, el centro de gravedad pasa rápidamente de un puñado de investigadores de élite a un ejército de principiantes; ingenieros con la experiencia suficiente para aplicar la tecnología a diferentes problemas. Esto es particularmente cierto cuando las ventajas de un gran descubrimiento se difunden a través de toda la sociedad en vez de concentrarse en unos pocos laboratorios o sistemas armamentísticos.

La electrificación masiva ejemplificó este proceso. Como consecuencia del aprovechamiento de la electricidad de Thomas Edison, el sector pasó rápidamente de la invención a la implementación. Miles de ingenieros comenzaron a juguetear con la electricidad, usándola para alimentar nuevos dispositivos y reorganizar los procesos industriales. Esos noveles no tuvieron que abrir nuevos caminos como Edison. Sólo tuvieron que saber lo suficiente sobre cómo funcionaba la electricidad para convertir su poder en máquinas útiles y rentables.

Nuestra fase actual de implementación de la IA se ajusta a este segundo modelo. Un flujo constante de titulares sobre la última misión abordada por la IA nos brinda la falsa sensación de que estamos viviendo en una era de descubrimientos, en la que los Enrico Fermi del mundo determinan el equilibrio de poder. En realidad, estamos asistiendo a la aplicación de un avance fundamental —el aprendizaje profundo y técnicas conexas— a problemas muy diferentes. Se trata de un proceso que requiere científicos de IA bien preparados, los principiantes de esta época. Hoy día, esos novatos están poniendo en práctica los poderes sobrehumanos de reconocimiento de patrones de la IA en la concesión de préstamos, la conducción de coches, la traducción de textos, el juego de Go y para alimentar a tu Alexa de Amazon.

Los pioneros del aprendizaje profundo como Geoffrey Hinton, Yann LeCun y Yoshua Bengio —los Enrico Fermi de la IA— continúan traspasando los límites de la inteligencia emocional. Y aún pueden llegar a producir otro gran avance transformador, uno que altere el orden jerárquico tecnológico mundial. Pero mientras tanto, en la actualidad la verdadera acción pasa por los principiantes.

Intercambio de información

Para esta revolución tecnológica, los noveles tienen una ventaja adicional: acceso en tiempo real al trabajo de los pioneros. Durante la revolución industrial, las fronteras nacionales y las barreras lingüísticas hacían que los nuevos avances industriales se mantuvieran encerrados en su país de origen, Inglaterra. La proximidad cultural de Estados Unidos y la laxa normativa de propiedad intelectual le ayudaron a robar algunos inventos clave, pero seguía habiendo un retraso sustancial entre el innovador y el imitador.

En la actualidad, esto no es así. Cuando preguntaron a varios empresarios chinos lo rezagada que iba China con respecto a Silicon Valley en la investigación de la inteligencia artificial, en tono de broma contestaron: «dieciséis horas»; la diferencia horaria entre California y Pekín. Estados Unidos puede ser el hogar de los mejores investigadores, pero gran parte de su trabajo y conocimientos está disponible al instante para cualquiera que tenga conexión a internet y una sólida base en los principios fundamentales de la IA. Dos rasgos identificativos facilitan esta transferencia de conocimientos entre la comunidad investigadora de la IA: la apertura y la rapidez.

Los investigadores de la inteligencia artificial tienden a ser muy abiertos en cuanto a la publicación de sus algoritmos, datos y resultados. Esa apertura surgió de la meta común de avanzar en el campo, así como del afán de las métricas objetivas en las competiciones. En muchas ciencias físicas, los experimentos no pueden ser replicados completamente de un laboratorio al siguiente. Variaciones mínimas en la técnica o el entorno pueden afectar en gran medida a los resultados. Pero los experimentos de IA son perfectamente replicables, y los algoritmos directamente comparables. Sólo requieren que esos algoritmos sean capacitados y probados en conjuntos de datos idénticos. Las competiciones internacionales a menudo enfrentan entre sí a diferentes equipos de reconocimiento de imágenes o de voz por ordenador, y los competidores abren su trabajo al escrutinio de otros investigadores.

La velocidad de las mejoras en la IA también lleva a los investigadores a compartir en el acto sus resultados. Hay muchos científicos de IA que no tratan de realizar avances fundamentales en la escala del aprendizaje profundo, pero no dejan de introducir mejoras marginales a los mejores algoritmos. Estas mejoras establecen de forma regular nuevos registros de precisión en tareas como el reconocimiento de voz o la identificación visual. Los investigadores compiten sobre la base de estos registros —no de nuevos productos o ingresos— y cuando uno establece un nuevo récord, quiere que se le reconozca y recibir crédito por el logro. Pero dada la rapidez con que se producen las mejoras, muchos investigadores temen que si esperan para publicar en una revista, su registro ya habrá sido eclipsado y su momento en la vanguardia quedará indocumentado. Así que en lugar de ocultar esa investigación, optan por la publicación inmediata en sitios web como www.arxiv.org, un repositorio *online* de artículos científicos. El sitio permite a los investigadores sellar con fecha y hora su investigación, plantando una estaca en el suelo para señalar el «cuándo y qué» de sus logros algorítmicos.

En el mundo post-AlphaGo, estudiantes, investigadores e ingenieros chinos se encuentran entre los lectores más voraces de arxiv.org. Rastrean el sitio en busca de nuevas técnicas, absorbiendo todo lo que los mejores investigadores del mundo tienen que ofrecer. Junto a estas publicaciones académicas, los estudiantes chinos de IA también transmiten, traducen y subtitulan conferencias de los principales científicos de IA como Yann LeCun, Sebastian Thrun, de Stanford, y Andrew Ng. Después de décadas dedicadas al estudio de anticuados libros de texto en la oscuridad, estos investigadores disfrutan de esta conectividad instantánea con las tendencias de la investigación mundial.

En WeChat, la comunidad china de IA se une en grupos de chat gigantescos y plataformas multimedia pàra reflexionar sobre las novedades de la IA. Han surgido trece nuevos medios de comunicación sólo para cubrir el sector, ofreciendo noticias sobre la industria, análisis de expertos y diálogos abiertos. Estos medios centrados en la IA cuentan con más de un millón de usuarios registrados, la mitad de los cuales han asumido la financiación de proyectos valorados en más de diez millones de dólares cada uno. Para discusiones más académicas, formo parte del «Grupo de discusión semanal de documentos», de quinientos miembros, que no es más que otro de las decenas de grupos de WeChat que se unen para diseccionar una nueva publicación de investigación en IA cada semana. El grupo de chat vibra con cientos de mensajes al día: apasionantes preguntas sobre el artículo de la semana, capturas de pantalla de los últimos logros algorítmicos de los miembros, y, por supuesto, un montón de animados emoticonos.

Pero los profesionales chinos de la IA no sólo son receptores pasivos de la sabiduría que desborda desde el mundo occidental. En la actualidad devuelven esa sabiduría al mismo ecosistema de investigación a un ritmo acelerado.

Conflicto en la conferencia

La Asociación para el Avance de la Inteligencia Artificial tenía un problema. La ilustre organización llevaba tres décadas organizando una de las conferencias sobre IA más importante del mundo, pero en 2017 corría peligro de ser la anfitriona de un evento fallido.

¿Por qué? Las fechas de la conferencia coincidían con el Año Nuevo chino.

Unos años antes, esto no habría sido un problema. Históricamente, los eruditos estadounidenses, británicos y canadienses dominaban los actos, y sólo un puñado de investigadores chinos presentaba su trabajo. Pero la conferencia de 2017 había aceptado un número casi igual de trabajos de investigadores procedentes de China y de Estados Unidos, y corría el riesgo de quedarse sin la mitad de esa ecuación en favor de la fiesta más importante de su cultura.

«A nadie se le habría ocurrido fijar la AAAI el día de Navidad —declaró el presidente del grupo al periódico *The Atlantic*—. Nuestra organización tuvo que cambiar deprisa y corriendo la organización de la conferencia y celebrarla una semana después».[1]

Las contribuciones chinas a la IA se han llevado a cabo a todos los niveles, que van desde ajustes marginales de los modelos existentes hasta la introducción de nuevos enfoques de clase

1. ZHANG, Sarah, «China's Artificial Intelligence Boom», *Atlantic*, 16 de febrero de 2017, <https://www.theatlantic.com/technology/archive/2017/02/china-artificial-intelligence/516615/Z>.

mundial para la construcción de redes neuronales. Una ojeada a las citas en la investigación académica revela la creciente influencia de los investigadores chinos. Un estudio de Sinovation Ventures examinó las citas de las cien mejores revistas y conferencias de IA, de 2006 a 2015; encontró que durante esos años casi se duplicó el porcentaje de artículos de autores con nombre chino, del 23,2 por ciento pasó al 42,8 por ciento.[2] Ese total incluye a algunos autores con nombres chinos que trabajan fuera del país; por ejemplo, investigadores chino-estadounidenses que no han adoptado un nombre en inglés. Pero según un sondeo a los institutos de investigación de los autores, la gran mayoría de ellos trabajaban en China.

Un reciente recuento de citas en centros de investigación del mundo confirmó la tendencia. Ese *ranking* de los cien más citados en instituciones de investigación en IA de 2012 a 2016 mostró que China estaba en segundo lugar, sólo por detrás de Estados Unidos[3] Entre las instituciones de élite, la Universidad Tsinghua superaba incluso a lugares como la Universidad de Stanford en el total de citas sobre IA. Estos estudios captaban en gran medida la época pre-AlphaGo, antes de que China empujara aún a más investigadores al campo. En los próximos años, una nueva ola de jóvenes estudiantes de doctorado llevará la investigación de la IA china a un nuevo nivel.

Y estas contribuciones no sólo han consistido en acumular artículos y citas. Los investigadores chinos han conseguido algunos de los avances más significativos en redes neuronales y en visión artificial desde la aparición del aprendizaje profundo. Muchos de estos investigadores surgieron de Microsoft Research China, institución que fundé en 1998. Denominada más tarde Microsoft Research Asia, llegó a formar a más de 5.000 investi-

2. DR. LEE, Kai-Fu y Paul TRIOLO, «China Embraces AI: A Close Look and a Long View», presentación en Eurasia Group, 6 de diciembre de 2017, <https://www.eurasiagroup.net/files/upload/China_Embraces_AI.pdf>.

3. ARAI, Shigeroni, «China's AI Ambitions Revealed by List of Most Cited Research Papers», Nikkei Asian Review, 2 de noviembre de 2017, https://asia.nikkei.com/Business/Biotechnology/China-s-AI-ambitions-revealed-by-list-of-most-cited-research-papers

gadores de IA, incluidos altos directivos de Baidu, Alibaba, Tencent, Lenovo y Huawei.

En 2015, un equipo de Microsoft Research Asia dinamitó el concurso mundial de reconocimiento de imagen, ImageNet. El revolucionario algoritmo del equipo se llamaba ResNet, e identificaba y clasificaba objetos de cien mil fotografías en mil categorías diferentes con una tasa de error de sólo el 3,5 por ciento. Dos años después, cuando DeepMind de Google construyó AlphaGo Zero —el sucesor autodidacta de AlphaGo—, utilizaron ResNet como uno de sus componentes tecnológicos básicos.

Los investigadores chinos detrás de ResNet no se quedaron en Microsoft por mucho tiempo. De los cuatro autores del artículo de ResNet, uno se unió al equipo de investigación de Yann LeCun en Facebook, pero los otros tres fundaron su startup en IA en China. Una de ellas, Face++, se convirtió rápidamente en líder mundial en la tecnología de reconocimiento facial y de imagen. En el concurso de reconocimiento de imágenes COCO 2017, el equipo de Face++ ocupó el primer lugar en tres de las cuatro categorías más importantes, venciendo a los equipos punteros de Google, Microsoft y Facebook.

Para algunos observadores de Occidente, estos logros de la investigación van en contra de creencias profundamente arraigadas sobre la naturaleza del conocimiento y la investigación en todos los sistemas políticos. ¿No debería el control chino sobre internet restringir la capacidad de sus investigadores para abrir nuevos caminos a escala mundial? Hay críticas válidas al sistema de gobierno de China, algunas que repercuten gravemente en el debate público y en la investigación en ciencias sociales. Pero cuando se trata de la investigación en ciencias exactas, estos temas no son tan limitadores como muchos suponen. La inteligencia artificial no toca cuestiones políticas delicadas, y los científicos chinos de IA son en esencia tan libres como sus colegas estadounidenses para crear innovadores algoritmos o para construir rentables aplicaciones de IA.

Pero no lo digo sólo yo. En una conferencia de 2017 sobre inteligencia artificial y seguridad global, Eric Schmidt, antiguo director ejecutivo de Google, advirtió a los participantes contra la autocomplacencia en lo que respecta a las capacidades en IA de China. Prediciendo que China igualaría la de Estados Unidos en cinco años, Schmidt fue contundente en su análisis: «Hacedme caso, estos chinos son buenos... Si tenéis algún tipo de prejuicio o inquietud de que de alguna manera su sistema y su modelo educativo no van a producir el tipo de gente de la que estoy hablando, estáis equivocados».[4]

Los siete gigantes y el próximo aprendizaje profundo

Pero mientras que la comunidad mundial de investigación de la IA se ha convertido en un sistema fluido y abierto, un componente de ese ecosistema sigue siendo más cerrado: los grandes laboratorios de investigación corporativa. Puede que los investigadores académicos se apresuren a compartir su trabajo con el mundo, pero las empresas de tecnología privadas tienen la responsabilidad fiduciaria de maximizar los beneficios para sus accionistas. Eso normalmente significa menos publicaciones y más tecnología patentada.

De los cientos de empresas que invierten recursos en IA, volvamos a los siete nuevos gigantes corporativos de la investigación en este campo: Google, Facebook, Amazon, Microsoft, Baidu, Alibaba y Tencent. En efecto, estos Siete Gigantes se han transformado en lo que las naciones eran hace cincuenta años, esto es, grandes sistemas relativamente cerrados que concentran talento y recursos en avances que en su mayor parte se quedarán «en casa».

Los sellos en torno a la investigación corporativa nunca son herméticos: integrantes del equipo se marchan para fundar sus propias startups de IA, y algunos grupos como Microsoft Research, Facebook AI Research, y DeepMind todavía publican ar-

4. SHEAD, Same, «Erich Schmidt: "Trust Me, These Chinese People Are Good'», *Business Insider*, 1 de noviembre de 2017, <https://www.businessinsider.com/eric-schmidt-on-artificial-intelligence-china-2017-11?IR=Tw>.

tículos sobre sus contribuciones más significativas. Pero en términos generales, si una de estas compañías hace un avance único —un secreto empresarial que podría generar enormes beneficios sólo para esa compañía— hará todo lo posible para mantenerlo bajo control y tratará de extraer el máximo valor antes de que se corra la voz.

Un descubrimiento revolucionario fraguado dentro de uno de estos espacios cerrados representa la mayor amenaza para el ecosistema abierto de la IA en el mundo. También amenaza con obstaculizar a China en su objetivo de convertirse en un líder global en IA. Tal y como están las cosas hoy día, China ya lleva ventaja en capacidad empresarial, en datos y en el apoyo del gobierno, y está alcanzando rápidamente a Estados Unidos en cuanto a conocimientos especializados. Si el *statu quo* tecnológico se mantiene durante los próximos años, una amplia variedad de startups de IA chinas comenzarán a extenderse a través de diferentes industrias. Aprovecharán el aprendizaje profundo y otras tecnologías de aprendizaje automático para alterar decenas de sectores y cosechar los frutos de la transformación de la economía.

Pero si el siguiente gran avance en la escala del aprendizaje profundo ocurre pronto, y sucede dentro de un entorno corporativo herméticamente cerrado, la suerte estaría echada. Podría proporcionar una insuperable ventaja sobre los demás miembros de los Siete Gigantes y devolvernos a una época de descubrimientos en la que los conocimientos de la élite inclinaban la balanza del poder a favor de Estados Unidos.

Para ser claros, creo que las probabilidades están ligeramente en contra de que tal descubrimiento salga de los colosos corporativos en los próximos años. El aprendizaje profundo marcó el mayor salto hacia delante del último medio siglo, y los avances en esta escala casi nunca se producen más de una vez cada pocas décadas. Incluso si tal avance ocurriera, es más probable que surgiera en el entorno abierto del mundo académico. Ahora mismo, los gigantes corporativos están invirtiendo recursos sin precedentes para sacarle todo el jugo al aprendizaje profundo. Lo que significa muchos procesos de perfeccionamiento de algoritmos de aprendizaje profundo, y dedican sólo un pequeño porcentaje a la investigación abierta en busca del próximo gran acontecimiento que suponga un cambio de paradigma.

Mientras tanto, los académicos se sienten incapaces de competir con la industria en aplicaciones prácticas de aprendizaje profundo debido a la necesidad de grandes cantidades de datos y capacidad de procesamiento. Así que, en vez de eso, muchos investigadores académicos están siguiendo la invitación de Geofrey Hinton a seguir adelante y concentrarse en inventar «el próximo aprendizaje profundo», un enfoque fundamentalmente nuevo de los problemas de la IA que podría cambiar las reglas del juego. Este tipo de investigación abierta tiene más posibilidades de tropezarse con el siguiente avance, que luego será publicado para que todo el mundo aprenda de él.

Google frente al resto

Si el próximo aprendizaje profundo está destinado a ser descubierto en el mundo corporativo, Google es el que tiene más oportunidades de hacerlo. Entre los Siete Gigantes de la IA, Google —más concretamente su empresa matriz, Alphabet, propietaria de DeepMind y de su filial autónoma Waymo— es muy superior a las demás. Fue una de las primeras compañías en ver el potencial del aprendizaje profundo y ha dedicado más recursos para aprovecharlo que cualquier otra empresa.

En términos de financiación, Google eclipsa incluso a su propio gobierno: los fondos federales dedicados a la investigación en matemáticas e informática ascienden a menos de la mitad del presupuesto de I+D de Google.[5] Con ese derroche de dinero Alphabet ha comprado una parte descomunal de las mentes más

5. ALLEN, Gregory y Elsa B. KANIA, «China Is Using America's Own Plan to Dominate the Future of Artificial Intelligence», *Foreign Policy*, 8 de septiembre de 2017, <http://foreignpolicy.com/2017/09/08/china-is-us ing-americas-own-plan-to-dominate-the-future-of-artificial-intelligence/>.

brillantes del mundo en IA. De los cien mejores investigadores e ingenieros de IA, alrededor de la mitad trabajan para Google.

La otra mitad están repartidos entre los restantes Siete Gigantes, el mundo académico y una cuantas startups. Microsoft y Facebook se han llevado una parte sustancial de este grupo, con Facebook incorporando a investigadores superestrella como Yann LeCun. De los gigantes chinos, Baidu fue el primero en abordar la investigación del aprendizaje profundo —incluso trató de adquirir la startup de Geoffrey Hinton en 2013 antes de que Google le ganara la partida— y se anotó una gran victoria en 2014 cuando reclutó a Andrew Ng para dirigir su laboratorio de IA de Silicon Valley. En menos de un año, ese fichaje mostró resultados sobresalientes. En 2015, los algoritmos de IA de Baidu ya habían excedido las habilidades humanas en el reconocimiento del habla china. Fue un gran logro, que pasó desapercibido en Estados Unidos. De hecho, cuando Microsoft alcanzó el mismo hito un año más tarde con el inglés, la compañía lo tildó de «hito histórico».[6] Ng dejó Baidu en 2017 para crear su propio fondo de inversión en IA, pero el tiempo que pasó en la compañía dio testimonio de las ambiciones de Baidu y fortaleció su reputación investigadora.[7]

Alibaba y Tencent llegaron relativamente rezagados a la carrera por hacerse con el talento de la IA, pero tienen a su disposición dinero y datos para atraer a los mejores. Puede que con WeChat en calidad de superapp «todo en uno» del mayor mercado de internet del mundo, Tencent posea el ecosistema de datos más rico de todos los gigantes, lo que ahora le está ayudando a atraer y empoderar a los investigadores de IA de alto nivel. En 2017, Tencent inauguró un instituto de investigación en IA en

6. LINN, Allison, «Historic Achievement: Microsoft Researchers Reach Human Parity in Conversational Speech Recognition», The AI Blog, Microsoft, 18 de octubre de 2016, <https://blogs.microsoft.com/ai/historic-achievement-microsoft-researchers-reach-human-parity-conversational-speech-recognition/>.

7. «Opening a New Chapter of My Work in AI», Medium, 21 de marzo de 2017, <https://medium.com/@andrewng/opening-a-new-chapter-of-my-work-in-ai-c6a4d1595d7b>.

Seattle y robó de inmediato sus investigadores a Microsoft para dotarse de personal.

Alibaba ha seguido la misma iniciativa y ha abierto una red global de laboratorios de investigación, incluso en Silicon Valley y Seattle. Hasta la fecha, Tencent y Alibaba aún no han mostrado en público los resultados de este proyecto, optando en su lugar por aplicaciones más orientadas hacia los productos. Alibaba ha tomado la delantera en «City Brains»: redes masivas impulsadas por IA que optimizan los servicios de la ciudad aprovechando los datos de cámaras de vídeo, redes sociales, transporte público y aplicaciones basadas en la localización. Al trabajar junto al gobierno de Hangzhou, su ciudad natal, Alibaba está utilizando algoritmos avanzados de reconocimiento de objetos y de tránsito predictivo para ajustar constantemente los patrones de las luces rojas y alertar a los servicios de emergencia en caso de accidente de tráfico. El ensayo ha incrementado un diez por ciento la velocidad de circulación en algunas áreas, y Alibaba se está preparando para llevar el servicio a otras ciudades.

Si bien es posible que Google se haya adelantado en la carrera por hacerse con el talento de la élite de la IA, de ninguna manera eso garantiza la victoria. Como ya hemos dicho antes, los avances fundamentales son escasos y poco frecuentes, y los descubrimientos que producen un cambio de paradigma aparecen a menudo en lugares inesperados. El aprendizaje profundo surgió de una pequeña red de idiosincráticos investigadores obsesionados con un enfoque del aprendizaje automático desestimado por los principales investigadores. Si el siguiente aprendizaje profundo está por ahí, en alguna parte, podría estar escondido en algún campus universitario o laboratorio corporativo, y no hay forma de adivinar cuándo o dónde mostrará su cara. Mientras el mundo espera la lotería del descubrimiento científico para producir un nuevo avance, permanezcamos atrincherados en nuestra actual era de la implementación de la IA.

Red eléctrica frente a batería

Pero los gigantes no sólo compiten entre sí por ver quién es el que descubre el próximo aprendizaje profundo. También disputan una carrera más inmediata contra las pequeñas startups de IA que quieren usar el aprendizaje automático para revolucionar industrias específicas. Es una competición entre dos enfoques para distribuir la «electricidad» de la IA en el ámbito de la economía: el enfoque de «red eléctrica» de los Siete Gigantes frente al de «batería» de las startups. La forma en que se desarrolle esa carrera determinará la naturaleza del panorama empresarial de la IA: monopolio, oligopolio o una competición libre y espontánea entre cientos de empresas. El enfoque de «red eléctrica» quiere convertir la IA en un producto básico. Su objetivo es transformar el poder del aprendizaje automático en un servicio estandarizado que cualquier compañía pueda adquirir —o que incluso se pueda regular su uso gratuito para el entorno académico o personal— y acceder al mismo a través de plataformas en la nube. En este modelo, las plataformas de computación en la nube actúan como una red eléctrica, realizando complejas optimizaciones de aprendizaje automático sobre cualquier problema de datos que requieran los usuarios. Las empresas detrás de estas plataformas —Google, Alibaba y Amazon— actúan como compañías de servicios, gestionando la red y cobrando una tarifa.

Conectarse a esa red permitiría a las empresas tradicionales con un gran conjunto de datos aprovechar con facilidad el poder de optimización de la IA sin tener que rehacer todo su negocio. TensorFlow de Google, un ecosistema de software de código abierto para construir modelos de aprendizaje profundo, ofrece una versión temprana de esto, aunque todavía requiere ciertos conocimientos especializados en IA para hacerlo funcionar. El objetivo del enfoque de red es tanto reducir ese umbral de especialización como aumentar la funcionalidad de las plataformas de IA en la nube. Hacer uso del aprendizaje automático no es tan sencillo como enchufar un aparato eléctrico en la pared —y puede que nunca lo sea—, pero los gigantes de la IA esperan forzar las cosas en esa dirección para luego recoger los frutos de generar la «energía», y operar la «red».

Las startups de IA están adoptando el enfoque opuesto. En lugar de esperar a que esta red tome forma, están creando productos muy específicos de IA «que funcionan con baterías» para cada caso de uso. Estas startups apuestan por la profundidad en lugar de por la amplitud. En vez de suministrar funciones de aprendizaje automático para fines generales, construyen nuevos productos y capacitan a los algoritmos para que desempeñen tareas específicas, entre ellos diagnóstico médico, préstamos hipotecarios y drones autónomos.

Apuestan a que los negocios tradicionales simplemente no podrán enchufar los detalles prácticos de sus operaciones diarias a una red polivalente. En lugar de ayudar a esas empresas a acceder a la IA, estas startups quieren alterarlas mediante el uso de la IA. Su objetivo es construir desde cero empresas «AI-first» (esto es, la inteligencia artificial lo primero), creando una nueva lista de defensores de la era de la IA.

Es demasiado pronto para elegir un ganador entre el enfoque de red y el de batería. Mientras gigantes como Google extienden gradualmente sus tentáculos hacia fuera, startups en China y Estados Unidos se apresuran a reclamar territorio virgen y se fortifican contra incursiones de los Siete Gigantes. El modo en que esa lucha por el territorio sacuda el mercado determinará la forma de nuestro nuevo paisaje económico. Podría concentrar beneficios astronómicos en manos de los Siete Gigantes —las superempresas de servicio público de la era de la IA— o difundir esos beneficios entre miles de empresas nuevas y vibrantes.

El chip sobre los hombros de China

Un área poco discutida de la competencia de la IA—entre los gigantes de la IA, startups y los dos países— es la de los chips de ordenador, también conocidos como semiconductores. Los chips de alto rendimiento son los héroes poco atractivos y con frecuencia anónimos de cada revolución informática. Se encuentran en el núcleo de nuestros ordenadores de sobremesa, portátiles, *smartphones* y tablets, pero por esa razón permanecen en gran parte ocultos para el usuario final. Pero desde una perspectiva económica y de seguridad, fabricar esos chips es algo muy importante: el mercado tiende a los monopolios lucrativos, y las vulnerabilidades de seguridad las detectan mejor aquellos que trabajan directamente con el hardware.

Cada era de la informática requiere diferentes tipos de chips. Cuando los ordenadores de sobremesa eran los reyes supremos, los fabricantes de chips buscaban maximizar la velocidad de procesamiento y los gráficos en una pantalla de alta resolución, y se preocupaban mucho menos por el consumo de energía. (Después de todo, los ordenadores de sobremesa siempre estaban enchufados). Intel dominó el diseño de estos chips y ganó de paso miles de millones. Pero con la llegada de los *smartphones*, la demanda se desplazó hacia usos más eficientes de la energía y Qualcomm, cuyos chips se basaban en diseños de la empresa británica ARM, fue entronizado como el rey indiscutible de los chips.

Ahora, como los programas de computación tradicionales son desplazados por el funcionamiento de algoritmos de IA, las necesidades están volviendo a cambiar. El aprendizaje automático exige la rápida ejecución de complejas fórmulas matemáticas, algo para lo que no están fabricados ni los chips de Intel ni los de Qualcomm. A llenar ese vació llegó Nvidia, un fabricante de chips que previamente había destacado en el procesamiento gráfico para videojuegos. Las matemáticas detrás del procesamiento gráfico se ajustan a los requisitos de la IA, y Nvidia se convirtió en la empresa de referencia en el mercado de chips. Entre 2016 y principios de 2018, el precio de las acciones de la compañía se multiplicó por un factor de diez.

Estos chips son fundamentales para todo, desde el reconocimiento facial hasta los coches autónomos, y eso ha desencadenado una carrera para fabricar el chip de IA de última generación. Google y Microsoft, empresas que durante mucho tiempo habían evitado producir sus propios chips, también se han unido a la contienda, al lado de Intel, Qualcomm y un grupo de startups de chips bien financiadas de Silicon Valley. Facebook se ha asociado con Intel para probar su primera incursión en el mundo de los chips específicos de IA.

Pero por primera vez, gran parte de la acción en este espacio tiene lugar en China. El gobierno chino lleva muchos años —décadas, incluso— intentando crear capacidades en chips autóctonos. Sin embargo, la fabricación de un chip de alto rendimiento es un proceso extremadamente complejo que requiere profundos conocimientos especializados y que hasta ahora ha sido impermeable a varios proyectos patrocinados por el gobierno. Durante los últimos tres decenios, han sido las empresas privadas de Silicon Valley las que han sacado provecho del desarrollo de chips.

Los líderes chinos y una serie startups de chips esperan que esta vez sea diferente. El Ministerio de Ciencia y Tecnología de China está repartiendo grandes sumas de dinero con el objetivo específico de fabricar un chip con rendimiento y eficiencia energética veinte veces mejor que las ofertas actuales de Nvidia. Las startups de chips chinas como Horizon Robotics, Bitmain y Cambricon Technologies rebosan de capital de inversión y trabajan en productos hechos a medida para coches autónomos y otros casos de uso de la IA. La ventaja en datos del país contribuirá al desarrollo de chips al ofrecer a los fabricantes de hardware un festival de ejemplos con los que probar sus productos.

En general, Silicon Valley sigue siendo el líder indiscutible en el desarrollo de chips de IA. Pero se trata de una ventaja que tanto el gobierno chino como la comunidad de capital riesgo del país están haciendo todo lo posible por superar. Esto se debe a que cuando la interrupción económica ocurra a la escala prometida por la inteligencia artificial, dejará de ser sólo una cuestión de negocios para convertirse en una importante cuestión política.

Historia de dos planes de IA

El 12 de octubre de 2016, la administración del presidente Barack Obama hizo público un plan a largo plazo sobre cómo Estados Unidos podía aprovechar el poder de la inteligencia artificial. El documento detallaba la transformación que la IA está destinada a introducir en la economía y enunciaba medidas para aprovechar esa oportunidad: aumento de la financiación de la investigación, intensificación de la cooperación civil-militar y realización de inversiones para mitigar las perturbaciones sociales. Ofrecía un buen resumen de los cambios en el horizonte y algunas recetas de sentido común para la adaptación.

Pero el informe —emitido por la oficina política más poderosa de Estados Unidos— tuvo casi el mismo impacto que un documento político de un grupo de expertos académicos. Publicado la misma semana que el infame vídeo *Access Hollywood* de Donald Trump,[8] el informe de la Casa Blanca apenas tuvo difusión en las noticias estadounidenses. No desató el aumento del interés nacional por la IA. No condujo a una avalancha de nuevas inversiones de capital de riesgo ni financiación del gobierno para las startups de IA. Tampoco movilizó a alcaldes ni a gobernadores a adoptar políticas favorables a la IA. De hecho, cuando el presidente Trump asumió el cargo sólo tres meses después del informe, propuso recortar los fondos para la investigación de la IA en la Fundación Nacional de Ciencias.[9]

La débil respuesta al informe de Obama contrasta con la onda expansiva generada por el plan de IA del gobierno chino. Como los anteriores documentos del gobierno chino sobre tecnología, era claro en su lenguaje pero trascendental en su impacto. Publicado en julio de 2017, el «Plan de Desarrollo para una Nueva Generación de Inteligencia Artificial» compartía muchas de las mismas predicciones y recomendaciones que el plan de la

8. El 7 de octubre de 2016, durante las elecciones presidenciales de Estados Unidos de 2016, *The Washington Post* publicó un vídeo en el que el entonces candidato presidencial Donald Trump y el presentador de televisión Billy Bush mantenían en 2005 una conversación extremadamente lasciva sobre las mujeres. Trump y Bush estaban en un autobús de camino a grabar un episodio del programa de la NBC, *Access Hollywood. (N. de la t.)*

9. MOZUR, Paul y John MARKOFF, «Is China Outsmarting America in A.I.?», *New York Times*, 27 de mayo de 2017, <https://www.nytimes.com/2017/05/27/technology/china-us-ai-artificial-intelligence.html?_r=0>.

Casa Blanca. También detallaba cientos de aplicaciones específicas del sector de la IA y daba indicaciones para que China progresara hasta convertirse en una superpotencia de la IA. Hacía un llamamiento para que en 2020 China alcanzara el nivel más alto de las economías de la IA, lograra nuevos e importantes avances para el año 2025, y se convirtiera en líder mundial en IA en 2030.

Si AlphaGo fue el momento Sputnik de China, el plan de IA del gobierno fue como el histórico discurso del presidente John F. Kennedy en el que exhortaba a que Estados Unidos enviara a un hombre a la luna. Al informe le faltaba la desorbitada retórica de Kennedy, pero activó una movilización a escala nacional parecida, un enfoque del tipo «dediquemos todas las manos posibles» a la innovación nacional.

Apuesta por la IA

El plan de inteligencia artificial de China se originó al más alto nivel del gobierno central, pero fueron los ambiciosos alcaldes chinos los encargados de fraguar una verdadera respuesta. Tras la publicación del plan del Consejo de Estado, las autoridades locales se lanzaron, en busca de una promoción, a la meta de convertir sus ciudades en centros para el desarrollo de la IA. Ofrecieron subvenciones a la investigación, dirigieron «fondos de orientación» de capital riesgo hacia la IA, compraron los productos y servicios de startups locales de IA, y establecieron decenas de zonas especiales de desarrollo e incubadoras.

Podemos ver la complejidad de estas políticas de apoyo examinando una ciudad, Nankín. Capital de la provincia de Jiangsu, en la costa oriental de China, Nankín no se encuentra entre las ciudades más importantes del país en cuanto a creación de empresas; esos honores corresponden a Pekín, Shenzhen y Hangzhou. Pero en un intento de transformar Nankín en centro de actividad de la IA, el gobierno de la ciudad está invirtiendo vastas sumas de dinero y recursos políticos para atraer compañías de IA y a los mejores talentos.

Entre 2017 y 2020, el plan de la zona de desarrollo económico y tecnológico de Nankín planea invertir al menos 3.000 millones de yuanes (alrededor de 450 millones de de dólares) para el desarrollo de la IA. Ese dinero irá a parar a un montón de ayudas y beneficios para la IA, incluidas inversiones de hasta quince millones de yuanes en empresas locales, subvenciones de un millón de yuanes por compañía para atraer talento, descuentos en gastos de investigación de hasta cinco millones de yuanes, la creación de un instituto de formación en IA, contratos gubernamentales para el reconocimiento facial y la tecnología de robots autónomos, simplificación de procedimientos para el registro de una empresa, financiación inicial y espacio de oficina para veteranos militares, lanzaderas gratuitas de la compañía, codiciadas plazas en escuelas locales para los hijos de los ejecutivos de las empresas, y apartamentos para empleados de startups de IA.

Y todo ello en una sola ciudad. La población de Nankín, de 7 millones de habitantes, ocupa el décimo lugar en China, un país con un centenar de ciudades de más de un millón de habitantes. Este aluvión de incentivos gubernamentales se está dando en muchas de esas ciudades ahora mismo, todas ellas compitiendo para atraer, financiar y empoderar a empresas de IA. Se trata de un proceso de desarrollo tecnológico acelerado por el gobierno que ya presencié dos veces la pasada década. Entre 2007 y 2017, China pasó de tener cero líneas ferroviarias de alta velocidad a tener más kilómetros operativos que el resto del mundo junto. Durante la campaña «Espíritu empresarial e innovación masiva» que comenzó en 2015, una oleada similar de incentivos creó 6.600 nuevas incubadoras de startups y cambió la cultura nacional en torno a las nuevas empresas tecnológicas.

Por supuesto, es demasiado pronto para conocer los resultados exactos de la campaña a favor de la IA de China, pero si la historia china sirve de guía, es posible que sea algo ineficiente, pero extremadamente efectiva. La envergadura de la financiación y la velocidad de despliegue casi garantizan que habrá ineficiencias. La burocracia gubernamental no puede utilizar con rapidez miles de millones de dólares en inversiones y subvenciones sin cierta cantidad de despilfarro. Habrá dormitorios para los empleados de IA que nunca serán habitados, e inversiones en startups que nunca levantarán el vuelo. Habrá compañías tecnológicas tradicionales que sólo renovarán su imagen o marca y se denominarán «empresas de IA» para obtener subvenciones, y compras de equipos de IA que simplemente acumularán polvo en dependencias públicas.

Pero es un riesgo que estos funcionarios del gobierno chino están dispuestos a asumir, una pérdida que están dispuestos a absorber en la búsqueda de una meta más grande: forzar la modernización económica y tecnológica de sus ciudades. La ventaja potencial de esa transformación es lo bastante grande para justificar hacer costosas apuestas sobre la próxima novedad. Y si la apuesta no da resultados, sus oponentes no pondrán a los alcaldes en la picota por intentar actuar de acuerdo con los deseos del gobierno central.

Esto contrasta con las tormentas políticas que desencadenan las grandes apuestas que salen mal en Estados Unidos. Después de la crisis financiera de 2008, el estímulo del presidente Obama incluía planes de garantías estatales sobre préstamos en proyectos prometedores de energía renovable. Era un programa diseñado para estimular una economía estancada, pero también para facilitar una economía más amplia y un cambio medioambiental hacia la energía limpia.

Uno de los beneficiarios de estas garantías de préstamo fue Solyndra, una compañía de paneles solares californiana que en un principio parecía prometedora pero que acabó quebrando en 2011. Los críticos del presidente Obama no tardaron de convertir el fracaso en un contundente instrumento político de cara a las elecciones presidenciales de 2012. Machacaron al presidente gastando millones de dólares en ataques publicitarios, criticando el «despilfarro» como un síntoma del «capitalismo de amiguetes» y «socialismo de riesgo».[10] No importa que, en general, se estime que el programa de garantía de préstamos generará dine-

10. «Capitalizando el 'Socialismo de Riesgo'», *The Washington Post*, 18 de septiembre de 2011, <https://www.washingtonpost.com/opinions/capitalizing-on-venture-socialism/2011/09/16/gIQAQ7sYdK_story.html?utm_term=.5f0e532fcb86>.

ro para el gobierno federal, un fracaso de gran repercusión mediática bastó para emponzoñar la iniciativa de modernización tecnológica.

Obama sobrevivió a la negativa embestida y volvió a salir elegido presidente, pero a los políticos les quedó clara la lección: utilizar financiación pública para invertir en mejoras económicas y tecnológicas es un asunto arriesgado. Suelen ignorarse los éxitos y cada error es susceptible de convertirse en carnaza de ataques propagandísticos. Es mucho más seguro mantenerse al margen del complicado asunto de mejorar una economía.

Consideraciones éticas de la conducción autónoma

Esa misma división en cultura política se aplica a la creación de un entorno normativo propicio para el desarrollo de la IA. Durante los últimos treinta años, los líderes chinos han practicado una especie de tecnoutilitarismo, aprovechando mejoras tecnológicas para maximizar el bien social si bien aceptando que habrá desventajas para ciertos individuos o industrias. Al igual que todas las estructuras políticas, es un sistema imperfecto. El mandato del gobierno verticalista de expandir la inversión y la producción también puede hacer que el péndulo de la inversión pública oscile demasiado en una determinada dirección. En los últimos años, esto ha dado lugar al exceso masivo de la oferta y a cargas de deuda insostenibles en la industria china, que va desde los paneles solares hasta el acero. Pero cuando los dirigentes nacionales canalizan correctamente esos mandatos hacia nuevas tecnologías capaces de conducir a sísmicos cambios económicos, el enfoque tecnoutilitarista puede tener enormes ventajas.

Los coches autónomos son un buen ejemplo de este acto de equilibrio. En 2016, fallecieron cuarenta mil personas en Estados Unidos a causa de accidentes de tráfico. Ese número anual de muertes es equivalente a que los ataques terroristas del 11 de septiembre sucedieran una vez al mes de enero a noviembre, y dos veces en diciembre. La Organización Mundial de la Salud estima que se producen alrededor de 260.000 muertes anuales por accidentes de tráfico en China, y 1,25 millones en todo el mundo.[11]

Los vehículos autónomos están en vías de llegar a ser mucho más seguros que los conducidos por el hombre, y un despliegue generalizado de la tecnología disminuirá considerablemente estos accidentes mortales. También llevará a un enorme incremento de la eficiencia del transporte y de las redes logísticas, ventajas que repercutirán en toda la economía.

Pero junto a las vidas salvadas y la productividad obtenida, habrá otros casos en los que se perderán puestos de trabajo o incluso vidas debido a la misma tecnología. Para empezar, taxistas, camioneros, conductores de autobús y repartidores no tendrán suerte en un mundo en el que se conduzca de forma autónoma. También es inevitable que se produzcan averías en los vehículos autónomos que provoquen colisiones. Habrá circunstancias que obliguen a un vehículo autónomo a tomar dolorosas decisiones éticas, como si girar a la derecha y tener un 55 por ciento de posibilidades de matar a dos personas o girar a la izquierda y tener el ciento por ciento de posibilidades de matar a una persona.

Cada uno de estos riesgos presenta espinosas cuestiones éticas. ¿Cómo deberíamos equilibrar el medio de vida de millones de camiones con los miles de millones de dólares y millones de horas ahorradas por los vehículos autónomos? ¿Para qué se debería «optimizar» un coche autónomo en situaciones en las que se ve obligado a elegir contra qué coche estrellarse? ¿Cómo debe sopesar el algoritmo de un vehículo autónomo la vida de su dueño? ¿Debería un coche autónomo sacrificar tu propia vida para salvar la de otras tres personas?

Éstas son las preguntas que mantienen a los especialistas en ética despiertos por la noche. Son también cuestiones que po-

11. «Scale of Traffic Deaths and Injuries Constitutes 'a Public Health Crisis' — Safe oads Contribute to ustainable Development», Organización Mundial de la Salud, Región del Pacífico Occidental, comunicado de prensa, 24 de mayo de 2016, <http://www.wpro.who.int/china/mediacentre/releases/2016/20160524/en/>.

drían retrasar la legislación necesaria para la implementación de vehículos autónomos e inmovilizar a compañías de IA en años de procesos judiciales. Es muy posible que esto lleve a que los políticos estadounidenses, siempre temerosos de los grupos de interés y de los anuncios de ataque, echen el freno al despliegue del vehículo autónomo. Ya hemos visto señales tempranas de que esto está sucediendo, con los sindicatos que representan con éxito a los camioneros presionando con acierto en el Congreso en 2017 para excluir a los camiones de la legislación que tiene como objetivo acelerar la implementación de los vehículos autónomos.

Creo que el gobierno chino verá estos difíciles dilemas como temas importantes a explorar, pero no como una razón para retrasar la implementación de una tecnología que salvará decenas, si no cientos, de miles de vidas en un futuro no muy lejano. Para bien o para mal —y reconozco que la mayoría de los estadounidenses pueden no aceptar este punto de vista—, la cultura política china no alberga la expectativa estadounidense de alcanzar un consenso moral sobre cada una de las cuestiones anteriores. La promoción de un bien social más amplio —el premio a largo plazo en vidas salvadas— es razón suficiente para comenzar la implementación; ya se tratarán a su debido tiempo los casos atípicos y las complejidades legales. Una vez más, esto no es un llamamiento para que Estados Unidos y Europa imiten el enfoque tecnoutilitario utilizado en China, cada país debe decidir su planteamiento basado en sus propios valores culturales. Pero es importante entender el criterio chino y las implicaciones que éste tiene para el ritmo y la trayectoria del desarrollo de la IA.

Los funcionarios de gobiernos locales ayudarán a la aceleración de ese despliegue de la IA, ya que además de competir para atraer empresas de IA a través de subsidios, estos alcaldes y gobernadores provinciales competirán para ser los primeros en implementar proyectos de IA con gran resonancia, tales como médicos asistidos por IA en hospitales públicos o rutas de camiones autónomas y «City Brains» que optimicen la red de circulación urbana. Pueden llevar a cabo estos proyectos para marcarse un tanto político como para ampliar las ventajas sociales, dedicando menos tiempo a obsesionarse con los riesgos que asustarían a los políticos estadounidenses sensibles al riesgo.

Esto no es un juicio ético de ninguno de estos dos sistemas. Tanto el enfoque de un régimen de gobierno utilitario como el de gobierno garantista tienen sus puntos ciegos y sus desventajas. La apertura de Estados Unidos a la inmigración y el énfasis en los derechos individuales han ayudado durante mucho tiempo a atraer a algunas de las mentes más brillantes de todo el mundo, personas como Enrico Fermi, Albert Einstein, y muchos de los científicos de IA más importantes de la actualidad. El enfoque verticalista a la modernización de la economía de China —y el afán de los funcionarios de bajo nivel por adoptar cada nuevo mandato del gobierno central— también puede conducir al despilfarro y al endeudamiento si no se eligen bien los objetivos. Pero en este caso en particular —la construcción de una sociedad y una economía preparadas para aprovechar el potencial de la IA—, el enfoque tecnoutilitario de China le confiere cierta ventaja. Su aceptación del riesgo permite al gobierno apostar a lo grande por las tecnologías innovadoras y transformadoras, y su enfoque de la política fomentará una adopción más rápida de estas tecnologías.

Con estas fortalezas y debilidades nacionales en mente, podemos construir un cronograma para la implementación de la IA y ver cómo los productos y sistemas específicos de la IA están preparados para cambiar el mundo que nos rodea.

5

Las cuatro olas de IA

La primera vez que oí a Donald Trump hablar en chino con fluidez fue en 2017. Durante el primer viaje del presidente de Estados Unidos a China, apareció en una pantalla grande para dar la bienvenida a los asistentes a una gran conferencia de tecnología. Comenzó su discurso en inglés y de repente cambió de idioma.

«La IA está cambiando el mundo —dijo, hablando en un chino impecable pero con la típica fanfarronería de Trump—. Y iFlyTek es realmente genial.»

El presidente Trump no sabe, por supuesto, hablar chino. Pero la IA está cambiando el mundo, y compañías chinas como iFlyTek lideran el camino. Mediante la capacitación de sus algoritmos con una amplia muestra de datos de los discursos del presidente Trump, iFlyTek creó un modelo digital de su voz casi perfecto: entonación, tono y el patrón de habla. Luego recalibró ese modelo vocal para el chino mandarín, mostrando al mundo cómo sonaría Donald Trump si hubiera crecido en un barrio de las afueras de Pekín. El movimiento de los labios no estaba del todo sincronizado con las palabras en chino, pero sí lo bastante para engañar a simple vista a un espectador despreocupado. El presidente Obama recibió el mismo trato por parte de iFlyTek: un vídeo de una conferencia de prensa real en el que su estilo profesoral había sido trasladado a un perfecto mandarín.

«He aprendido chino con la ayuda de iFlyTek —dijo Obama a los medios de comunicación acreditados de la Casa Blanca—. Creo que mi chino es mejor que el de Trump. ¿Qué opináis vosotros?»

iFlyTek podría preguntar lo mismo a sus competidores. La compañía china ha acumulado victorias en una serie de prestigiosos concursos internacionales de IA para el reconocimiento de voz, síntesis de voz, reconocimiento de imágenes y traducción automática. Incluso en el caso del «segundo idioma» de la compañía, el inglés, iFlyTek supera a menudo a equipos de Google, DeepMind, Facebook e IBM Watson en el procesamiento del lenguaje natural, es decir, la capacidad de la IA de descifrar el significado general en lugar de sólo palabras.

Este éxito no se produjo de la noche a la mañana. En 1999, cuando puse en marcha Microsoft Research Asia, mi nuevo empleado preferido era un joven brillante, el doctor Liu QingFeng. Había sido uno de los estudiantes que había visto salir de los dormitorios para estudiar bajo el alumbrado público tras mi conferencia en Hefei. Liu era trabajador y creativo al abordar temas de investigación; era uno de los jóvenes investigadores más prometedores de China. Pero cuando le pedimos que aceptara nuestra oferta para convertirse en becario de Microsoft y luego en empleado, se negó. Quería fundar su propia empresa especializada en IA aplicada al discurso. Le dije que era un gran joven investigador, pero que China se había quedado muy rezagada con respecto a los gigantes estadounidenses del reconocimiento del habla como Nuance, y que en China había menos clientes para esta tecnología. Pero a su favor, Liu ignoró mi consejo y se dedicó a construir iFlyTek. Casi veinte años y decenas de premios en concursos de IA después, iFlyTek ha superado con creces a Nuance en capacidad y valor de mercado, convirtiéndose en la empresa de tecnología de voz más valiosa del mundo.

La combinación de las capacidades de vanguardia de iFlyTek en reconocimiento de voz, traducción y síntesis darán productos de IA transformadores, entre ellos auriculares de traducción simultánea que convertirán instantáneamente las palabras y la voz a cualquier idioma. Es el tipo de producto que pronto revolucionará los viajes internacionales, los negocios y la cultura, y desbloqueará nuevas y vastas reservas de tiempo, productividad y creatividad en el proceso.

Las olas

Pero no sucederá de una sola vez. La completa revolución de la IA llevará un poco de tiempo y al final nos invadirá en una serie de cuatro olas: IA de internet, IA empresarial, IA de la percepción e IA autónoma. Cada una de estas olas aprovecha el poder de la IA de una manera diferente, alterando diferentes sectores e introduciendo más profundamente la inteligencia artificial en la estructura de nuestra vida cotidiana.

Las dos primeras olas —la IA de internet y la IA empresarial— ya están a nuestro alrededor, remodelando nuestro mundo digital y financiero en formas que apenas podemos registrar. Estrechan el control de las empresas de internet sobre nuestra atención, reemplazan a asistentes jurídicos con algoritmos, intercambian acciones y diagnostican enfermedades.

La IA de la percepción está ya digitalizando nuestro mundo físico, aprendiendo a reconocer nuestros rostros, comprender nuestras peticiones y «ver» el mundo a nuestro alrededor. Esta ola promete revolucionar la forma en que experimentamos e interactuamos con nuestro mundo, desdibujando las líneas entre el mundo digital y físico. La IA autónoma será la última en llegar, pero será la que tenga mayor impacto sobre nuestras vidas. A medida que los coches autónomos salgan a la calle, los drones autónomos tomen los cielos y los robots inteligentes las fábricas, lo transformarán todo, desde la agricultura orgánica, la conducción en carretera y la comida rápida.

Estas cuatro olas se alimentan de diferentes tipos de datos, y cada una de ellas presenta una oportunidad única para que Estados Unidos o China tomen la delantera. Veremos que China está en una posición fuerte para liderar o codirigir la IA de internet y la IA de la percepción, y es probable que pronto alcance a Estados Unidos en la IA autónoma. En la actualidad, la IA empresarial sigue siendo el único escenario en el que Estados Unidos mantiene un claro liderazgo.

La competición, sin embargo, no sólo se desarrollará en estos dos países. Servicios basados en la IA que son pioneros en Estados Unidos y China, proliferarán a través de miles de millones de usuarios en todo el mundo, muchos de ellos en países en vías desarrollo. Compañías como Uber, Didi, Alibaba y Amazon ya compiten ferozmente por estos mercados en desarrollo, aunque adoptando estrategias muy diferentes. Mientras que los gigantes de Silicon Valley tratan de conquistar cada nuevo mercado con sus propios productos, las compañías de internet de China invierten en aguerridas startups locales que intentan luchar contra el dominio de Estados Unidos. Es una competición que acaba de empezar, y que tendrá profundas implicaciones para el panorama económico mundial del siglo XXI.

Para entender cómo se desarrollará esta próxima competición tanto a nivel nacional como internacional, debemos primero zambullirnos en cada una de las cuatro las olas de la inteligencia artificial que están invadiendo nuestras economías.

Primera ola: la IA de internet

Es probable que la IA de internet ya tenga un fuerte control sobre tus ojos, si no sobre tu cartera. ¿Alguna vez te has descubierto cayendo en la trampa de los vídeos de YouTube? ¿Los sitios de *streaming* de vídeo tienen la extraña habilidad de recomendar el siguiente video que tienes que ver antes de volver al trabajo? ¿Acaso Amazon parece saber lo que quieres comprar antes que tú?

Si es así, entonces has sido el beneficiario (o la víctima, dependiendo de cómo valores tu tiempo, privacidad y dinero) de la IA de internet. Esta primera ola comenzó hace casi 15 años, pero pasó a ser tendencia dominante alrededor de 2012. La IA de internet se basa en gran medida en el uso de algoritmos de IA como motores de recomendación: sistemas que aprenden cuáles son nuestras preferencias personales y luego muestran contenido cuidadosamente seleccionado para nosotros.

La potencia de estos motores de IA depende de los datos digitales a los que tengan acceso, y en la actualidad no hay mayor almacén de estos datos que las principales compañías de internet. Pero esos datos sólo son realmente útiles para los algoritmos una vez etiquetados. En este caso, «etiquetado» no significa que haya que calificar de forma activa el contenido o clasificarlo con una palabra clave. Las etiquetas simplemente provienen de la unión de un conjunto de datos con un resultado específico: comprado versus no comprado, clicado versus no clicado, visto hasta el final frente a cambio de video. Esas etiquetas —nuestras compras, gustos, visionados o momentos pasados en una página web— se utilizan para entrenar algoritmos que recomienden más contenido que es probable que consumamos.

La gente común experimenta esto como que internet «mejora» —es decir, nos da lo que queremos— y se vuelve más adictiva a medida que avanza. Pero también es una prueba de la capacidad de la IA de aprender sobre nosotros a través de los datos y luego optimizar para lo que deseamos. Esa optimización se ha traducido en un enorme incremento de los beneficios para las empresas de internet ya establecidas que ganan dinero con nuestros clics: los Google, Baidu, Alibaba y YouTube del mundo. Usando la IA de internet, Alibaba puede recomendarte productos que eres más propenso a comprar, Google puede mostrarte anuncios en los que es más probable que hagas clic, y YouTube puede sugerirte vídeos que eres más proclive a ver. Adoptando ese mismo método en un contexto diferente, una empresa como Cambridge Analytica utilizó datos de Facebook para comprender mejor y dirigirse a los votantes estadounidenses durante la campaña presidencial de 2016. De forma reveladora, fue Robert Mercer, fundador de Cambridge Analytica, quien supuestamente acuñó la famosa frase «no hay mejor dato que más datos».[1]

1. JELINEK, Frederick, «Some of My Best Friends Are Linguists», presentación en la Conferencia Internacional sobre Fuentes y Evaluación de Lenguas, 28 de mayo de 2004, <http://www.lrec-conf.org/lrec2004/doc/jelinek.pdf>.

Algoritmos y editores

La primera ola de la IA ha dado lugar a compañías de internet completamente nuevas impulsadas por la IA. El líder chino en esta categoría es Jinri Toutiao (que significa «los titulares de hoy»; nombre en inglés: «ByteDance»). Fundada en 2012, a veces se dice que Toutiao es «el BuzzFeed de China» porque ambos sitios sirven de centro de historias virales. Pero las similitudes se acaban en la viralidad. BuzzFeed se compone de un equipo de jóvenes editores con un gran talento para inventar el contenido original. Los «editores» de Toutiao son algoritmos.

Los motores de IA de Toutiao buscan contenido en internet mediante el procesamiento de lenguaje natural y la visión computarizada para hacer un compendio de artículos y vídeos de una vasta red de sitios asociados y colaboradores dados de alta. A continuación, utiliza el comportamiento pasado de sus usuarios —sus clics, qué han leído, y visto, sus comentarios, etc.— para crear un *feed* de noticias muy personalizado y adaptado a los intereses de cada persona. Los algoritmos de la aplicación incluso reescriben los titulares para optimizar los clics de los usuarios. Y cuanto más clican los usuarios, mejor se vuelve Toutiao a la hora de recomendar precisamente el contenido que quieren ver. Es un bucle de retroalimentación positiva que ha creado una de las plataformas de contenido más adictivas de internet, y que cuyos usuarios pasan una media de setenta y cuatro minutos al día en la aplicación.[2]

Informes de robots y noticias falsas

Más allá del simple filtrado de contenidos, Toutiao también utiliza el aprendizaje automático para crear y controlar su conteni-

2. «Toutiao, a Chinese News App That's Making Headlines», *The Economist*, 18 de noviembre de 2017, <https://www.economist.com/news/business/21731416-remarkable-success-*smartphone*-app-claims-figure-users-out-within-24>.

do. Durante los Juegos Olímpicos de 2016 en Río de Janeiro, Toutiao trabajó con la Universidad de Pekín y creó un «periodista» de IA que escribía artículos cortos que resumían los eventos deportivos a los pocos minutos del silbato final. La escritura no era exactamente poesía, pero la velocidad era increíble: el «periodista» producía breves resúmenes a los dos segundos del final de algunos eventos, y «cubría» más de treinta por día.

También se están utilizando algoritmos para detectar «noticias falsas» en la plataforma, a menudo en forma de tratamientos médicos falsos. Al principio, los lectores descubrían e informaban acerca de las historias engañosas; básicamente, etiquetando esos datos de forma gratuita. Toutiao utilizó entonces esos datos etiquetados para entrenar un algoritmo que pudiese identificar noticias falsas en la red. Toutiao incluso entrenó un algoritmo separado para escribir noticias falsas. Luego enfrentó esos dos algoritmos entre sí para que compitieran, se engañaran mutuamente y mejoraran ambos en el proceso.

Este enfoque de los contenidos impulsados por la IA está dando sus frutos. A finales de 2017, Toutiao estaba valorada en 20.000 millones de dólares y pasó a recaudar una nueva ronda de financiación que la valoraría en treinta mil millones de dólares, eclipsando los 1,7 mil millones en los que BuzzFeed estaba valorado en ese momento. En 2018, los ingresos previstos de Toutiao oscilaban entre los 4.500 y 7.600 millones de dólares. Y la compañía china está trabajando rápidamente para expandirse en el extranjero. Después del intento —y fracaso— de comprar Reddit en 2016, el popular sitio web estadounidense de agregación y discusión, Toutiao adquirió en 2017 un agregador de noticias con sede en Francia y Musical.ly, una aplicación china de sincronización labial de vídeo muy popular entre los adolescentes.

Toutiao es sólo una empresa, pero su éxito es indicativo de la fuerza de China en la IA de internet. Con más de setecientos millones de usuarios de internet, todos ellos asimilando contenido en el mismo idioma, los gigantes de internet chinos están cosechando grandes beneficios de la optimización de los servicios *online* con la IA. Eso ha ayudado a impulsar el rápido aumento de la capitalización bursátil de Tencent, que sobrepasó a Facebook en noviembre de 2017 y se ha convertido en la primera compañía china en superar los quinientos mil millones de dólares; y ha permitido a Alibaba sostener su posición frente a Amazon. A pesar de la fuerza del motor de búsqueda Baidu en la investigación en IA, sus servicios móviles están muy por detrás de Google. Pero esa brecha está más que compensada por los advenedizos como Toutiao, empresas chinas que están generando valoraciones multibmillonarias construyendo la base de su negocio sobre la IA de internet. Estas compañías de internet acumularán beneficios masivos a medida que mejore su capacidad de retener nuestra atención durante más tiempo y de cosechar nuestros clics.

En general, las empresas chinas y norteamericanas están en pie de igualdad con respecto a la IA de internet, con alrededor de un cincuenta por ciento de probabilidades de hacerse con el liderazgo basado en la tecnología actual. Predigo que dentro de cinco años, las compañías tecnológicas chinas gozarán de una ligera ventaja (sesenta-cuarenta por ciento) en lo que respecta a liderar el mundo en el campo de la IA de internet y cosechar los frutos de su implementación. Recuerda que sólo China tiene más usuarios de internet que todo Estados Unidos y Europa juntos, y que esos usuarios están capacitados para realizar pagos móviles sin esfuerzo alguno a creadores de contenido, plataformas O2O y otros usuarios. Esa combinación está generando creativas aplicaciones de IA de internet y oportunidades para la monetización inigualables en cualquier otro lugar del mundo. Si a todo ello le unimos los tenaces y bien financiados empresarios chinos, el gigante asiático tiene una sustancial —aunque aún no decisiva— ventaja sobre Silicon Valley.

Pero a pesar de todo el valor económico que genera la primera ola de IA, sigue muy concentrada en el sector de la alta tecnología y del mundo digital. La introducción del poder de optimización de la IA en las empresas más tradicionales de la economía en general, se produce en la segunda ola: la IA empresarial.

Segunda ola: la IA empresarial

La primera ola de IA aprovecha el hecho de que los usuarios de internet etiquetan de forma automática los datos a medida que navegan. La IA empresarial se beneficia de las ventajas de que las empresas tradicionales también llevan décadas etiquetando automáticamente gran cantidad de datos. Por ejemplo, las compañías de seguros han cubierto accidentes y detectado fraudes, los bancos han concedido préstamos y documentado tasas de amortización, y los hospitales han mantenido registros de diagnósticos y tasas de supervivencia. Todas estas acciones generan puntos de datos etiquetados —un conjunto de características y un resultado significativo— pero hasta hace poco, las empresas más tradicionales tenían dificultades a la hora de explotar esos datos para obtener mejores resultados.

La IA empresarial peina estas bases de datos en busca de correlaciones ocultas que a menudo escapan a simple vista y al cerebro humano. Se nutre de todas las decisiones y resultados históricos dentro de una organización y utiliza datos etiquetados para entrenar un algoritmo que puede superar incluso al más experimentado de los profesionales humanos. Esto es porque los humanos suelen hacer predicciones sobre la base de las características fuertes, un puñado de puntos de datos estrechamente relacionados con un resultado concreto, a menudo en una clara relación de causa y efecto. Por ejemplo, en la predicción de la probabilidad de que alguien contraiga diabetes, el peso de una persona y el índice de masa corporal son características fuertes. Los algoritmos de la IA son un factor de estas características fuertes, pero también tienen en cuenta miles de otras características débiles: puntos de datos periféricos que pueden parecer no relacionados con el resultado pero que contienen cierto valor predictivo cuando se combinan a través de decenas de millones de ejemplos. Estas sutiles correlaciones suelen ser imposibles de explicar en términos de causa y efecto por cualquier persona: ¿por qué los prestatarios que solicitan un préstamo en miércoles lo amortizan más rápido? Pero los algoritmos que pueden cruzar miles de esas características débiles y fuertes —a menudo utilizando complejas relaciones matemáticas indescifrables para el cerebro humano— superarán incluso a los humanos de primerísima categoría en muchas tareas analíticas de negocios.

Las optimizaciones de este tipo funcionan bien en industrias con grandes cantidades de datos estructurados sobre resultados de negocio significativos. En este caso, «estructurados» se refiere a los datos que han sido categorizados, etiquetados, y se puede buscar. Los mejores ejemplos de conjuntos de datos corporativos bien estructurados incluyen los precios históricos de acciones, el uso de tarjetas de crédito y los impagos de hipotecas.

El negocio de la IA empresarial

Ya en 2004, empresas como Palantir e IBM Watson ofrecían servicios comerciales de big data a empresas y gobiernos. Pero la adopción generalizada del aprendizaje profundo en 2013 turboalimentó estas capacidades y dio origen a nuevos competidores, tales como Element AI, en Canadá, y 4th Paradigm, en China.

Estas startups venden sus servicios a empresas tradicionales o a organizaciones, que ofrecen dejar sueltos a sus algoritmos en bases de datos existentes en busca de optimizaciones. Ayudan a estas compañías a mejorar la detección de fraudes, a llevar a cabo operaciones más inteligentes y a descubrir deficiencias en las cadenas de suministro. Los primeros casos de IA empresarial se han concentrado principalmente en el sector financiero, ya que se presta de forma natural al análisis de datos. La industria funciona con información bien estructurada y tiene métricas claras que trata de optimizar.

Ésta es también la razón por la que Estados Unidos ha asumido un fuerte liderazgo en la pronta aplicación de la IA de empresarial. Las grandes corporaciones estadounidenses ya recopilan grandes cantidades de datos y los guardan en formatos bien estructurados. A menudo utilizan softwares empresariales para llevar la contabilidad, el inventario y la gestión de relaciones con clientes. Una vez que los datos están en estos formatos, es fácil para empresas como Palantir entrar y generar resultados significativos mediante la aplicación de la IA empresarial, y buscar cómo ahorrar costes y maximizar las ganancias.

Esto no es así en China. Las compañías chinas nunca han acabado de adoptar softwares empresariales ni el almacenamiento de datos estandarizados. En su lugar llevan las cuentas conforme a sus propios e idiosincrásicos sistemas. Con frecuencia, estos sistemas no son escalables y son difíciles de integrar en los softwares actuales, haciendo de la limpieza y estructuración de los datos un proceso mucho más complicado. La escasez de datos también hace que los resultados de las optimizaciones de la IA sean menos sólidos. Por una cuestión de cultura empresarial, las empresas chinas gastan mucho menos dinero en consultoras independientes que sus homólogas estadounidenses. Muchos negocios chinos de la vieja escuela todavía se administran más como feudos personales que como organizaciones modernas, y la asesoría externa no se considera algo por lo que valga la pena pagar.

Despide a tu banquero

Tanto los datos corporativos de China como su cultura empresarial hacen que aplicar la segunda ola de IA a sus empresas tradicionales sea todo un reto. Pero China está haciendo grandes progresos en aquellas industrias en las que la IA empresarial puede pasar por encima de los sistemas heredados. En estos casos, el relativo atraso de China en áreas como los servicios financieros se convierte en un trampolín para innovadoras aplicaciones de IA. Una de las más prometedoras es la microfinanciación impulsada por la IA.

Por ejemplo, cuando China se saltó el proceso de las tarjetas de crédito para pasar directamente a los pagos móviles, se olvidó de una pieza clave del enigma del consumidor: el propio crédito. WeChat y Alipay te permiten sacar dinero directamente de tu cuenta bancaria, pero sus servicios principales no te dan la oportunidad de gastar un poco más allá de tus posibilidades a la espera de la siguiente nómina.

Este vacío lo ocupó Smart Finance, una aplicación con IA que depende de manera exclusiva de algoritmos para conceder millones de pequeños préstamos. En lugar de pedir a los prestatarios que introduzcan la cantidad de dinero que ganan, simplemente solicita acceso a algunos de los datos del teléfono del potencial solicitante del préstamo. Esos datos forman una especie de huella digital con una capacidad asombrosa de predecir si el prestatario pagará un préstamo de trescientos dólares.

Los algoritmos de aprendizaje profundo de Smart Finance no se limitan a analizar las métricas obvias, como cuánto dinero hay en una WeChat Wallet. Más bien derivan el poder predictivo de puntos de datos que podrían parecen irrelevantes para un agente de crédito humano. Por ejemplo, se tiene en cuenta la velocidad con la que uno introduce su fecha de nacimiento, cuánta batería le queda a tu móvil, y miles de otros parámetros.

¿Qué tiene que ver la batería del teléfono del solicitante con su capacidad crediticia? Este es el tipo de pregunta que no se puede responder en términos de causa y efecto. Pero eso no es una señal de las limitaciones de la IA. Es un signo de las limitaciones de nuestra propia mente a la hora de reconocer correlaciones ocultas dentro de flujos masivos de datos. Mediante la capacitación de sus algoritmos sobre millones de préstamos —muchos que fueron pagados y otros que no— Smart Finance ha descubierto miles de características débiles relacionadas directamente con la solvencia, incluso si esas correlaciones no pueden ser explicadas de forma tal que los humanos puedan entenderlas. Esas métricas poco convencionales constituyen lo que el fundador de Smart Finance, Ke Jiao, califica de «nuevo estándar de belleza»[3] para los préstamos, uno que sustituye el crudo criterio de los ingresos, el código postal e incluso la calificación de solvencia.

Montañas crecientes de datos continúan perfeccionando estos algoritmos, lo que permite a la empresa ampliar y extender el crédito a grupos habitualmente olvidados por el tradicional sector bancario de China: los jóvenes y los trabajadores migrantes.

3. Conversación con el autor, octubre de 2017.

A finales de 2017, la compañía concedía más de dos millones de préstamos por mes con tasas de impago de un solo dígito, un historial que pone muy celosos a los bancos físicos tradicionales.

«El algoritmo le recibirá ahora»

Pero la IA empresarial puede significar más que dólares y centavos. Aplicado a otros bienes públicos que se rigen por la información, puede significar una gran democratización de los servicios de alta calidad para aquellos que previamente no se los podían permitir. Uno de los más prometedores es el diagnóstico médico. Los mejores investigadores en Estados Unidos como Andrew Ng y Sebastian Thrun han puesto de manifiesto excelentes algoritmos basados en imágenes que están a la par con los médicos en el diagnóstico de determinadas enfermedades: la neumonía a través de rayos X del tórax y cáncer de piel mediante fotos. Pero una aplicación de la IA empresarial más amplia para la medicina podría llegar a encargarse de todo el proceso diagnóstico de una gran variedad de enfermedades.

En este momento, el conocimiento médico —y por tanto el poder de emitir diagnósticos acertados— se conserva dentro de un pequeño número de humanos con mucho talento, personas con recuerdos imperfectos y tiempo limitado para mantenerse al tanto de los avances en este campo. Claro, hay una riqueza de información médica enorme dispersa en internet, pero no de un modo que sea navegable para la mayoría de la gente. El diagnóstico médico de primer orden todavía depende demasiado de la geografía y, para ser honestos, de la capacidad de pago de cada uno.

Esto es especialmente grave en China, donde todos los médicos bien capacitados se agrupan en las ciudades más ricas. Sal fuera de Pekín y Shanghai, y es probable que veas una dramática caída en los conocimientos médicos de los doctores que traten tu enfermedad. ¿El resultado? Pacientes de todas partes del país intentan que los visiten en los principales hospitales, haciendo cola durante días y desbordando los limitados recursos disponibles.

La IA de la segunda ola promete cambiar todo esto. Bajo los muchos componentes sociales de visitar a un médico, la clave del diagnóstico conlleva la recopilación de datos (síntomas, historial médico, factores ambientales) y la predicción de los fenómenos correlacionados con ellos (una enfermedad). Este acto de buscar varias correlaciones y de hacer predicciones es exactamente en lo que sobresale el aprendizaje profundo. Dados los suficientes datos de capacitación —en este caso, historiales médicos precisos— una herramienta de diagnóstico alimentada por IA podría convertir a cualquier profesional médico en un especialista en diagnóstico, un médico con experiencia en decenas de millones de casos y una asombrosa habilidad para detectar correlaciones ocultas.

Esto es lo que RX-Thinking intenta construir. Fundada por un investigador chino de IA con una amplia experiencia en Silicon Valley y en Baidu, la startup está entrenando algoritmos médicos de IA para que se conviertan en especialistas en diagnóstico que puedan ser enviados a todos los rincones de China. En lugar de reemplazar a los médicos con algoritmos, la aplicación de diagnóstico de IA de RX-Thinking los empodera. Actúa como una «aplicación de navegación» para el proceso de diagnóstico, recurriendo a todos los conocimientos disponibles para recomendar el mejor camino, pero dejando que sean los médicos quienes dirijan el coche.

A medida que el algoritmo obtiene más información sobre cada caso específico, restringe progresivamente el ámbito de posibles enfermedades y solicita más información esclarecedora necesaria para completar el diagnóstico. Una vez que se ha entrado suficiente información para darle al algoritmo un alto nivel de certeza, hace una predicción de la causa de los síntomas, junto con todos los demás diagnósticos posibles y el porcentaje de probabilidad de que éstos sean los verdaderos culpables.

La aplicación nunca prevalece sobre el médico —que siempre puede elegir desviarse de las recomendaciones de la aplicación—, pero se basa en más de cuatrocientos millones de historiales médicos existentes y examina continuamente las últimas publicaciones médicas para hacer recomendaciones. Difunde conocimientos médicos de categoría mundial por igual en sociedades altamente desiguales, y permite que todos los médicos y enfermeras se concentren en las tareas humanas que ninguna máquina puede llevar a cabo: hacer que los pacientes se sientan atendidos y consolarlos cuando el diagnóstico no es bueno.

Juzgar a los jueces

Se están aplicando principios similares en el ordenamiento jurídico de China, otra expansiva burocracia con niveles de conocimientos técnicos muy desiguales en todas las regiones. iFlyTek ha tomado la iniciativa en la aplicación de la IA en los tribunales, mediante la construcción de herramientas y la ejecución de un programa piloto con sede en Shanghai que utiliza los datos de casos anteriores para asesorar a los jueces tanto sobre las pruebas como sobre las sentencias. Un sistema de referencias cruzadas de pruebas utiliza el reconocimiento de voz y el procesamiento natural del lenguaje para comparar todas las pruebas presentadas —testimonios, documentos y material de referencia— y busca patrones de hechos contradictorios. A continuación, alerta al juez de estas controversias, lo que permite una mayor investigación y aclaración por parte de los agentes judiciales.

Una vez que se dicta un fallo, el juez puede recurrir a otra herramienta de IA para obtener asesoramiento sobre la sentencia. El asistente de sentencia comienza con el patrón de los hechos —los antecedentes penales del acusado, la edad, los daños ocasionados, etc.— entonces sus algoritmos examinan millones de expedientes judiciales para casos similares. Utiliza ese acervo de conocimientos para formular recomendaciones sobre el tiempo en prisión o multas a pagar. Los jueces también pueden ver casos similares en forma de puntos de datos diseminados por un gráfico X-Y, clicar en el botón en cada punto para obtener detalles sobre el patrón de hechos que condujo a la sentencia. Se trata de un proceso que fomenta la coherencia en un sistema con más de cien mil jueces, y que también puede controlar los elementos discordantes cuyos patrones de sentencia los sitúan muy fuera de la corriente principal. Una provincia china incluso está utilizando la IA para calificar y clasificar a todos los fiscales en función de su desempeño.[4] Algunos tribunales estadounidenses han implementado algoritmos similares para asesorar sobre el nivel de «riesgo» de los presos elegibles para la libertad condicional, aunque el papel y la falta de transparencia de estas herramientas de IA ya han sido puestos en tela de juicio en tribunales superiores.

Igual que con el «sistema de navegación» de RX-Thinking para médicos, todas las herramientas jurídicas de iFlyTek son justamente eso: herramientas que ayudan a un ser humano en la toma de decisiones informadas. Al capacitar a los jueces con recomendaciones basadas en datos, pueden ayudar a equilibrar la balanza de la justicia y corregir los sesgos presentes incluso en jueces con una buena formación. Los especialistas en derecho han puesto de manifiesto las grandes disparidades en las sentencias de Estados Unidos en función de la raza de la víctima y del acusado. Además, debe tenerse en cuenta que la parcialidad judicial también puede tener causas menos perversas que el racismo: un estudio de los jueces israelíes descubrió que eran mucho más severos en sus decisiones antes del almuerzo, y más indulgentes para conceder la libertad condicional después de una buena comida.

¿Quién lidera?

Entonces, ¿qué país dirigirá la categoría más amplia de la IA empresarial? Hoy día, Estados Unidos disfruta de una posición de liderazgo (noventa/diez) en esta ola, pero creo que en cinco años China acortará un poco esa distancia (setenta/treinta). Además, el gobierno chino tiene más posibilidades de hacer un buen uso del poder de la IA empresarial. Estados Unidos goza de una clara ventaja en las implementaciones más inmediatas y rentables de

4. 朱 , 江 ”案管机器人”很忙： 助办案 还考核 察官», 中国新 网, 2 de marzo de 2018, <http://www.chinanews.com/sh/2018/03- 02/8457963.shtml>.

la tecnología: optimizaciones dentro de la banca, los seguros o cualquier industria con muchos datos estructurados que se pueden extraer para mejorar la toma de decisiones. Sus empresas cuentan con la materia prima y la voluntad corporativa de aplicar la IA empresarial al problema de maximizar sus beneficios.

No hay duda de que China se quedará rezagada en el mundo corporativo, pero puede ser líder en los servicios públicos e industrias con potencial para saltar por encima de sistemas obsoletos. El inmaduro sistema financiero del país y un sistema sanitario desequilibrado ofrecen fuertes incentivos para repensar cómo distribuir los servicios como el crédito al consumo y la asistencia sanitaria. La IA empresarial convertirá esas debilidades en fortalezas, ya que reimagina estas industrias desde cero.

Estas aplicaciones de la segunda ola de la IA tienen un impacto inmediato en el mundo real, pero los algoritmos en sí mismos siguen traficando exclusivamente con información digital mediada por humanos. La tercera ola de la IA cambia todo el panorama al dotar a la IA con dos de las herramientas más valiosas de recopilación de información de los seres humanos: ojos y oídos.

Tercera ola: IA de la percepción

Antes de la IA, todas las máquinas eran sordas y ciegas. Claro, se podían tomar fotos digitales o hacer grabaciones de audio, pero éstas simplemente reproducían nuestros entornos audiovisuales para que los humanos los interpretaran; las propias máquinas no podían dar sentido a estas reproducciones. Para un ordenador normal, una fotografía no es más que una salpicadura de píxeles carente de significado que debe almacenar. Para un iPhone, una canción es tan solo una serie de ceros y unos que debe tocar para que un ser humano la disfrute.

Todo esto cambió con el advenimiento de la IA de la percepción. Ahora, los algoritmos pueden reunir los píxeles de una foto o de un vídeo en grupos significativos y reconocer objetos de manera muy parecida a como lo hace nuestro cerebro: golden retriever, semáforo, tu hermano Patrick, y así sucesivamente. Lo mismo ocurre para los datos de audio. En lugar de limitarse a almacenar archivos de audio como colecciones bits digitales, ahora los algoritmos pueden tanto identificar palabras como analizar el significado de frases completas.

La IA de la tercera ola consiste en extender y expandir este poder a lo largo de nuestro entorno, digitalizando el mundo que nos rodea a través de la proliferación de sensores y aparatos inteligentes. Estos dispositivos convierten nuestro mundo físico en datos digitales que luego algún algoritmo de aprendizaje profundo puede analizar y optimizar. Amazon Echo está digitalizando el entorno sonoro de los hogares. City Brain, de Alibaba, está digitalizando el flujo de circulación urbano a través de cámaras y de la IA de reconocimiento de objetos. Las cámaras iPhone X, de Apple y Face++ realizan la misma digitalización para las caras, utilizando los datos de percepción para proteger el móvil o el monedero digital.

Líneas borrosas y nuestro mundo «OMO»

Como resultado, la IA de la percepción está empezando a desdibujar las líneas que separan el mundo *online* y *offline*. Lo hace expandiendo notablemente los nodos mediante los que interactuamos con internet. Antes de la IA de la percepción, nuestras interacciones con el mundo *online* tenían que atravesar dos estrechísimos cuellos de botella: el teclado de nuestro ordenador o la pantalla de nuestro *smartphone*. Estos dispositivos actúan como portales a los vastos conocimientos almacenados en la World Wide Web, pero es una manera muy burda de introducir u obtener información, sobre todo cuando uno está de compras o conduciendo en el mundo real.

A medida que la IA de la percepción mejore a la hora de reconocer nuestro rostro, entender nuestra voz y ver el mundo que nos rodea, añadirá millones de puntos de contacto continuos entre los mundos *online* y *offline*. Esos nodos estarán tan extendidos que ya no tiene sentido pensar en uno mismo como que «está conectado a internet u *online*». Cuando uno encarga un menú completo con sólo decir una frase desde el sofá de su casa, ¿está conectado o no? ¿Está *online* y *offline*? Cuando la nevera de casa le dice al carrito de la compra de una tienda que no queda leche, ¿estamos en un mundo físico o digital?

A estos nuevos entornos mixtos los llamo OMO: *online-merge-offline*. OMO es el siguiente paso en una evolución que ya nos ha llevado de las entregas del comercio electrónico a los servicios de O2O (*online-to-offline*). Cada uno de esos pasos ha construido nuevos puentes entre el mundo *online* y el físico, pero OMO constituye la integración completa de los dos. Lleva la conveniencia del mundo *online* al *offline*, y la riqueza sensorial de la realidad del mundo *offline* al *online*. En los próximos años, la IA de la percepción convertirá centros comerciales, tiendas de comestibles, calles de la ciudad y nuestros hogares en entornos OMO. En el proceso, producirá algunas de las primeras aplicaciones de la inteligencia artificial que parecerán realmente futuristas para el usuario medio.

Algunas ya están aquí. Hace poco, un restaurante KFC en China se ha asociado con Alipay para ser pionero en la opción de pagar con reconocimiento facial en algunas tiendas. Los clientes hacen el pedido en un terminal digital, y un rápido escaneo facial conecta su pedido a su cuenta Alipay; no se requiere efectivo, tarjeta ni teléfono móvil. La IA que alimenta las máquinas incluso ejecuta un rápido «algoritmo de prueba de vida» para asegurarse de que nadie pueda usar una fotografía de la cara de otra persona para pagar una comida.

Las aplicaciones de «pago por reconocimiento facial» son divertidas, pero no son más que la punta del iceberg OMO. Para tener una idea de hacia dónde van las cosas, vamos a hacer una rápida excursión a un futuro cercano para ver cómo podría ser un supermercado completamente equipado con dispositivos de IA de la percepción.

«Donde cada carro de la compra sabe tu nombre»

«¡*Nihao*, Kai-Fu! ¡Bienvenido de nuevo a Yonghui Superstore!»

Siempre es una sensación agradable cuando tu carrito de la compra te saluda como a un viejo amigo. Al sacar el carro de la fila, el sensor visual insertado en el manillar ya ha completado un escaneo de mi rostro y lo ha contrastado con un rico perfil alimentado por IA de mis hábitos, en tanto que amante de la buena comida, comprador y marido de una fantástica cocinera de comida china. Mientras me devano los sesos para recordar qué provisiones necesitaremos esta semana, se enciende una pantalla en el manillar.

«En la pantalla tienes una lista de tu típica compra semanal de comestibles», anuncia el carrito. Y la lista de comida básica de nuestra familia aparece en la pantalla: berenjenas, pimienta de Sichuan, yogur griego, leche desnatada, etcétera.

Mi nevera y mis armarios ya han detectado qué artículos necesitamos esta semana, y de manera automática ha encargado los productos básicos no perecederos —arroz, salsa de soja, aceite vegetal— para la entrega a granel. Eso significa que los supermercados como Yonghui pueden adaptar su selección en torno a los artículos que te gusta escoger a ti: productos frescos, vinos exclusivos, marisco vivo. También permite reducir la presencia de sus tiendas así como instalar algunas más pequeñas a poca distancia de la mayoría de las casas.

«Dime si hay algo que quieras sumar o restar a la lista —dice el carrito—. Basado en lo que hay en tu carro y en la nevera de tu casa, parece que a tu dieta le faltará fibra este fin de semana. ¿Añado una bolsa de almendras o ingredientes para una sopa de guisantes para corregir eso?»

«Nada de sopa de guisantes, pero haz que me envíen una bolsa grande de almendras a casa, gracias.» No estoy seguro de que haya que darle las gracias a un algoritmo, pero lo hago por costumbre. Al escanear la lista, hago un par de modificaciones. Mis hijas están fuera de la ciudad, así que no necesito tantas cosas, además me queda un poco de carne en la nevera así que decido cocinar la receta de mi madre de fideos con carne para mi mujer.

«Quita el yogur griego y cambia a leche entera a partir de ahora. Agrega también los ingredientes necesarios para hacer fideos con carne de ternera que no tenga ya en casa.»

«De acuerdo», responde el carrito mientras modifica mi lista de la compra. Habla en mandarín, pero lo hace con la voz sintetizada de mi actriz favorita, Jennifer Lawrence. Es un buen detalle, y una de las razones por las que ir de compras ya no me resulta tan pesado.

El carrito se desplaza de forma autónoma por la tienda, a unos pocos pasos por delante de mí, mientras yo selecciono las berenjenas más maduras y los granos de pimienta de Sichuan más aromáticos, clave en la receta de fideos con carne. El carro me lleva entonces a la parte de atrás de la tienda donde un robot dirigido con precisión amasa y saca fideos frescos para mí. Mientras los coloco en el carrito, sus cámaras de detección de profundidad reconocen cada artículo, y los sensores que recubren el fondo los pesan a medida que los voy dejando allí.

La pantalla va tachando cosas a medida que las voy cogiendo y me muestra el coste total. La ubicación y presentación exacta de cada artículo han sido optimizadas basadas en la percepción y los datos de compra recopilados en la tienda: ¿Qué expositores pasan los compradores de largo? ¿Dónde se detienen a inspeccionar los artículos? ¿Y cuál de ellos acaban comprando? Esa matriz de datos visuales y comerciales proporciona a los supermercados habilitados con IA el mismo tipo de amplia comprensión de los consumidores que antes estaba reservado para los minoristas *online*.

Al girar hacia el pasillo de los vinos, un amable joven vestido con el uniforme de encargado se acerca.

«Hola, señor Lee, ¿cómo está? —saluda—. Acabamos de recibir una remesa de fantásticos vinos de Napa. Tengo entendido que se acerca el cumpleaños de su esposa y nos gustaría ofrecerle un 10 por ciento de descuento en su primera compra de Opus One 2014. Su mujer suele decantarse por el Opus One Overture, y ésta es la oferta premium de la misma bodega. El sabor en boca del vino es maravilloso, con aroma a café y chocolate negro. ¿Le apetecería una degustación?»

Conoce mi debilidad por los vinos de California y acepto su oferta. Es realmente fantástico.

«Me encanta —digo, devolviéndole la copa de vino al joven—. Me llevaré dos botellas.»

«Excelente elección. Puede seguir con su compra, ahora mismo le llevo las botellas. Si desea programar entregas regulares en su casa o necesita alguna recomendación sobre algún otro vino, puede hacerlo a través de la aplicación Yonghui, o conmigo aquí».

Todos los empleados son expertos en lo suyo, amables y formados en el arte de cómo aumentar las ventas. Se trata de un trabajo socialmente mucho más comprometido que el tradicional trabajo en un supermercado, y todos ellos están preparados para discutir una receta, para hablar de cómo funciona el suministro «de la granja a la mesa», así como para comparar cada producto con lo que yo he hecho en el pasado.

El recorrido por el supermercado continúa del mismo modo, mientras mi carro me guía a través de nuestras compras típicas, y los empleados me empujan de vez en cuando a comprar aquello que los algoritmos predicen que me gustará. En tanto que otro trabajador mete mis cosas en bolsas, mi teléfono vibra al recibir la cuenta de la compra en mi WeChat Wallet. Para finalizar, el carrito de la compra vuelve él solo a su fila, y yo recorro las dos calles de distancia que hay hasta mi casa.

Este tipo de visita al supermercado captará una de las contradicciones fundamentales de la era de la IA que se avecina: nos parecerá algo completamente ordinario y totalmente revolucionario. Gran parte de nuestra actividad diaria continuará siguiendo nuestros patrones diarios establecidos, pero la digitalización del mundo eliminará los puntos de fricción comunes y adaptará los servicios a cada individuo. Llevarán la conveniencia y abundancia del mundo *online* a nuestra realidad *offline*. Igual de importante, al comprender y predecir los hábitos de cada comprador, estas tiendas llevarán a cabo importantes mejoras en sus cadenas de suministro, reduciendo el desperdicio de alimentos y aumentando la rentabilidad.

Y un supermercado como el que acabo de describir no queda

lejos. La tecnología para ello ya existe, y se trata en gran medida de una cuestión de ajustar pequeños detalles en el software, de integrar la parte final de la cadena de suministro y de construir las propias tiendas.

Una educación OMO-potenciada

Este tipo de escenario OMO inmersivo va mucho más allá de las compras. Estas mismas técnicas —identificación visual, reconocimiento de voz, creación de un perfil detallado basado en el comportamiento pasado— pueden utilizarse para crear una experiencia educativa altamente personalizada.

En la actualidad, los sistemas educativos siguen funcionando en gran medida según el «modelo de fábrica» de educación del siglo XIX: todos los estudiantes se ven obligados a aprender a la misma velocidad, de la misma manera, en el mismo lugar y al mismo tiempo. Las escuelas adoptan un enfoque de «cadena de montaje», pasando a los niños de un curso al otro cada año, en muchos casos independientemente de que asimilen o no lo que se les ha enseñado. Se trata de un modelo que antes tenía sentido, dadas las severas limitaciones de los recursos docentes, es decir, el tiempo y la atención de alguien que puede enseñar, supervisar y evaluar a los estudiantes.

Pero la IA puede ayudarnos a superar esas limitaciones. Las capacidades de percepción, reconocimiento y recomendación de la IA pueden adaptar el programa de aprendizaje a cada estudiante y también liberar a los profesores para dispensar más atención individualizada a sus alumnos.

La experiencia educativa impulsada por la IA se desarrolla en cuatro escenarios: enseñanza en clase, tareas y ejercicios, exámenes y calificaciones y tutorías personalizadas. El rendimiento y el comportamiento en estos cuatro entornos nutren y construyen, a partir de los cimientos de la educación impulsada por la inteligencia artificial, el perfil del estudiante. Ese perfil contiene un recuento detallado de todo lo que afecta el proceso de aprendizaje de un estudiante, como los conceptos que ya comprende bien, aquellos que todavía no, cómo reacciona a los diferentes métodos de enseñanza, lo atento que está en la clase, lo rápido que responde a las preguntas, y sus incentivos. Para ver cómo se recopilan estos datos y se utilizan para mejorar el proceso educativo, veamos los cuatro escenarios descritos anteriormente.

Durante la enseñanza en el aula, las escuelas emplearán un modelo de profesor dual: la clase será transmitida a distancia por un maestro de alto nivel, y los alumnos recibirán la atención más personalizada por parte de otro profesor en el aula. Durante la primera mitad de la clase, el profesor de renombre impartirá una clase a través de un televisor de pantalla grande en la parte delantera de la clase. Ese profesor dará las clases para una veintena de aulas y formulará preguntas que los estudiantes deberán responder a través de un mando a distancia, ofreciendo al profesor información en tiempo real sobre si los estudiantes entienden los conceptos.

Durante la clase, una cámara de videoconferencia situada en la parte delantera del aula utilizará el reconocimiento facial y el análisis de la postura para pasar lista, comprobar la atención de los estudiantes y evaluar el nivel de comprensión en función de gestos como asentir o negar con la cabeza y expresiones de perplejidad. Todos estos datos —respuestas a preguntas que hay que contestar con el mando a distancia, atención, comprensión— pasarán directamente al perfil del estudiante, llenando una imagen en tiempo real de lo que los estudiantes saben y con qué necesitan ayuda extra.

Pero el aprendizaje en el aula es sólo una fracción de la educación con la ayuda de la inteligencia artificial. Cuando los alumnos regresen a casa, el perfil del estudiante se combinará con algoritmos generadores de preguntas para crear los deberes configurados exactamente según las habilidades del estudiante. Mientras los niños prodigio deben completar problemas complicados que les supongan un desafío, a los estudiantes que aún no han acabado de comprender el material se les proporcionarán más preguntas básicas y tal vez ejercicios adicionales.

En cada paso del camino, el tiempo y el desempeño de los estudiantes ante diferentes problemas se incorporarán a sus perfiles de estudiante, ajustando los siguientes para reforzar su comprensión. Además, para clases como la de inglés (que es obligatorio en las escuelas públicas chinas), el reconocimiento de voz impulsado por la IA podrá llevar la enseñanza de un inglés de altos vuelos a las regiones más remotas del país. Los eficaces algoritmos de reconocimiento de voz pueden entrenarse para evaluar la pronunciación en inglés de los estudiantes, ayudándoles a mejorar la entonación y el acento sin necesidad de que haya un hablante nativo de inglés *in situ*.

Desde la perspectiva de un maestro, podrán utilizarse estas mismas herramientas para aliviar la carga de las tareas rutinarias de calificación, liberando a los profesores para pasar más tiempo con los estudiantes. Empresas chinas ya han utilizado las habilidades de reconocimiento visual de la IA de la percepción para construir escáneres que pueden calificar las pruebas de opción múltiple y de llenar los espacios en blanco. Incluso en las redacciones, las típicas faltas de ortografía o gramática se pueden marcar de forma automática, y deducir puntos predeterminados según el error. Esta tecnología impulsada por la IA ahorrará tiempo a los profesores a la hora de corregir lo básico, permitiéndoles dedicar ese tiempo a explicar a los estudiantes conceptos de escritura de nivel superior.

Por último, para aquellos alumnos que se estén quedando atrás, el perfil de estudiante alimentado por IA notificará a los padres la situación de su hijo, proporcionando una clara y detallada explicación de los conceptos con los que su hijo tiene dificultades. Los padres podrán usar esa información para contratar a un tutor remoto a través de servicios como VIPKid, que conecta a profesores estadounidenses con estudiantes chinos para aprender inglés *online*. Las clases particulares a distancia existen desde hace ya algún tiempo, pero la IA de la percepción permite ahora a estas plataformas recopilar datos sin cesar sobre la participación de los estudiantes a través del análisis de la expresión y los sentimientos. Esos datos se introducen continuamente en el perfil del estudiante, lo que ayuda a que las plataformas filtren el profesorado para contratar sólo a aquellos que logren que los estudiantes se impliquen.

Casi todas las herramientas descritas aquí ya existen, y muchas se están ya implementando en diferentes clases por toda China. Tomadas en conjunto, constituyen un nuevo paradigma impulsado por la IA en materia de educación, un modelo que fusiona los mundos *online* y *offline* para crear una experiencia educativa adaptada a las necesidades y capacidades de cada estudiante. China parece estar a punto de superar a Estados Unidos en la educación alimentada por la IA, en gran parte debido a la voraz demanda de los progenitores chinos. Los padres chinos de hijos únicos invierten dinero en su educación, resultado de unos valores chinos profundamente arraigados, de una intensa competencia por acceder a la universidad y de un sistema de educación pública de calidad mixta. Esos padres han hecho que servicios como VIPKid tengan una valoración de más de 3.000 millones de dólares en tan sólo unos años.

Espacios públicos y datos privados

Crear y aprovechar estas experiencias OMO requiere aspirar océanos de datos del mundo real. La optimización de la fluidez del tráfico a través de City Brain de Alibaba requiere captar imágenes de vídeo de toda la ciudad. Adaptar las experiencias de venta al por menor de OMO a cada comprador exige identificarlo mediante reconocimiento facial. Y para acceder a las posibilidades de internet a través de comandos de voz, es necesaria una tecnología que escuche cada una de nuestras palabras.

Ese tipo de recopilación de datos puede exasperar a muchos estadounidenses. No quieren que el Gran Hermano o las corporaciones estadounidenses sepan demasiadas cosas sobre lo que están haciendo. Pero la gente en China acepta más fácilmente que sus caras, voces y opciones de compra sean capturadas y digitalizadas. Éste es otro ejemplo de la mayor disposición del pueblo chino a intercambiar cierto grado de privacidad por razones de conveniencia. Esta vigilancia filtra desde usuarios individuales a zonas urbanas enteras. Las ciudades chinas ya utilizan una densa red de cámaras y sensores para hacer cumplir las normas de tráfico. Esa red de grabaciones de seguridad alimenta ahora directamente los algoritmos de optimización para la organización del tráfico, mantenimiento del orden y servicios de emergencia.

Depende de cada país tomar sus propias decisiones sobre cómo equilibrar la privacidad personal y los datos públicos. Europa ha adoptado el enfoque más estricto en materia de protección de datos mediante la introducción del Reglamento General de Protección de Datos, ley que establece una variedad de restricciones sobre la recopilación y uso de datos en la Unión Europea. Estados Unidos sigue lidiando con la implementación de la protección adecuada de la privacidad de los usuarios, tensión ilustrada por el escándalo de Cambridge Analytica de Facebook y las posteriores audiencias en el Congreso. China comenzó a implementar su propia Ley de Ciberseguridad en 2017, que incluye nuevas sanciones por la recogida o venta ilegal de datos de los usuarios.

No hay una respuesta correcta a la pregunta sobre qué nivel de vigilancia social es un precio a pagar por una mayor comodidad y seguridad, o el nivel de anonimato que se nos debe garantizar en los aeropuertos o estaciones de metro. Pero en términos de impacto inmediato, la relativa apertura de China a la recopilación de datos en lugares públicos le está proporcionando una enorme ventaja en la implementación de la IA de la percepción. Está acelerando la digitalización de entornos urbanos y abriendo la puerta a nuevas aplicaciones OMO en el sector minorista, la seguridad y el transporte.

Pero introducir la IA de la percepción en estas esferas requiere más que sólo cámaras de vídeo y datos digitales. A diferencia de la IA de internet y la IA empresarial, la IA de la percepción necesita gran cantidad de hardware. A medida que vayamos convirtiendo hospitales, automóviles y cocinas en entornos OMO, necesitaremos una amplia gama de dispositivos de hardware con sensores activados para sincronizar el mundo físico y el digital.

Hecho en Shenzhen

Silicon Valley puede ser el campeón mundial de la innovación de software, pero Shenzhen se lleva la palma con el hardware. En los últimos cinco años, esta joven metrópolis manufacturera situada en la costa sur de China se ha convertido en el ecosistema más dinámico del mundo en la construcción de hardware inteligente. La creación de una aplicación innovadora casi no requiere herramientas del mundo real: todo lo que se necesita es un ordenador y un programador con una idea inteligente. Pero construir el hardware para la IA de la percepción —carritos de la compra con ojos y equipos de música con oídos— exige un ecosistema industrial potente y flexible, que incluya proveedores de sensores, ingenieros de moldes de inyección y fábricas de productos electrónicos.

Cuando la mayoría de la gente piensa en fábricas chinas, se imagina una especie de taller clandestino con miles de trabajadores mal pagados que, sentados muy juntos fabrican zapatos baratos y ositos de peluche. Estas fábricas todavía existen, pero el ecosistema manufacturero chino ha experimentado una gran actualización tecnológica. Hoy día, la mayor ventaja de fabricar en China no es la mano de obra barata; países como Indonesia y Vietnam ofrecen salarios más bajos. Sí lo es en cambio la flexibilidad sin precedentes de las cadenas de suministro y el ejército de ingenieros industriales cualificados que pueden hacer prototipos de nuevos dispositivos y construirlos a escala.

Éstos son los ingredientes secretos que fomenta Shenzhen, cuyos talentosos trabajadores han logrado transformar una urbe que ha pasado de ser una población de fábricas irrisorias, a una ciudad de referencia para empresarios que quieran construir nuevos drones, robots, pequeños dispositivos electrónicos o máquinas inteligentes. En Shenzhen, estos emprendedores tienen acceso directo a miles de fábricas y centenares de miles de ingenieros que les ayudan a iterar más rápido y a producir bienes más baratos que en cualquier otro lugar.

En los vertiginosos mercados electrónicos de la ciudad, pueden elegir entre miles de distintas variantes de placas de circuitos, sensores, micrófonos y cámaras en miniatura. Una vez ensamblado el prototipo, los constructores pueden ir de puerta en puerta a cientos de fábricas hasta encontrar una capaz de producir su producto en pequeñas cantidades o a gran escala. La densidad geográfica de los proveedores de componentes y de los fabricantes de productos acelera el proceso de innovación. Los emprendedores de hardware dicen que una semana de trabajo en Shenzhen equivale a un mes en Estados Unidos.

A medida que la IA de la percepción transforma el entorno en que vivimos, la facilidad para la experimentación y la producción de dispositivos inteligentes confiere ventaja a las startups chinas. Shenzhen está abierto a las startups de hardware internacionales, aunque las locales tienen ventaja por jugar en casa. Las muchas dificultades de operar en un país extranjero —la barrera del idioma, la cuestión de los visados, complicaciones fiscales y la distancia de la sede central— pueden ralentizar a las startups estadounidenses e incrementar el coste de sus productos. Las grandes multinacionales como Apple tienen los recursos para aprovechar al máximo la fabricación china, pero para nuevas empresas extranjeras, las pequeñas contrariedades pueden significar el fin del mundo. Mientras tanto, las startups de hardware locales de Shenzhen son como niños en una tienda de dulces, experimentando con libertad y construyendo a bajo precio.

El primero

La startup de hardware china Xiaomi da una idea de cómo podría ser una red de dispositivos de IA de la percepción densamente entrelazada. Lanzado como un fabricante de *smartphones* de bajo coste que conquistó el país, Xiaomi ahora está construyendo una red de dispositivos domésticos impulsados por IA que convertirán nuestras cocinas y salas de estar en entornos OMO.

El altavoz Mi AI es un elemento central de este sistema, un dispositivo de IA con soporte de comandos de voz similar a Amazon Echo, pero a mitad de precio, gracias a la ventaja de fabricar en casa, esto es, en China. Esta ventaja se aprovecha para construir una gama de dispositivos inteligentes para el hogar dirigidos por sensores: purificadores de aire, vaporeras de arroz, neveras, cámaras de seguridad, lavadoras y aspiradoras autónomas. Xiaomi no construye todos estos dispositivos. Lo que ha hecho es invertir en 220 empresas e incubar 29 startups —muchas de las cuales operan en Shenzhen—, cuyos productos inteligentes para el hogar están conectados al ecosistema de Xiaomi. Juntos están creando un ecosistema doméstico inteligente y asequible, con productos habilitados con conexión inalámbrica que se encuentran entre sí y facilitan la configuración. Los usuarios de Xiaomi pueden entonces controlar todo el ecosistema a través de comandos de voz o directamente en su teléfono.

Se trata de una constelación de precio, diversidad y capacidad que ha creado la red de dispositivos domésticos inteligentes más grande del mundo: 85 millones de dólares a finales de 2017, muy por delante de cualquier red estadounidense comparable.[5] También es un ecosistema construido sobre la ventaja del «Made in Shenzhen». Los bajos precios y el enorme mercado de China están impulsando el proceso de recopilación de datos para Xiaomi, alimentando un ciclo virtuoso de algoritmos más fuertes, productos más inteligentes, mejor experiencia de usuario, más ventas e incluso más datos. También es un ecosistema que ha producido 4.000 startups unicornio sólo dentro del ecosistema de Xiaomi y que la está conduciendo a una salida a bolsa que prevé que el valor de la compañía alcance los 100.000 millones de dólares.[6]

A medida que la IA de la percepción encuentre su camino en más piezas de hardware, toda la casa se alimentará y operará con

5. DAI, Sarah, «China's Baidu, Xiaomi in AI Pact to Create Smart Connected Devices», *South China Morning Post*, 28 de noviembre de 2017, <http://www.scmp.com/tech/china-tech/article/2121928/chinas-baidu-xiaomi-ai-pact-create-smart-connected-devices>.

6. GOSH, Shona, «Xiaomi Is Picking up Underwriters for an IPO Worth up to $100 Billion», *Business Insider*, 15 de enero de 2018, <http://www.businessinsider.com/xiaomi-goldman-sachs-ipo-100-billion-2018-1>.

datos digitalizados del mundo real. Tu nevera de IA pedirá más leche cuando vea que te estás quedando sin. Tu máquina de café se pondrá en marcha con tu voz. El suelo equipado con IA de tus padres ancianos te avisará de inmediato si tropiezan o se caen.

Los productos de IA de la tercera ola de este tipo están a punto de transformar nuestro entorno cotidiano, difuminando la línea entre el mundo digital y el físico hasta que desaparezca por completo. Durante esta transición, la despreocupación cultural de los usuarios chinos por la privacidad de los datos y la fuerza de Shenzhen en la fabricación de hardware le dan una clara ventaja en su implementación. Hoy día, la superioridad de China es poca (sesenta/cuarenta), pero mi predicción es que dentro de cinco años los factores anteriores proporcionarán a China un ochenta/veinte de posibilidades de liderar por delante de Estados Unidos y del resto del mundo la implementación de la IA de la percepción.

Estas innovaciones de la tercera ola de IA crearán tremendas oportunidades económicas y sentarán las bases para la cuarta y última ola, la autonomía plena.

Cuarta ola: la IA autónoma

Una vez que las máquinas puedan ver y oír el mundo que las rodea, estarán en condiciones de moverse a través del mismo con seguridad y trabajar en él de forma productiva. La IA autónoma representa la integración y culminación de las tres olas precedentes, la fusión de la capacidad de la máquina para optimizar a partir de conjuntos de datos extremadamente complejos con sus nuevos poderes sensoriales. La combinación de estos poderes sobrehumanos genera máquinas que no sólo entienden el mundo que les rodea, sino que lo moldean. El coche autónomo es algo que todo el mundo concibe hoy día, pero antes de sumergirnos en los vehículos autónomos, es importante ampliar el objetivo y reconocer lo profunda y ancha que será la huella de una cuarta ola de la IA. Los dispositivos de la IA autónoma revolucionarán muchísimo nuestra vida cotidiana, incluyendo nuestros centros comerciales, restaurantes, ciudades, fábricas y los cuerpos de bomberos. Como con las diferentes olas de la IA, esto no acontecerá de golpe. Las primeras aplicaciones de robótica autónoma funcionarán sólo en entornos altamente estructurados donde puedan generar valor económico inmediato. Eso significa principalmente fábricas, almacenes y granjas.

¿Pero estos lugares no están ya muy automatizados? ¿Acaso la maquinaria pesada no se ha hecho cargo ya de muchos trabajos de producción en cadena? Sí, el mundo desarrollado ha reemplazado en gran medida el músculo humano por potentes máquinas. Pero si bien éstas están automatizadas, no son autónomas. Aunque pueden repetir una acción, no pueden tomar decisiones o improvisar de acuerdo a la evolución de las condiciones. Completamente ciegas a estímulos visuales, deben ser controladas por un ser humano, o funcionar en una sola vía, sin cambios. Pueden realizar tareas repetitivas, pero no lidiar con ninguna desviación o irregularidad en los objetos que manipulan. Pero al conceder a las máquinas el poder de la vista, el sentido del tacto, y la capacidad de optimizar a partir de los datos, podemos ampliar de forma drástica las tareas que pueden realizar.

Campos de fresas y escarabajos robóticos

Algunas de estas aplicaciones ya están disponibles. Recoger fresas parece una labor sencilla, pero la capacidad de encontrar, evaluar y arrancar frutas de las plantas resultó imposible de automatizar antes de la IA autónoma. En cambio, decenas de miles de trabajadores mal remunerados tenían que caminar y encorvarse a través de campos de fresas durante todo el día, utilizando sus ojos y hábiles dedos para hacer el trabajo. Se trata de un empleo agotador y tedioso, y muchos agricultores californianos han visto cómo se pudría la fruta en sus tierras al no encontrar a gente dispuesta a hacerlo.

Pero la startup Traptic, con sede en California, ha creado un robot que puede realizar la tarea. El dispositivo se monta en la parte posterior de un pequeño tractor (o, en el futuro, un vehículo autónomo) y utiliza avanzados algoritmos de visión para encontrar las fresas en medio de tanto follaje. Esos mismos algoritmos comprueban el color de la fruta para juzgar su madurez, y un brazo mecánico la arranca con delicadeza sin dañar la fresa.

Los almacenes de Amazon nos dan una primera idea de lo transformadoras que estas tecnologías pueden llegar a ser. Hace sólo cinco años, parecían unos almacenes tradicionales: largos pasillos de estanterías sedentarias y seres humanos caminando o conduciendo por los mismos para traer el inventario. En la actualidad, las personas se quedan quietas y son las estanterías las que llegan a ellos. Los almacenes están llenos de bandas errantes de robots autónomos parecidos a escarabajos que se apresuran de un lado a otro con torres cuadradas de mercancía sobre sus espaldas. Estos escarabajos vagan por el suelo de la fábrica, evitándose por poco entre ellos, y llevando un puñado de objetos a los humanos que permanecen inmóviles cuando necesitan esos bienes. Los empleados sólo tienen que coger un elemento de esa torre, escanearlo y colocarlo en una caja. Los humanos permanecen en un mismo lugar mientras el almacén realiza una danza autónoma elegantemente coreografiada a su alrededor.

Todos estos robots autónomos tienen una cosa en común: crean valor económico directo para sus propietarios. Como ya se ha señalado, la IA autónoma emergerá primero en el marco comercial porque estos robots generan un retorno tangible sobre la inversión al realizar tareas de trabajadores que se están volviendo más caros o más difíciles de encontrar.

Las empleadas del hogar en Estados Unidos —limpiadoras, cocineras y cuidadoras— también cumplen en gran medida con esos criterios, pero es poco probable que veamos IA autónoma en casa en el corto plazo. En contra de lo que las películas científicas nos han condicionado a creer, los robots humanoides para la casa siguen siendo inalcanzables. Tareas aparentemente simples como limpiar una estancia o cuidar de un niño están muy por encima de las capacidades actuales de la IA, y nuestros desordenados entornos de vida constituyen carreras de obstáculos para robots torpes.

Inteligencia de enjambre

A medida que la tecnología autónoma se vuelva más flexible e inteligente, veremos algunas aplicaciones alucinantes de la tecnología que podrán salvar vidas, en particular con drones. Enjambres de drones autónomos trabajarán juntos para pintar el exterior de tu casa en sólo unas horas. Enjambres de drones resistentes al calor combatirán los incendios forestales con muchísima más eficiencia que los actuales equipos de bomberos. Otros drones realizarán operaciones de búsqueda y rescate después de un huracán o un terremoto, llevarán alimentos y agua a los que se hayan quedado atrapados en una situación difícil, y formarán equipo con drones cercanos para evacuar a la gente de allí.

En este sentido, es casi seguro que China llevará la batuta en la tecnología de drones autónomos. Shenzhen es la cuna de DJI, el fabricante de drones más importante del mundo, del que el famoso periodista tecnológico Chris Anderson dijo que era «la mejor compañía que he visto en mi vida».[7] Se estima que DJI ya es dueña del cincuenta por ciento del mercado de drones de Estados Unidos y de una parte aún mayor del sector de gama alta. La compañía dedica enormes recursos a la investigación y el desarrollo, y en la actualidad ya está desplegando algunos drones autónomos para uso industrial y personal. La tecnología de enjambre se encuentra todavía en su fase inicial, pero cuando se conecte al incomparable ecosistema de hardware de Shenzhen, los resultados serán impresionantes.

Mientras que estos enjambres transformarán nuestros cielos, los coches autónomos transformarán nuestras carreteras. Esa revolución también irá mucho más allá del transporte, perturbando los entornos urbanos, los mercados laborales y la forma en que organizamos nuestros días. Compañías como Google han puesto claramente de manifiesto que los coches autónomos serán mucho más seguros y eficientes que los conductores huma-

7. GLASER, April, «DJI Is Running away with the Drone Market», Recode, 14 de abril de 2017, <https://www.recode.net/2017/4/14/14690576/drone-market-share-growth-charts-dji-forecast>.

nos. En este momento, docenas de startups, gigantes de la tecnología, los tradicionales fabricantes de coches y los de vehículos eléctricos compiten en una carrera sin cuartel por ser los primeros en comercializar realmente la tecnología. Google, Baidu, Uber, Didi, Tesla y muchos más están formando equipos, probando tecnologías y recopilando datos en ruta para eliminar por completo a los conductores humanos de la ecuación.

Los líderes de esa carrera —Google, a través de su empresa desarrolladora de vehículos autónomos Waymo, y Tesla— representan dos filosofías diferentes para el despliegue de la conducción autónoma, dos enfoques con ecos inquietantes en las políticas de las dos superpotencias de la IA.

El enfoque de Google versus el de Tesla

Google fue la primera compañía en desarrollar tecnología de conducción autónoma, pero ha sido relativamente lento en desplegarla a escala. Detrás de esa precaución existe una filosofía subyacente: construir el producto perfecto y luego dar el salto directo a la autonomía total una vez que el sistema sea mucho más seguro que los conductores humanos. Es el enfoque de un perfeccionista, con una tolerancia muy baja al riesgo para las vidas humanas o la reputación corporativa. También es señal de la gran ventaja de la que goza Google sobre la competencia debido a los varios años que lleva de investigación. Tesla ha adoptado un enfoque más gradual en un intento de recuperar terreno. La compañía de Elon Musk ha añadido características autónomas limitadas a sus coches tan pronto como han estado disponibles: piloto automático para autopista, dirección automática para evitar colisiones, y capacidad de aparcamiento automático. Se trata de un enfoque que acelera la velocidad de implementación a la vez que acepta cierto nivel de riesgo.

Los dos enfoques se alimentan de lo mismo que impulsa la IA: los datos. Los coches autónomos deben ser entrenados con millones, tal vez miles de millones de kilómetros de datos de conducción para poder aprender a identificar objetos y predecir los movimientos de coches y peatones. Esos datos se extraen de miles de vehículos diferentes en la carretera, y todo ello alimenta un «cerebro» central, la colección central de algoritmos que permite la toma de decisiones en toda la flota. Esto significa que cuando cualquier coche autónomo se encuentra con una nueva situación, todos los coches que funcionan con estos algoritmos aprenden de ella.

Google ha adoptado un enfoque lento y estable para recopilar esos datos, dando vueltas por ahí con su propia pequeña flota de pequeños vehículos equipados con tecnologías de detección muy costosas. Tesla en cambio comenzó a instalar equipos más baratos en sus vehículos comerciales, dejando que sean los dueños de un coche Tesla los que recopilen los datos al utilizar ciertas características autónomas. Los diferentes enfoques han dado lugar a una enorme brecha de datos entre las dos compañías. En 2016, Google había tardado seis años en acumular 2,5 millones de kilómetros de datos de conducción en el mundo real. En sólo seis meses, Tesla había acumulado 75,5 millones de kilómetros.[8]

Google y Tesla se están acercando el uno al otro en términos de enfoque. Google —quizás sintiendo el calor de Tesla y otros rivales— aceleró el despliegue de vehículos totalmente autónomos, pilotando un programa con vehículos similares a un taxi en el área metropolitana de Phoenix. Mientras tanto, Tesla parece haber echado el freno en su rápido despliegue de vehículos totalmente autónomos, desaceleración que siguió a un accidente en mayo de 2016 que mató a un propietario de un coche que conducía con el piloto automático.

Pero la diferencia fundamental en el enfoque sigue siendo la misma, y plantea una auténtica solución intermedia. Google aspira a una seguridad impecable, pero en el proceso ha retrasado el despliegue de sistemas que con toda probabilidad ya podrían salvar vidas. Tesla adopta un enfoque más tecnoutilitario, sacando sus coches al mercado una vez que suponen una mejora con res-

8. LAMBERT, FRED, «lot: 1.5M Miles in 6 Years vs 47M Miles in 6 Months», *Electrek*, 11 de abril de 2016, <https://electrek.co/2016/04/11/google-self-driving-car-tesla-autopilot/>.

pecto a los conductores humanos, con la esperanza de que las tasas más rápidas de acumulación de datos formarán antes a los sistemas y salvarán vidas en general.

El enfoque «Tesla» de China

Cuando se gestiona un país de 1.390 millones de personas —y en el que mueren 260.000 personas cada año en accidentes de tráfico— la mentalidad china es que no se puede dejar que lo perfecto sea enemigo de lo bueno. Esto es, en lugar de esperar a que lleguen los coches autónomos perfectos, es probable que los líderes chinos busquen formas de desplegar vehículos autónomos más limitados en entornos controlados. Ese despliegue tendrá el efecto adicional de traducirse en un crecimiento exponencial en la acumulación de datos y el correspondiente avance en el poder de la IA subyacente.

La clave para ese despliegue progresivo será la construcción de una nueva infraestructura específicamente diseñada para acomodar vehículos autónomos. En Estados Unidos, en cambio, construimos coches autónomos para adaptarlos a nuestras carreteras existentes porque suponemos que éstas no pueden cambiar. En China, existe la idea de que todo puede cambiar, las carreteras actuales incluidas. De hecho, los funcionarios locales ya están modificando las actuales autopistas, reorganizando los patrones de carga y construyendo ciudades que serán hechas a medida de los automóviles autónomos.

Los reguladores de carreteras de la provincia china de Zhejiang ya han anunciado sus planes para construir la primera autopista inteligente del país, infraestructura equipada desde el principio para vehículos autónomos y eléctricos. El plan prevé la integración de sensores y la comunicación inalámbrica entre la carretera, los coches y los conductores para aumentar la velocidad entre un veinte y treinta por ciento y reducir de forma drástica las víctimas mortales. La autopista tendrá paneles solares fotovoltaicos integrados en la superficie de la carretera, energía que alimentará los puntos de recarga de los vehículos eléctricos. A largo plazo, el objetivo es ser capaz de cargar de forma continua los coches eléctricos mientras circulan. Si tiene éxito, el proyecto acelerará la implantación de los vehículos autónomos y eléctricos, aprovechando el hecho de que mucho antes de que la IA autónoma pueda controlar el caos de la conducción urbana, puede lidiar con facilidad con la de las autopistas, y recopilar más datos en el proceso. Pero las autoridades chinas no sólo están adaptando las carreteras existentes a los vehículos autónomos. Están construyendo ciudades completamente nuevas alrededor de la tecnología. A 95 kilómetros al sur de Pekín se encuentra la nueva área de Xiong'an, un grupo de pueblos tranquilos donde el gobierno central ha ordenado la construcción de una ciudad de muestra para el programa tecnológico y la sostenibilidad ambiental. La ciudad está proyectada para afrontar gastos de infraestructura por valor de 583.000 millones de dólares y alcanzar una población de 2,5 millones, casi tantas personas como hay en Chicago.[9] La idea de construir una nueva Chicago desde cero es algo impensable en Estados Unidos, pero en China no es más que parte de las herramientas de planificación urbana del gobierno.

Xiong'an está lista para ser la primera ciudad del mundo construida específicamente para dar cabida a vehículos autónomos. Baidu ha firmado acuerdos con el gobierno local para construir una «Ciudad de la IA» con especial atención a la gestión del tráfico, los vehículos autónomos y la protección del medio ambiente. Algunas adaptaciones podrían incluir sensores en el cemento, semáforos equipados con visión artificial, intersecciones que conozcan la edad de los peatones que las cruzan y la drástica reducción del espacio necesario para aparcar coches. Cuando todo el mundo pida un taxi autónomo, ¿por qué no convertir esos aparcamientos en parques urbanos?

Si vamos un paso más allá, las urbanizaciones completamente nuevas como Xiong'an podrían incluso dirigir el tráfico bajo el

9. «Xiong'an New Area: China's Latest Special Economic Zone?» CKGSB Knowledge, 8 de noviembre de 2017,< http://knowledge.ckgsb.edu.cn/2017/11/08/all-articles/xiongan-china-special-economic-zone/>.

subsuelo, en el centro de la ciudad, reservando así el corazón de la misma para los peatones y ciclistas. Se trata de un sistema difícil, si no imposible, de implementar en un mundo de conductores humanos propensos a cometer errores humanos que obstruyen los túneles. Pero combinando carreteras aumentadas, iluminación controlada y vehículos autónomos, toda una red de tráfico subterráneo podría desplazarse a la velocidad de las carreteras, mientras que la vida en la superficie se mueve a un ritmo más humano.

No hay garantía de que todas estas prometedoras prestaciones de la IA se vayan a implantar sin contratiempos; algunos de los desarrollos tecnológicos de China han fracasado, y varias ciudades completamente nuevas han tenido dificultades para atraer a residentes. Pero el gobierno central ha dado una alta prioridad al proyecto y, si tiene éxito, crecerán las ciudades como Xiong'an con IA autónoma. Se beneficiarán de la eficiencia que aporta la IA y contribuirán con aún más datos a los algoritmos. La actual infraestructura de Estados Unidos implica que la IA autónoma debe adaptarse y conquistar las ciudades alrededor de ella. En China, el enfoque proactivo del gobierno es transformar esa conquista en coevolución.

El equilibrio autónomo de poder

Aunque todo esto puede sonar emocionante e innovador para el panorama de China, la dura verdad es que ninguna cantidad de apoyo del gobierno puede garantizar que China vaya a liderar la IA autónoma. Cuando se trata de la tecnología básica necesaria para los coches autónomos, las empresas estadounidenses siguen estando dos o tres años por delante de China. En el marco cronológico de la tecnología, eso son años luz de distancia. Parte de ello se debe a la importancia relativa de los conocimientos especializados de la élite de la cuarta ola de la IA: los problemas de seguridad y la pura complejidad hacen que los vehículos autónomos sean un hueso de la ingeniería mucho más duro de roer, que requiere un equipo de ingenieros de talla mundial en lugar de una amplia base de buenos ingenieros. Esto vuelve a inclinar la balanza a favor de Estados Unidos, donde los mejores ingenieros del mundo se agrupan en compañías como Google.

Las compañías de Silicon Valley también tienen una ventaja sustancial en investigación y desarrollo, producto de la propensión del valle a llevar a cabo proyectos estratosféricos. Google comenzó a probar sus coches autónomos ya en 2009, y muchos de sus ingenieros pasaron pronto a fundar sus propias startups de conducción autónoma. El auge de este tipo de startups en China no comenzó de verdad hasta aproximadamente 2016. Sin embargo, gigantes chinos como Baidu y startups de vehículos autónomos como Momenta, JingChi y Pony.ai, están ganando terreno a toda velocidad en tecnología y datos. El proyecto Apollo de Baidu —una asociación de código abierto y un acuerdo de intercambio de datos entre cincuenta agentes del vehículo autónomo, incluidos fabricantes de chips como Nvidia y fabricantes de coches como Ford y Daimler— también presenta una alternativa ambiciosa al enfoque cerrado e interno de Waymo. Pero incluso con esa rápida recuperación de los jugadores chinos, no hay duda de que en el momento de escribir estas líneas, los tecnólogos con más experiencia en conducción autónoma consideran a Estados Unidos su hogar.

Predecir qué país estará a la cabeza de la IA autónoma se reduce en gran medida a una cuestión fundamental: ¿el principal cuello de botella para el despliegue completo provendrá de la tecnología o de la política? Si los problemas más complejos y espinosos para el despliegue son meramente técnicos, los de Google Waymo tienen más posibilidades de resolverlos años antes que su competidor más cercano. Pero si los nuevos avances, en campos como la visión artificial, se propagan con rapidez por toda la industria —básicamente, una marea técnica creciente que eleva todos los barcos—, entonces la ventaja de Silicon Valley en la tecnología central puede resultar irrelevante. Muchas empresas serán capaces de construir vehículos autónomos seguros, y el despliegue será entonces una cuestión de adaptación de las políticas. En ese universo, la formulación de políticas de China al estilo Tesla aventaja a sus empresas.

Por el momento, todavía no sabemos dónde estará ese cuello de botella y cualquiera puede ganar el juego de la cuarta ola de la IA. Si bien hoy Estados Unidos goza de una amplia superioridad (noventa/diez), creo que en un plazo de cinco años Estados Unidos y China tendrán las mismas probabilidades de liderar el mundo del coche autónomo; y China tendrá ventaja en las aplicaciones que tengan que utilizar mucho hardware, como los drones autónomos. En la tabla siguiente, resumo mi apreciación de las capacidades de Estados Unidos y China a través de las cuatro olas de la IA en la actualidad y, con mi mejor estimación, cómo habrá evolucionado ese equilibrio en cinco años.

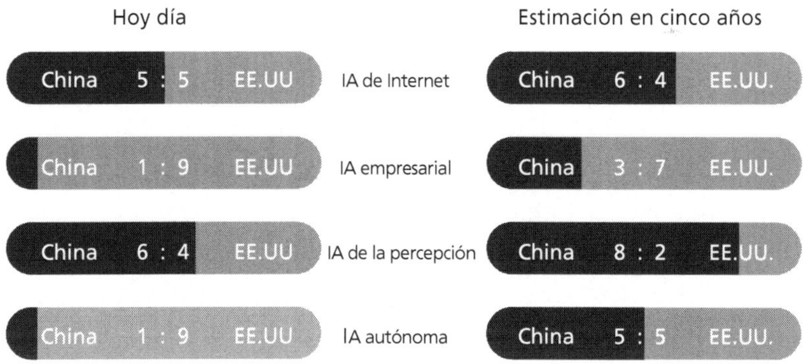

Equilibrio de capacidades entre Estados Unidos y China a lo largo de las cuatro olas de la IA, en la actualidad y estimado para dentro de cinco años.

Conquistar mercados y armar a los insurgentes

¿Qué pasa cuando se intenta internacionalizar estos productos disruptivos de la IA? Hasta ahora, gran parte del trabajo realizado en IA se ha contenido dentro de los mercados de China y Estados Unidos, donde las empresas han evitado en gran medida la competencia directa en el territorio de la otra nación. Pero a pesar del hecho de que Estados Unidos y China sean las dos mayores economías del mundo, la gran mayoría de futuros usuarios de IA viven en otros países, muchos de ellos en el mundo en desarrollo. Cualquier empresa que quiera ser el Facebook o Google de la IA necesita una estrategia para llegar a esos usuarios y ganarse esos mercados.

No es de extrañar que las empresas tecnológicas chinas y estadounidenses estén adoptando enfoques diferentes de los mercados globales: mientras que los gigantes de Estados Unidos buscan conquistar estos mercados por sí mismos, China, en cambio, está armando a las insurgentes startups locales.

En otras palabras, los gigantes de Silicon Valley como Google, Facebook y Uber quieren introducir directamente sus productos en estos mercados. Realizarán limitados esfuerzos de carácter local, pero se ceñirán en gran medida al manual de estrategia tradicional. Construirán un producto global y lo pondrán a disposición de miles de millones de usuarios distintos de todo el mundo. Se trata de un enfoque de todo o nada con un enorme potencial al alza si la conquista tiene éxito, pero también tienen muchas posibilidades de salir de allí con las manos vacías.

En cambio, las empresas chinas evitan la competencia directa y prefieren invertir en las frágiles empresas locales que Silicon Valley quiere hacer desaparecer. Por ejemplo, en la India y el sudeste asiático, Alibaba y Tencent están invirtiendo dinero y recursos en startups locales que luchan con uñas y dientes contra gigantes como Amazon. Es un enfoque basado en la propia experiencia nativa del país. Gente como el fundador de Alibaba, Jack Ma, sabe lo peligroso que puede ser un grupo heterogéneo de insurgentes cuando luchan contra un monolítico gigante extranjero. Así que en vez intentar aplastar a esas startups y superar a Silicon Valley, se están sumando a los locales.

Vehículos de transporte con conductor

Ya existen algunos precedentes del enfoque chino. Desde que Didi expulsó a Uber de China, ha invertido y se ha asociado con startups locales que luchan por hacer lo mismo en otros países: Lyft en Estados Unidos, Ola en la India, Grab en Singapur, Taxify en Estonia y Careem en Oriente Medio. Después de invertir en la brasileña 99 Taxi, Didi adquirió la compañía a principios de 2018. Juntas, estas startups han formado una alianza global anti Uber, que funciona con dinero chino y se beneficia de los conocimientos chinos. Tras asumir las inversiones de Didi, algunas de las nuevas empresas han llegado a reconstruir sus aplicaciones a imagen y semejanza de Didi, y otras planean aprovechar la fortaleza de Didi en IA: optimizar la adecuación de los conductores, arbitrar disputas entre conductores y pasajeros, y a la larga desplegar vehículos autónomos.

No sabemos la profundidad actual de estos intercambios técnicos, pero podrían servir como modelo alternativo de globalización de la IA: fortalecer a las startups locales uniendo los conocimientos especializados de la IA de todo el mundo a los datos locales. Se trata de un modelo basado más en la cooperación que en la conquista, y que puede resultar más adecuado a la hora de globalizar una tecnología que requiere tanto ingenieros de alta calidad como la recogida selectiva de datos.

La IA tiene un coeficiente de localización mucho más alto que los servicios de internet anteriores. En la India, los automóviles autónomos deben aprender la forma en que los peatones se desplazan por las calles de Bangalore, y las aplicaciones de microcréditos en Brasil necesitan asimilar los hábitos de gasto de los *millennials* en Río de Janeiro. Se puede transferir parte del entrenamiento de los algoritmos entre diferentes bases de usuarios, pero no hay sustituto para los datos efectivos del mundo real.

Los gigantes de Silicon Valley tienen alguna idea de los hábitos sociales de estos países. Pero la creación de productos de la IA empresarial requerirá que las compañías pongan los pies en el suelo en cada mercado. Necesitarán instalar dispositivos de hardware y localizar servicios de IA para las peculiaridades de los centros comerciales norteafricanos y hospitales indonesios. La proyección a escala mundial de una potencia de Silicon Valley a través de un código informático quizá no sea la solución a largo plazo.

Por supuesto, nadie sabe el final de esta partida de ajedrez global de la IA. Las compañías estadounidenses podrían de repente impulsar sus esfuerzos de localización, aprovechar sus productos existentes, y terminar dominando todos los países excepto China. O una nueva generación de tenaces emprendedores del mundo en desarrollo podría utilizar el apoyo de China para crear imperios locales impenetrables para Silicon Valley. Si se despliega este último escenario, los gigantes tecnológicos de China no dominarían el mundo, pero desempeñarían un papel en todas partes, mejorarían sus propios algoritmos mediante la utilización de los datos de entrenamiento de muchos mercados y se llevarían a casa una parte sustancial de las ganancias generadas.

Mirar al frente

Al otear el horizonte de la IA, vemos olas de tecnología que pronto arrasarán la economía global e inclinarán el panorama geopolítico hacia China. Las compañías tradicionales estadounidenses están haciendo un buen trabajo al usar el aprendizaje profundo para obtener mayores ganancias, y las empresas impulsadas por IA como Google siguen siendo bastiones de la experiencia de una élite. Pero cuando se trata de construir nuevos imperios de internet, cambiar la forma en que diagnosticamos enfermedades, o reimaginar cómo compramos, nos movemos y comemos, China parece dispuesta a asumir el liderazgo mundial. Las compañías de internet chinas y estadounidenses han asumido enfoques muy diferentes para hacerse con los mercados locales, y a medida que estos servicios de IA se filtran a todos los rincones del mundo, pueden participar en una competencia de poder en países como India, Indonesia y partes de Oriente Medio y África.

Este análisis arroja luz sobre el nuevo orden mundial de la IA, pero también muestra uno de los puntos débiles de nuestro discurso sobre la misma: la tendencia a hablar sobre el tema como si de una carrera de caballos se tratara. ¿Quién va ganando? ¿Qué posibilidades tiene cada contendiente? ¿Quién va a ganar?

Este tipo de competencia es importante, pero si profundizamos en los cambios que se avecinan, encontramos que cuestiones de mayor peso acechan justo bajo la superficie. Cuando se aplique el verdadero poder de la inteligencia artificial, la auténtica división no será entre países como Estados Unidos y China. En cambio, las líneas divisorias más peligrosas surgirán dentro de cada país, y tendrán el poder de destruirlos desde el interior.

6

Utopía, distopía y la verdadera crisis de la IA

Todos los productos y servicios de IA descritos en el capítulo anterior están a nuestro alcance en base a las tecnologías actuales. Su introducción en el mercado no requiere grandes avances en la investigación de la IA, sólo los aspectos prácticos de la implementación diaria: recopilar datos, ajustar fórmulas, iterar algoritmos en experimentos y combinaciones diferentes, crear prototipos de los productos y experimentar con modelos de negocio.

Pero la era de la implementación ha hecho algo más que posibilitar estos productos prácticos. También ha despertado la imaginación popular en lo que respecta a la IA. Ha alimentado la creencia de que estamos a punto de lograr lo que algunos consideran el Santo Grial de la investigación de la IA, la inteligencia general artificial (o AGI, por sus siglas en inglés) —máquinas pensantes con capacidad de realizar cualquier trabajo intelectual que pueda efectuar un ser humano—, y mucho más.

Algunos predicen que con el inicio de la AGI, las máquinas que puedan mejorarse a sí mismas desencadenarán un crecimiento incontrolado en inteligencia computacional. A menudo llamado «singularidad» tecnológica, o superinteligencia artificial, este futuro implica ordenadores cuya capacidad de comprender y manipular el mundo eclipsará el nuestro, comparable a la brecha de inteligencia entre los seres humanos y, por ejemplo, los insectos. Tales vertiginosas predicciones han dividido a gran parte de la comunidad intelectual en dos campos: utópicos y distópicos.

Los utópicos ven los albores de la AGI, y la consiguiente singularidad, como la última frontera de la prosperidad del hombre, una oportunidad para expandir nuestra propia conciencia y conquistar la mortalidad. Ray Kurzweil —excéntrico inventor, futurista y gurú residente de Google— concibe un futuro radical en el que los seres humanos y las máquinas se habrán fusionado por completo. Predice que subiremos nuestras mentes a la nube y renovaremos constantemente nuestros cuerpos a través de nanobots inteligentes liberados en nuestro torrente sanguíneo. Kurzweil vaticina que para 2029 tendremos ordenadores con una inteligencia comparable a la de los seres humanos (es decir, AGI), y que alcanzaremos la singularidad hacia 2045.[1]

Otros pensadores utópicos consideran la AGI como algo que nos permitirá descifrar con rapidez los misterios del universo físico. El fundador de DeepMind, Demis Hassabis, predice que la creación de superinteligencia permitirá a la civilización humana resolver problemas insolubles, alcanzando soluciones inconcebiblemente brillantes al calentamiento global y a enfermedades antes incurables. Con ordenadores superinteligentes que entiendan el universo a unos niveles que los humanos no pueden ni siquiera concebir, estas máquinas se convertirán no sólo en herramientas para aligerar las cargas de la humanidad; estarán próximas a la omnisciencia y la omnipotencia de un dios.

Sin embargo, no todo el mundo es tan optimista. Elon Musk ha dicho de la superinteligencia que se trata del «mayor riesgo al que nos enfrentamos como civilización»,[2] comparando la crea-

1. GALEON, Dom y Christianna REEDY, «Kurzweil Claims that the Singularity Will Happen by 2045» *Futurism*, 5 de octubre de 2017, <https://futurism.com/kurzweil-claims-that-the-singularity-will-happen-by-2045/>.

2. TITCOMB, James, «AI Is the Biggest Risk We Face as a Civilisation, Elon Musk Says», *London Telegraph*, 17 de julio de 2017, <https://www.telegraph.co.uk/technology/2017/07/17/ai-biggest-risk-face-civilisation-elon-musk-says/>.

ción de la misma con «invocar al demonio».[3] Celebridades intelectuales como el fallecido cosmólogo Stephen Hawking se han unido a Musk en el bando distópico, muchos de ellos inspirados por la obra del filósofo de Oxford Nick Bostrom, cuyo libro *Superinteligencia* cautivó la imaginación de muchos futuristas.

En su mayor parte, los miembros del campo distópico no están preocupados sobre la toma del poder de la AI imaginada en películas como la serie *Terminator*, donde robots humanoides se «vuelven malos» y persiguen a la gente en una sedienta conquista de la humanidad. La superinteligencia sería producto de la creación humana, no de la evolución natural, por lo que las máquinas inteligentes no tendrían los mismos instintos de supervivencia, reproducción o dominación que motivan a los seres humanos o a los animales. En vez de eso, es probable que sólo intentaran alcanzar los objetivos que se les asignen de la manera más eficiente posible.

El miedo es que si los seres humanos representaran un obstáculo para lograr alguno de esos objetivos —invertir el calentamiento global, por ejemplo— un agente superinteligente podría borrarnos fácilmente, incluso accidentalmente, de la faz de la tierra. Para un programa de ordenador cuya imaginación intelectual empequeñece la nuestra, esto no necesitaría nada tan crudo como robots armados. La profunda comprensión de la química, la física y la nanotecnología de la superinteligencia permitiría formas mucho más ingeniosas de cumplir sus objetivos al instante. Los investigadores se refieren a esto como el «problema de control» o el «problema de alineamiento de valores», y es algo que preocupa incluso a los optimistas de la AGI.

Aunque los plazos para estas capacidades varían ampliamente, el libro de Bostrom presenta encuestas a investigadores de IA, dando una predicción media de 2040 para la creación de la AGI,

3. KUMPARACK, Greg, «Elon Musk Compares Building Artificial Intelligence to 'Summoning the Demon'», TechCrunch, 26 de octubre 2014, <https://techcrunch.com/2014/10/26/elon-musk-compares-building-artificial-intelligence-to-summoning-the-demon/>.

y la posibilidad de que la superinteligencia le siga en las tres décadas siguientes.[4] Pero sigue leyendo.

Verificación de la realidad

Cuando las visiones utópicas y distópicas del futuro superinteligente se analizan en público, inspiran asombro y una sensación de temor entre la audiencia. Esas emociones que todo lo consumen desdibujan entonces las líneas de nuestra mente separando estos futuros fantásticos de nuestra era actual de implementación de la IA. El resultado es una confusión popular generalizada sobre la situación presente y hacia dónde se dirigen las cosas.

Para ser claros, ninguno de los escenarios descritos arriba —las mentes digitales inmortales o las superinteligencias omnipotentes— son posibles en función de la tecnología actual; no quedan algoritmos conocidos para la AGI o una ruta de ingeniería clara para llegar allí. La singularidad no es algo que pueda ocurrir de forma espontánea, con vehículos autónomos que funcionan con aprendizaje profundo y que de repente «se despiertan» y se dan cuenta de que pueden unirse para formar una red superinteligente.

La llegada de la AGI requerirá una serie de avances científicos fundamentales en inteligencia artificial, una sucesión de innovaciones en la escala de, o mayor que, el aprendizaje profundo, o mayores. Estos logros tendrían que eliminar las principales limitaciones que afectan a los programas de la «IA estrecha» que ejecutamos en la actualidad y capacitarlos con una amplia gama de nuevas habilidades: aprendizaje multidominio; aprendizaje independiente del dominio; aprendizaje natural; comprensión del lenguaje natural; razonamiento, planificación y aprendizaje con sentido común a partir de un pequeño número de ejemplos. Dar el siguiente paso hacia la creación de robots emocionalmen-

4. BOSTROM, Nick, *Superintelligence: Paths, Dangers, Strategies*, Oxford University Press, Oxford, 2014, p. 19. Versión castellana: *Superinteligencia: caminos, peligros, estrategias*, Teell Editorial, 2018.

te inteligentes podría requerir autoconciencia, humor, amor, empatía y aprecio por la belleza. Éstos son los principales obstáculos que separan lo que la IA realiza hoy —observar correlaciones en los datos y hacer predicciones— de la inteligencia general artificial. Cualquiera de estas nuevas habilidades puede requerir múltiples y enormes avances; AGI implica resolverlos todos.

El error de muchos pronósticos de la AGI es simplemente tomar el rápido avance de la década pasada y extrapolarlo hacia afuera o lanzarlo exponencialmente hacia arriba en una bola de nieve imparable de inteligencia informática. El aprendizaje profundo representa una mejora importante en el aprendizaje automático, un movimiento hacia un nuevo nivel con una variedad de usos en el mundo real: la era de la implementación. Pero no hay pruebas de que este cambio alcista sea el comienzo de un crecimiento exponencial en la carrera inevitable hacia la AGI, y luego la superinteligencia, a un ritmo cada vez mayor.

La ciencia es difícil, y los avances científicos fundamentales son aún más difíciles. Descubrimientos como el aprendizaje profundo que realmente eleven el listón de las máquinas inteligentes son raros y a menudo están separados por décadas, si no más. Las implementaciones y mejoras en estos descubrimientos, y los investigadores en lugares como DeepMind, han demostrado nuevos y poderosos enfoques de cosas como el aprendizaje de refuerzo. Pero en los doce años transcurridos desde el artículo de referencia sobre aprendizaje profundo de Geoffrey Hinton y sus colegas,[5] no he visto nada que represente un cambio similar en la inteligencia artificial. Sí, los científicos de IA encuestados por Bostrom predijeron la fecha promedio de 2040 para la AGI, pero creo que estos tienden a sobrestimar cuándo una demostración académica se convertirá en un producto del mundo real. A saber, a finales de la década de 1980, yo era el investigador líder mundial en reconocimiento de voz de la IA, y me uní a Apple porque

5. HINTON, Geoffrey E., Simon OSINDERO y Yee-Whye TEH, «A Fast Learning Algorithm for Deep Belief Nets», *Neural Computation* 18, 2006, pp. 1527-1554

creía que la tecnología sería de uso común en cinco años. Resulta que me equivoqué por veinte.

No puedo garantizar que los científicos no lograrán los grandes avances que traerán consigo la AGI y luego la superinteligencia. De hecho, creo que debemos esperar mejoras continuas al estado actual de la tecnología punta. Pero estimo que aún estamos a muchas décadas, sino siglos, de esa realidad. También hay una posibilidad real de que la AGI sea algo que los humanos no lograrán nunca. La inteligencia general artificial sería un punto de inflexión importante en la relación entre los seres humanos y las máquinas, lo que muchos predicen que sería el acontecimiento más significativo en la historia de la raza humana. Es un hito que creo que no debemos cruzar a menos que hayamos resuelto de manera definitiva todos los problemas de control y seguridad. Pero dado el ritmo relativamente lento de los avances científicos fundamentales, yo y otros expertos en IA, entre ellos Andrew Ng y Rodney Brooks, creemos que la AGI sigue estando más lejos de lo que a menudo se imagina.

¿Significa eso que no veo nada más que un progreso material constante y un glorioso florecimiento humano en nuestro futuro de la IA? No, en absoluto. En cambio, sí creo que la civilización pronto se enfrentará a un tipo diferente de crisis inducida por la IA. Esta crisis carecerá del drama apocalíptico de un éxito de taquilla de Hollywood, pero aun así alterará nuestros sistemas económicos y políticos, e incluso afectará a la naturaleza fundamental de lo que significa ser humano en el siglo XXI.

En pocas palabras, se trata de la crisis del empleo y la desigualdad que se avecina. Nuestra capacidad de IA no puede crear una superinteligencia que destruya nuestra civilización. Pero mi temor es que nosotros, los humanos, sí estemos a la altura de esa tarea.

Entre los pliegues de Pekín: visiones de ciencia ficción y economía de la IA

Cuando el reloj marca las 6 de la mañana, la ciudad se devora a sí misma. Edificios densamente poblados de hormigón y acero se doblan por la cadera y se retuercen por la columna vertebral. Los balcones exteriores y los toldos se orientan hacia dentro, creando exteriores lisos y bien sellados. Los rascacielos se dividen en componentes, que se combinan y consolidan en cubos de Rubik de proporciones industriales. Dentro de esos bloques habitan los residentes del Tercer Espacio en Pekín, la subclase económica que trabaja durante la noche y duerme por el día. A medida que el paisaje de la ciudad se pliega sobre sí mismo, un mosaico de cuadrados sobre la superficie terrestre comienza su rotación de 180 grados, dándose la vuelta para esconder estas estructuras consolidadas bajo tierra.

Cuando el otro lado de estos cuadrados mira hacia el cielo, revelan una ciudad separada. Los primeros rayos del amanecer se deslizan sobre el horizonte mientras esta nueva ciudad se pone en pie. Calles arboladas, espaciosos parques públicos y hermosas casas unifamiliares empiezan a revelarse, extendiéndose hasta cubrir la superficie por completo. Los habitantes del Primer Espacio despiertan de su letargo, estirando sus extremidades y mirando hacia un mundo propio.

Éstas son visiones de Hao Jingfang, una escritora china de ciencia ficción e investigadora de Economía. El relato de Hao *Entre los pliegues de Pekín*[6] ganó el prestigioso premio Hugo en 2016 por su fascinante representación de una ciudad en la que las clases económicas se encuentran separadas en mundos diferentes.

En un Pekín futurista, la ciudad está dividida en tres castas económicas que dividen el tiempo en la superficie de la ciudad. Cinco millones de habitantes de la élite del Primer Espacio disfrutan de un ciclo de veinticuatro horas que comienza a las 6 a. m., un día y una noche completos en una ciudad limpia, hipermoderna y minimalista. Cuando el Primer Espacio se pliega y se da la vuelta, los veinte millones de residentes

6. JINGFANG, Hao, *Folding Beijing*, trad. Ken Liu, *Uncanny Magazine*, <https://uncannymagazine.com/article/folding-beijing-2/>. En castellano el relato está incluido en el libro *Planetas invisibles, antología de ciencia ficción china contemporánea*, Alianza editorial, Madrid, 2017.

del Segundo espacio tienen dieciséis horas para trabajar en un paisaje urbano algo menos glamuroso. Por último, los habitantes del Tercer Espacio —cincuenta millones de trabajadores de los servicios de saneamiento, vendedores de alimentos y meros trabajadores— aparecen para un turno de ocho horas de 22.00 a 06.00 a. m., trabajando en la oscuridad entre rascacielos y pozos de basura.

Los trabajos de clasificación de basura que son un pilar del Tercer Espacio podrían automatizarse en su totalidad, pero en su lugar se hacen manualmente para proporcionar empleo a los desafortunados habitantes condenados a vivir allí. Está prohibido viajar entre los diferentes espacios, creando una sociedad en la que los residentes privilegiados del Primer Espacio puedan vivir sin la preocupación de que las sucias masas contaminen su tecnoutopía.

La verdadera crisis de la IA

Esta historia distópica es una obra de ciencia ficción, pero arraigada en temores reales sobre la estratificación económica y el desempleo en nuestro futuro automatizado. Hao tiene un doctorado en Economía y Administración de empresas por la prestigiosa Universidad Tsinghua. Su trabajo diario consiste en llevar a cabo investigaciones económicas en un laboratorio de ideas que depende del gobierno central chino, incluyendo la investigación del impacto de la IA en los puestos de trabajo en China.

Es un tema que preocupa seriamente a muchos economistas, tecnólogos y futuristas, yo incluido. Creo que a medida que las cuatro olas de la IA se vayan extendiendo por la economía mundial, tienen el potencial de abrir brechas económicas cada vez mayores entre los que tienen y los que no tienen, y conducir a un desempleo tecnológico generalizado. Como ilustra tan vívidamente la historia de Hao, estos abismos de riqueza y clase pueden transformarse en algo mucho más profundo: divisiones económicas que desgarren el tejido de nuestra sociedad y pongan en tela de juicio nuestro sentido de la dignidad y propósito humanos.

El aumento masivo de la productividad vendrá de la automatización de tareas generadoras de beneficios, pero también eliminarán puestos de trabajo para un gran número de trabajadores. Estos despidos no discriminan por tipo de trabajo, golpeando a la clase media bien educada tanto como a muchos trabajadores no especializados. Un título universitario —incluso un título profesional altamente especializado— no es garantía de seguridad laboral cuando se compite contra máquinas que pueden detectar patrones y tomar decisiones a niveles que el cerebro humano simplemente no puede comprender.

Más allá de la pérdida directa de empleos, la inteligencia artificial exacerbará la desigualdad económica mundial. Al conceder a los robots el poder de la vista y la capacidad de moverse de forma autónoma, la IA revolucionará la industria manufacturera, llevando a la quiebra a los talleres clandestinos del tercer mundo repletos de ejércitos de trabajadores con bajos salarios. Al hacerlo, eliminará los peldaños inferiores de la escalera del desarrollo económico. Privará a los países pobres de la oportunidad de impulsar su crecimiento económico a través de exportaciones de bajo coste, la única ruta probada que ha sacado de la pobreza a países como Corea del Sur, China y Singapur. Las grandes poblaciones de jóvenes trabajadores que alguna vez constituyeron la mayor ventaja de los países pobres se convertirán en un pasivo neto y potencialmente desestabilizador. Sin una forma de iniciar el proceso de desarrollo, los países pobres se estancarán mientras las superpotencias de la IA despegarán.

Pero incluso dentro de esos países ricos y tecnológicamente avanzados, la IA abrirá una brecha aún mayor entre ricos y pobres. El bucle de retroalimentación positiva generado por el aumento de la cantidad de datos significa que las industrias impulsadas por la IA tienden de manera natural al monopolio, al mismo tiempo que reducen los precios y eliminan la competencia entre las empresas. Mientras que en última instancia las pequeñas empresas se verán obligadas a cerrar sus puertas, los gigantes de la industria de la era de la IA verán cómo las ganancias se elevan a niveles inimaginables hasta la fecha. Esta concentración de poder económico en manos de unos pocos echará sal en las heridas abiertas de la desigualdad social.

En la mayoría de los países desarrollados, la desigualdad económica y el resentimiento de clase se encuentran entre los problemas más peligrosos y potencialmente explosivos. Los últimos años nos han mostrado cómo un hervidero de desigualdad en ebullición puede convertirse en una convulsión política radical. Creo que, si no se controla, la IA echará más leña al fuego socioeconómico.

Al acecho bajo esta agitación social y económica habrá una lucha psicológica, que no saldrá en los titulares pero que podría marcar la diferencia. A medida que más y más personas se vean desplazadas por las máquinas, se verán obligadas a responder a una pregunta mucho más profunda: en una era de máquinas inteligentes, ¿qué significa ser humano?

Los tecno-optimistas y la«falacia ludita»

Al igual que los pronósticos utópicos y distópicos para la AGI, esta predicción de una crisis de empleo y desigualdad no está exenta de controversia. Una gran cantidad de economistas y tecno-optimistas creen que los temores sobre la pérdida de puestos de trabajo inducida por la tecnología carecen de fundamento.

Los miembros de este campo descartan las funestas predicciones de desempleo como el producto de una «falacia ludita». El término se deriva de los luditas, un grupo de tejedores británicos del siglo XIX que destrozaron los nuevos telares textiles industriales a los que culparon de destruir su medio de vida. A pesar de los denodados esfuerzos y protestas de los luditas, la industrialización avanzó a toda máquina, y tanto el número de empleos como la calidad de vida en Inglaterra aumentaron de forma sostenida durante gran parte de los dos siglos siguientes. Puede que los luditas fracasaran en su intento de proteger su oficio de la automatización —y de hecho, muchos de los que se vieron directamente afectados por la misma, sufrieron el estancamiento de sus salarios durante algún tiempo—[7] pero a sus hijos y nietos les fue mucho mejor con el cambio.

Ésta, afirman los tecno-optimistas, es la verdadera historia del cambio tecnológico y del desarrollo económico. La tecnología mejora la productividad humana y reduce el precio de los bienes y servicios. Los precios más bajos significa que los consumidores disponen de mayor poder adquisitivo y, o compran más productos originales, o gastan ese dinero en otra cosa. Ambos resultados incrementan la demanda de mano de obra y, por tanto, del empleo. Sí, los cambios en la tecnología podrían conducir a algunas dislocaciones a corto plazo. Pero del mismo modo en que millones de granjeros se convirtieron en trabajadores de fábrica, esos trabajadores despedidos de las fábricas pueden convertirse en profesores de yoga y programadores de software. A largo plazo, el progreso tecnológico nunca conduce realmente a una reducción real de puestos de trabajo ni a un aumento del desempleo.

Se trata de una sencilla y elegante explicación acerca de la riqueza material cada vez mayor y de los mercados de trabajo relativamente estables en el mundo industrializado. También sirve a modo de lúcida refutación a una serie de momentos de «Pedro y el lobo» en torno al desempleo tecnológico. Desde la revolución industrial, la gente ha temido que todo, desde los telares hasta los tractores y los cajeros automáticos, llevase a la pérdida masiva de puestos de trabajo. Pero el aumento de la productividad siempre se ha unido a la magia del mercado para poner las cosas en orden.

Los economistas que miran a la historia —y también los gigantes corporativos que se beneficiarán enormemente de la IA—, utilizan estos ejemplos del pasado para desestimar las denuncias de desempleo inducido por la IA en el futuro. Apuntan a millo-

7. ALLEN, Robert, «Engel's Pause: A Pessimist's Guide to the British Industrial Revolution», University of Oxford Department of Economics Working Papers, abril de 2007, <https://www.economics.ox.ac.uk/department-of-economics-discussion-paper-series/engel-s-pause-a-pessimist-s-guide-to-the-british-industrial-revolution>.

nes de inventos —la desmotadora de algodón, las bombillas, los coches, las cámaras de vídeo y los teléfonos móviles—, ninguno de los cuales llegó a un desempleo generalizado. La inteligencia artificial, dicen, no será diferente. Aumentará enormemente la productividad y promoverá un crecimiento saludable del empleo y del bienestar de las personas. Entonces, ¿de qué tenemos que preocuparnos?

El fin del optimismo ciego

Si pensamos en todas las invenciones como puntos de datos y las ponderamos por igual, los tecno-optimistas tienen un argumento convincente basado en datos. Pero no todos los inventos son iguales. Algunos de ellos cambian la forma en que realizamos una única tarea (máquinas de escribir), otros eliminan la necesidad de un tipo de trabajo (calculadoras), y otros alteran a toda una industria (la desmotadora de algodón).

Y luego hay cambios tecnológicos en otra escala completamente diferente. Las ramificaciones de estos avances trascenderán docenas de industrias, con el potencial de modificar en lo esencial los procesos económicos e incluso la organización social. Éstas son las tecnologías que los economistas llaman de propósito general, o TPG. En su histórico libro *The Second Machine Age*, los profesores del MIT Erik Brynjolfsson y Andrew McAfee describieron las TPG como las tecnologías que «realmente importan», las que «interrumpen y aceleran la marcha normal del progreso económico».[8]

Si nos fijamos únicamente en las TPG, el número de puntos de datos disponibles para evaluar el cambio tecnológico y la pérdida de puestos de trabajo se reduce de forma drástica. Los historiadores económicos tienen muchas objeciones sobre exactamente qué innovaciones de la era moderna deben calificarse

8. BRYNJOLFSSON, Erik Y Andrew MCAFEE, *The Second Machine Age: Work, Progress, and Prosperity in a Time of Brilliant Technologies*, Norton, Nueva York, 2014, pp. 75-77

como tal (¿el ferrocarril? ¿El motor de combustión interna?). Pero estudios bibliográficos sobre la materia revelan tres tecnologías que reciben un amplio apoyo: la máquina de vapor, la electricidad y la tecnología de la información y la comunicación (como los ordenadores e internet). Éstas han sido las tecnologías disruptivas que han extendido su alcance a muchos rincones de la economía y han alterado radicalmente la forma en que vivimos y trabajamos.

Estas tres TPG han sido lo bastante raras como para justificar una evaluación por sí solas, no sólo para ser agrupadas con millones de innovaciones menores como el bolígrafo o la transmisión automática. Y si bien es cierto que la tendencia histórica a largo plazo ha sido la de crear más puestos de trabajo y una mayor prosperidad, cuando se observan las TPG por sí solas, tres puntos de datos no son suficientes para extraer un principio blindado. En lugar de ello, deberíamos mirar el registro histórico para ver cómo cada una de estas revolucionarias innovaciones afectó a puestos de trabajo y salarios.

La máquina de vapor y la electrificación fueron piezas cruciales de la primera y segunda revolución industrial (1760-1830 y 1870-1914, respectivamente). Ambas TPG facilitaron la creación del sistema de fábrica moderno, aportando una inmensa potencia y abundante luz a los edificios en los que se daba un vuelco a los modos de producción tradicionales. En términos generales, este cambio en el modo de producción fue de «descualificación». Estas fábricas asumían tareas que antes requerían trabajadores altamente cualificados (por ejemplo, tejer artesanalmente) y dividían el trabajo en tareas mucho más sencillas que podían ser realizadas por trabajadores poco cualificados (operar un telar accionado por vapor). En el proceso, estas tecnologías aumentaron en gran medida la cantidad de estos bienes producidos y bajaron los precios.

En términos de empleo, las primeras TPG permitieron innovaciones en los procesos como la cadena de montaje, que proporcionó a miles —y con el tiempo a cientos de millones— de antiguos agricultores un papel productivo en la nueva economía industrial. Sí, sustituyeron a un número relativamente pequeño de artesanos cualificados (algunos de los cuales se convertirían en luditas), pero empoderaron a un número mucho mayor de trabajadores poco cualificados para que aceptaran trabajos repetitivos, posibilitados por máquinas, que aumentaron su productividad. Crecieron tanto la economía como las condiciones de vida en general.

Pero ¿qué ocurre con las más recientes TPG, las tecnologías de la información y la comunicación (TIC)? Hasta ahora, su impacto en los mercados laborales y en la desigualdad de la riqueza ha sido mucho más ambiguo. Como Brynjolfsson y McAfee señalan en *The Second Machine Age*, en los últimos treinta años, Estados Unidos ha experimentado un constante crecimiento en la productividad de sus trabajadores, pero un aumento estancado en los ingresos medios y el empleo. Brynjolfsson y McAfee llaman a esto «el gran desacoplamiento».[9] Después de varias décadas en las que la productividad, los salarios y los puestos de trabajo subieron casi a la par, ese hilo que una vez estuvo muy bien tejido ha comenzado a deshilacharse. Mientras que la productividad ha seguido disparada hacia arriba, los salarios y los puestos de trabajo se han estancado o han disminuido.

Esto ha llevado a una estratificación económica creciente en países desarrollados como Estados Unidos, donde los beneficios económicos de las TIC se sitúan cada vez más en el 1 por ciento superior. Ese grupo de élite en Estados Unidos ha duplicado aproximadamente su participación en los ingresos nacionales entre 1980 y 2016.[10] Para 2017, el 1 por ciento de los estadounidenses que más ganaron poseía casi el doble de riqueza que el noventa por ciento de los que menos ganaron.[11] Mientras que la TPG más reciente proliferó en toda la economía, los salarios rea-

9. BRYNJOLFSSON, ERIK Y ANDREW MCAFEE, «Jobs, Productivity and the Great Decoupling», *The New York Times*, 11 de dicimebre de 2012, <http://www.nytimes.com/2012/12/12/opinion/global/jobs-productivity-and-the-great-decoupling.html>.

10. PORTER, Eduardo y RUSSELL, Karl, «It's an Unequal World It Doesn't Have to Be», *New York Times*, 14 de diciembre de 14, 2017, <https://www.nytimes.com/interactive/2017/12/14/business/world-inequality.html>.

11. EGAN Matt, «Record Inequality: The Top 1% Controls 38.6% of Ame-

les para la media de estadounidenses han permanecido planos durante más de treinta años, y en realidad han caído para los estadounidenses más pobres.[12]

Una de las razones por las que las TIC pueden diferir de la máquina de vapor y de la electrificación es por su «sesgo de habilidades». Mientras que las otras dos TPG aumentaron la productividad mediante la descualificación de la producción de bienes, las TIC suelen estar —aunque no siempre— sesgadas a favor de los trabajadores altamente cualificados. Las herramientas de comunicación digital permiten a los profesionales más destacados gestionar de manera eficiente organizaciones mucho más grandes y llegar a un público mucho más amplio. Al derribar las barreras para la difusión de la información, las TIC empoderan a los trabajadores de élite y socavan el papel económico de muchos de los que se encuentran en el medio.

Los debates sobre la importancia de la función que han desempeñado las TIC en el estancamiento laboral y salarial de Estados Unidos son complejos. La globalización, el declive de los sindicatos y la subcontratación son factores que proporcionan a los economistas el alimento para interminables debates académicos. Pero una cosa está cada vez más clara: no hay garantía de que las TPG que aumentan nuestra productividad generarán más puestos de trabajo o salarios más altos para los trabajadores.

Los tecno-optimistas pueden seguir desestimando estas preocupaciones como la misma vieja falacia ludita de siempre, pero ahora lo hacen argumentado en contra de algunas de las mentes económicas más brillantes de hoy día. Lawrence Summers ha sido economista jefe del Banco Mundial, secretario del Tesoro del presidente Bill Clinton y director del Consejo Económico Nacional del presidente Barack Obama. Lleva varios años advir-

---

rica's Wealth», CNN, 17 de septiembre de 2017, <http://money.cnn.com/2017/09/27/news/economy/inequality-record-top-1-percent-wealth/in dex.html>.

12. MISHEL, Lawrence, Elise GOULD y Josh BIVENS, «Wage Stagnation in Nine Charts», Economic Policy Institute, 6 de enero de 2015, <http://www.epi.org/publication/charting-wage-stagnation/>.

tiendo contra el optimismo que no se plantea preguntas sobre el cambio tecnológico y el empleo.

«La respuesta seguramente no es tratar de detener el cambio tecnológico —dijo Summers a *The New York Times* en 2014 —, pero tampoco lo es suponer sin más que todo va a ir bien porque la magia del mercado asegurará que eso sea cierto.»[13]

Erik Brynjolfsson ha lanzado advertencias similares sobre la creciente desconexión entre la creación de riqueza y de empleo, declarándolo «el mayor reto de nuestra sociedad para la próxima década».[14]

IA: sumar la I a las TPG

¿Qué tiene que ver todo esto con la IA? Estoy seguro de que la IA pronto entrará en el elitista club de las TPG universalmente reconocidas, lo que estimulará una revolución en la producción económica e incluso en la organización social. La revolución de la IA estará en la escala de la revolución industrial, aunque es probable que sea más grande y sin duda más rápida. La consultora PwC pronostica que la IA añadirá 15,7 billones de dólares a la economía mundial para el año 2030. Si esa predicción se mantiene, será una cantidad mayor que el PIB total de China en la actualidad e igual aproximadamente al ochenta por ciento del PIB de Estados Unidos en 2017. Se prevé que el setenta por ciento de esas ganancias se acumularán en Estados Unidos y China.

Estas perturbaciones tendrán una base más amplia que las revoluciones económicas anteriores. La energía de vapor alteró fundamentalmente la naturaleza del trabajo manual, y las TIC hicieron lo mismo con ciertos tipos de trabajo cognitivo. La IA trascenderá ambos. Realizará muchos tipos de tareas físicas e in-

13. CAIN MILLER, Claire, «As Robots Grow Smarter, American Workers Struggle to Keep Up», The Upshot (blog), *The New York Times*, 15 de diciembre de 2014, <https://www.nytimes.com/2014/12/16/upshot/as-robots-grow-smarter-american-workers-struggle-to-keep-up.html>.

14. Ibid.

telectuales con una velocidad y potencia que superará con creces a las de cualquier ser humano, lo que aumentará de forma drástica la productividad en todo, desde el transporte a la fabricación y la medicina.

A diferencia de las TPG de la primera y segunda revolución industrial, la IA no facilitará la descualificación de la producción económica. No se necesitarán tareas avanzadas realizadas por un pequeño número de personas ni las descompondrá para que un mayor número de trabajadores poco cualificados las realicen. En su lugar, simplemente se encargará de la ejecución de tareas que cumplen dos criterios: se pueden optimizar utilizando datos y no requieren interacción social. (Entraré en más detalles sobre exactamente qué trabajos puede y no puede reemplazar la IA.)

Sí, se crearán nuevos puestos de trabajo sobre la marcha, como por ejemplo en la reparación de robots y en la investigación científica de datos de inteligencia artificial. Pero el eje principal del impacto de la IA sobre el empleo no es la creación de puestos de trabajo a través de la descualificación, sino la sustitución de puestos de trabajo por máquinas cada vez más inteligentes. En teoría, los trabajadores desplazados pueden hacer la transición a otras industrias más difíciles de automatizar, pero éste es en sí mismo un proceso muy disruptivo que llevará mucho tiempo.

Hardware, mejor, más rápido, más fuerte

El tiempo es algo que la revolución de la IA no está dispuesta a concedernos. La transición a una economía impulsada por IA será mucho más rápida que cualquiera de las transformaciones anteriores inducidas por las TPG, lo que dejará a trabajadores y organizaciones en una demencial lucha por adaptarse. Mientras que la revolución industrial tuvo lugar a lo largo de varias generaciones, la revolución de la IA tendrá un gran impacto dentro de una generación. Esto se debe a que la adopción de la IA se acelerará con tres catalizadores que no existían durante la introducción de la energía de vapor y la electricidad.

En primer lugar, muchos productos de IA que incrementan la productividad sólo son algoritmos digitales: replicables hasta el infinito y distribuibles al instante en todo el mundo. Esto supone un marcado contraste con las revoluciones de la energía de vapor, la electricidad e incluso gran parte de las TIC. Para que estas transiciones cobraran fuerza, los productos físicos tenían que inventarse, hacer prototipos, construirse, venderse y enviarse a los usuarios finales. Este proceso había que repetirlo cada vez que se realizaba una mejora marginal en el soporte físico de alguna de las piezas, con los costes derivados y los enfrentamientos sociales que retrasaban la adopción de cada nueva modificación. Todas estas fricciones ralentizaban el desarrollo de nuevas tecnologías y prorrogaban el plazo hasta que un producto era rentable para que las empresas lo adoptaran.

Por el contrario, la revolución de la IA está en gran medida libre de estas limitaciones. Los algoritmos digitales se pueden distribuir prácticamente sin coste alguno y, una vez distribuidos, se pueden actualizar y mejorar de forma gratuita. Estos algoritmos —no así la robótica avanzada—, se desplegarán con rapidez y eliminarán gran parte de los trabajos de oficina. Hoy día, la mayoría de la mano de obra administrativa es remunerada para asimilar y procesar información, y luego tomar una decisión o recomendación basada en esa información, que es precisamente lo que mejor hacen los algoritmos de IA. En las industrias con un componente social mínimo, el reemplazo de los seres humanos por máquinas se puede hacer rápidamente y en forma masiva, sin necesidad de ocuparse de los complicados detalles de fabricación, envío, instalación y reparaciones *in situ*. Mientras que el hardware de los robots alimentados por IA o de los coches autónomos soportará algunos de estos costes heredados, el software subyacente no lo hará, lo que permitirá la venta de máquinas que en realidad mejoran con el tiempo. La reducción de estos obstáculos a la distribución y la mejora acelerará rápidamente la adopción de la IA.

El segundo catalizador es uno que en la actualidad mucha gente del mundo de la tecnología da por sentado: la creación de la industria de capital riesgo. Los fondos de capital riesgo —primeras inversiones en empresas de alto riesgo y alto potencial— apenas existían antes de la década de 1970. Esto significa que durante las dos primeras revoluciones industriales, inventores e innovadores tuvieron que depender de un fino mosaico de mecanismos de financiación para hacer despegar sus productos, por lo general a través de patrimonios personales, miembros de la familia, mecenas o préstamos bancarios. Ninguno de ellos contaba con sistemas de incentivos diseñados para el juego de alto riesgo y alta rentabilidad de la financiación de la innovación transformadora. Es probable que esa falta de financiación significara que muchas buenas ideas nunca llegaran a despegar y que la implementación exitosa de las TPG se hiciera mucho más despacio.

Hoy día, los fondos de capital riesgo son una máquina bien engrasada dedicada a la creación y comercialización de nuevas tecnologías. En 2017, la financiación de global de empresas estableció un nuevo récord con 148.000 millones de dólares invertidos,[15] alentada por la creación de Vision Fund, nacida bajo el paraguas de la japonesa Softbank, con cien mil millones de dólares que irá desembolsando en los próximos años. Ese mismo año, el fondo mundial de capital riesgo para las empresas de IA se elevó a 15.200 millones de dólares, lo que representa un incremento del 141 por ciento con respecto a 2016.[16] Ese dinero busca sin descanso maneras de exprimir cada dólar de productividad de una TPG como la inteligencia artificial, con una particular debilidad por las ideas estratosféricas que podrían alterar y recrear toda una industria. Durante la próxima década, voraces empresas de capital de riesgo impulsarán la rápida aplicación de la tecnología y la iteración de los modelos de negocio, sin dejar piedra sin mover para explorar todo lo que la IA pueda llegar a hacer.

15. OLSEN, Dana, «A Record-Setting Year: 2017 VC Activity in 3 Charts», Pitchbook, 15 de diciembre de 2017, <https://pitchbook.com/news/articles/a-record-setting-year-2017-vc-activity-in-3-charts>.

16. «Top AI Trends to Watch in 2018», *CB Insights*, febrero de 2018, <https://www.cbinsights.com/research/report/artificial-intelligence-trends-2018/>.

Por último, el tercer catalizador es uno igual de obvio y, sin embargo, a menudo pasado por alto: China. La inteligencia artificial será la primera TPG de la era moderna en la que China trabajará codo con codo con Occidente, tanto en el avance como en la aplicación de la tecnología. Durante las épocas de la industrialización, la electrificación y la informatización, el retraso que llevaba China era tan grande que su pueblo poco pudo contribuir, si es que contribuyó en algo. Sólo en estos últimos cinco años China se ha puesto al día en las tecnologías de internet, lo suficiente para aportar ideas y talento al ecosistema global, tendencia que ha acelerado de forma dramática la innovación en internet móvil.

Con la inteligencia artificial, el progreso de China permite que el talento y la capacidad creativa de casi una quinta parte de la humanidad contribuyan a la tarea de distribuir y utilizar la inteligencia artificial. Combinemos esto con los empresarios gladiadores del país, el ecosistema único de internet y el impulso proactivo del gobierno, y la entrada de China en el campo de la IA constituye un importante acelerante de la IA que estaba ausente en anteriores TPG.

Al examinar los argumentos anteriores, creo que podemos afirmar con seguridad algunas cosas. En primer lugar, durante la era industrial, la nueva tecnología se asoció a la creación de empleo a largo plazo y al crecimiento de los salarios. En segundo lugar, a pesar de esta tendencia general hacia el progreso económico, las TPG son lo bastante raras e importantes para que el impacto de cada una de ellas sobre el empleo se evalúe de forma independiente. En tercer lugar, de las tres TPG ampliamente reconocidas de la era moderna, los sesgos de habilidad de la energía de vapor y la electrificación impulsaron tanto la productividad como el empleo. Las TIC han elevado la productividad, pero no necesariamente el empleo, contribuyendo a la caída de los salarios de muchos trabajadores en el mundo desarrollado y a una mayor desigualdad. Por último, la IA será una TPG, una cuyos sesgos de habilidad y velocidad de adopción —catalizados por la difusión digital, la financiación de inversionistas de capital de riesgo y China— sugieren que tendrá un impacto negativo en el empleo y en la distribución de la renta.

Si los argumentos anteriores son válidos, las siguientes preguntas están claras: ¿Qué trabajos están realmente en riesgo? ¿Cómo será esto de malo?

Lo que la IA puede y no puede hacer: gráficos de riesgo de sustitución

Cuando se trata de la sustitución laboral, los sesgos de la IA no se ajustan a la tradicional métrica unidimensional de mano de obra poco cualificada frente a mano de obra altamente cualificada. En cambio, la IA crea una bolsa mixta de ganadores y perdedores dependiendo del contenido específico de la actividad realizada. Mientras que la IA ha superado con creces a los humanos en tareas concretas que pueden optimizarse en base a los datos, sigue siendo persistentemente incapaz de interactuar de forma natural con las personas o de imitar la destreza de nuestros dedos y extremidades. Tampoco puede dedicarse a pensar en tareas creativas o que requieran una estrategia compleja, trabajos cuyas aportaciones y resultados no sean fáciles de cuantificar. Lo que esto significa para la sustitución de un determinado tipo de trabajo puede expresarse simplemente a través de dos gráficos X-Y, uno para el trabajo físico y otro para el trabajo cognitivo.

Para el trabajo físico, el eje X se extiende desde «baja destreza y entorno estructurado» en el lado izquierdo, hasta «elevada destreza y entorno poco estructurado» en el derecho. El eje Y pasa de «asocial» en la parte inferior a «muy social» en la parte superior. La tabla del trabajo cognitivo comparte el mismo eje Y (asocial y muy social) pero usa un eje X diferente: «basado en la optimización» a la izquierda y «basado en creatividad o estrategia» a la derecha. Las tareas cognitivas se clasifican como «basadas en la optimización» si sus tareas principales implican la maximización de variables cuantificables que pueden ser capturadas en datos (por ejemplo, el establecimiento de una buena tasa de seguro o la maximización de la devolución de impuestos).

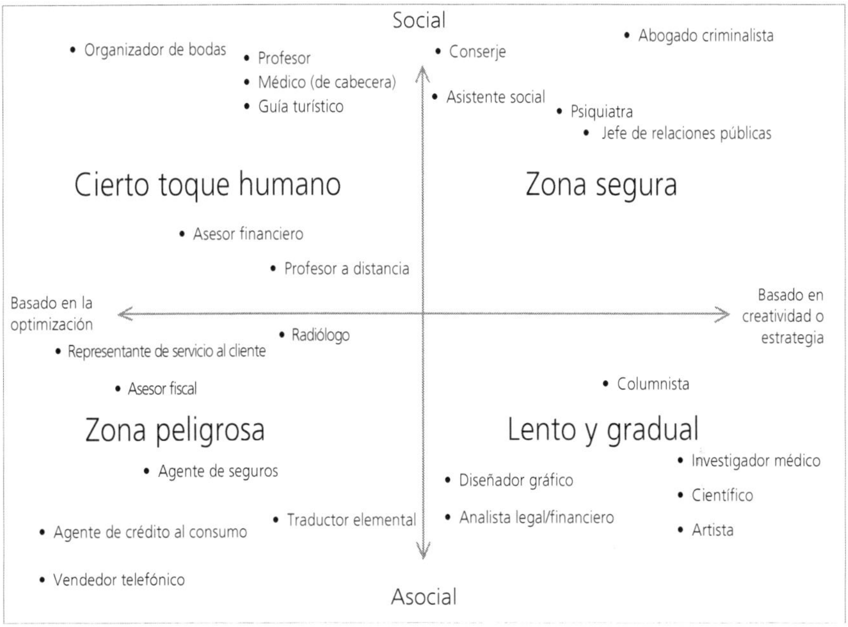

Riesgo de sustitución: trabajo cognitivo

Riesgo de sustitución: trabajo físico

Estos ejes dividen ambas tablas en cuatro cuadrantes: el cuadrante inferior izquierdo es la «Zona Peligrosa», el superior derecho es la «Zona Segura», el superior izquierdo es «Cierto toque humano» y el inferior derecho es el «Lento y gradual». Los puestos de trabajo cuyas tareas se encuentran principalmente en la «zona de peligro» (lavaplatos, traductores principiantes) corren un alto riesgo de ser sustituidos en los próximos años. Los que se encuentran en la «zona segura» (psiquiatras, enfermeros a domicilio, etc.) muy probablemente queden fuera del alcance de la automatización en un futuro previsible. Los cuadrantes «Cierto toque humano» y «Lento y gradual» están menos claros: aunque no son del todo reemplazables en este momento, la reorganización de las tareas de trabajo o los continuos avances tecnológicos podrían conducir a una reducción generalizada de puestos de trabajo en estos cuadrantes. Como veremos, las ocupaciones a menudo implican muchas actividades diferentes fuera de las «tareas fundamentales» que hemos utilizado para colocarlas en un cuadrante dado. Esta diversidad de tareas complicará la automatización de muchas profesiones, pero por ahora podemos utilizar estos ejes y cuadrantes como guía general para reflexionar sobre qué ocupaciones están en riesgo.

Para el cuadrante «Cierto toque humano», gran parte del trabajo computacional o físico ya puede ser realizado por máquinas, pero el elemento interactivo clave hace que sea difícil automatizarlo en forma masiva. El nombre del cuadrante deriva de la ruta más probable hacia la automatización: mientras que el trabajo de optimización entre bastidores es asumido por las máquinas, los trabajadores humanos actuarán como la interfaz social para los clientes, lo que conduce a una relación simbiótica entre el ser humano y la máquina. Los trabajos en esta categoría podrían incluir a los camareros, los maestros de escuela e incluso el personal de atención médica. La rapidez y el porcentaje de desaparición de estos puestos de trabajo depende de lo flexible que estas empresas sean en la reestructuración de las tareas realizadas por sus empleados y de lo abiertos que se muestren los clientes a interactuar con ordenadores.

La categoría «Lento y gradual» (fontaneros, obreros de la

construcción, diseñadores gráficos de nivel básico) no se basa en las habilidades sociales de los seres humanos, sino en la destreza manual, la creatividad o la capacidad de adaptarse a entornos no estructurados. Éstos siguen siendo importantes obstáculos para la IA, pero que la tecnología irá suprimiendo poco a poco en los próximos años. El ritmo de eliminación de puestos de trabajo en este cuadrante depende menos de la innovación en materia de procesos de las empresas y más de la expansión real de las capacidades de la IA. Pero en el extremo derecho del cuadrante «Lento y gradual» hay buenas oportunidades para que los profesionales creativos (como científicos e ingenieros aeroespaciales) utilicen herramientas de IA para acelerar su progreso.

Estos gráficos nos dan una heurística básica para entender qué tipos de empleos están en peligro, pero ¿qué significa esto para la tasa total de empleo a nivel de toda la economía? Para ello, debemos mirar a los economistas.

Lo que dicen los estudios

La predicción de la magnitud de la pérdida de empleos inducida por la IA se ha convertido en una industria artesanal para economistas y empresas de consultoría de todo el mundo. De acuerdo con el modelo que se utilice, las estimaciones van desde aterradoras a no ser un problema en absoluto. A continuación se ofrece una breve visión general de la literatura y los métodos, destacando los estudios que han dado forma al debate. Existen pocos buenos estudios sobre el mercado chino, así que me ceñiré en gran medida a los estudios que estiman el potencial de automatización en Estados Unidos para luego extrapolar esos resultados a China.

Un par de investigadores de la Universidad de Oxford iniciaron el debate en 2013 con un artículo que hacía una predicción nefasta: en una o dos décadas se podrán automatizar el 47 por ciento de los empleos en Estados Unidos.[17] Lo primero que hicie-

17. FREY, Carl Benedickt, y OSBORNE, Michael A., «The Future of Employment: How Susceptible Are Jobs to Automation», Oxford Martin Pro-

ron los autores del artículo, Carl Benedikt Frey y Michael A. Osborne, fue pedir a expertos en aprendizaje automático que evaluaran la probabilidad de que setenta profesiones se pudieran automatizar en los próximos años. Combinando estos datos con una lista de los principales «cuellos de botella de la ingeniería» en el aprendizaje automático (similares a las características que denota la «Zona Segura» en los gráficos de la página 207), Frey y Osborne utilizaron un modelo de probabilidad para proyectar lo susceptibles que son a la automatización otras 632 ocupaciones.

El resultado —que casi la mitad de los empleos en Estados Unidos corren un «alto riesgo» en las próximas décadas— causó bastante revuelo. Frey y Osborne fueron muy cuidadosos a la hora de señalar las numerosas salvedades a su conclusión. Lo que es más importante, se trata de una estimación de los puestos de trabajo que técnicamente sería posible realizar con máquinas, y no de las pérdidas reales de puestos de trabajo o los niveles de desempleo resultantes. Pero el subsiguiente frenesí de artículos de prensa pasó por alto estos importantes detalles, advirtiendo en cambio a los lectores de que pronto la mitad de los trabajadores se quedarían sin trabajo.

Otros economistas contraatacaron. En 2016, un trío de investigadores de la Organización para la Cooperación y el Desarrollo Económicos (OCDE) utilizó un modelo alternativo para producir una estimación que parecía contradecir el estudio de Oxford: sólo el nueve por ciento de los empleos en Estados Unidos corría elevado riesgo de automatización.[18]

¿Por qué la enorme diferencia? Los investigadores de la OCDE no estaban de acuerdo con el enfoque «basado en la ocupación» de Frey. Mientras que los investigadores de Oxford pi-

gramme on Technology and Employment, 17 de septiembre de 2013, <https://www.oxfordmartin.ox.ac.uk/downloads/academic/future-of-employment.pdf>.

18. ARNTZ, Melanie, Terry GREGORY y Ulrich ZIERAHN, «The Risk of Automation for Jobs in OECD Countries: A Comparative Analysis», *OECD Social, Employment, and Migration Working Papers*, nº 189, 14 de mayo de 2016, <http://dx.doi.org/10.1787/5jlz9h56dvq7-en>.

dieron a los expertos en aprendizaje automático que juzgaran la automaticidad de una ocupación, el equipo de la OCDE señaló que no serán los empleos en su totalidad los que serán automatizados, sino más bien tareas específicas dentro de esas ocupaciones. El equipo de la OCDE argumentó que el enfoque de Frey y Osborne pasa por alto las muchas tareas diferentes que un empleado realiza y que un algoritmo no puede desempeñar: trabajar con colegas en grupos, tratar con clientes cara a cara, etc.

En su lugar, el equipo de la OCDE propuso un planteamiento basado en tareas, dividiendo cada trabajo en las múltiples actividades que lo componen y analizando cuántas de ellas podrían automatizarse. En este modelo, el puesto de asesor fiscal no se categoriza simplemente como una ocupación sino como una serie de tareas que son automatizables (revisión de documentos de ingresos, cálculo de las máximas desgravaciones, revisión de formularios en busca de incoherencias, etc.) y tareas no automatizables (reuniones con nuevos clientes, explicar decisiones adoptadas a esos clientes, etc.). El equipo de la OCDE realizó entonces un modelo de probabilidad para determinar qué porcentaje de empleos se encontraban en «alto riesgo» (es decir, que al menos el setenta por ciento de las tareas asociadas con dicho empleo pudiera automatizarse). Como ya se ha señalado, encontraron que en Estados Unidos sólo el nueve por ciento de los trabajadores caían en la categoría de riesgo elevado. Aplicando el mismo modelo a otros veinte países de la OCDE, los autores descubrieron que el porcentaje de empleos de alto riesgo oscilaba entre el seis por ciento en Corea y el doce por ciento en Austria. No te preocupes, parecía decir el estudio, los informes sobre la desaparición del empleo han sido muy exagerados.

Como era de esperar, eso no zanjó el debate. El enfoque de la OCDE basado en las tareas llegó a imponerse entre los investigadores, aunque no todos se mostraron de acuerdo con las optimistas conclusiones del informe. A principios de 2017, los investigadores de la firma de consultoría PwC utilizaron el enfoque basado en tareas para elaborar su propia estimación, y descubrieron que el 38 por ciento de los empleos en Estados Unidos corría un alto riesgo de ser automatizados hacia principios de la década de

2030.[19] Se trata de una sorprendente divergencia con respecto al nueve por ciento de la OCDE, que se deriva simplemente de la utilización de un algoritmo algo distinto en los cálculos. Como en los estudios anteriores, los autores de PwC se apresuran a señalar que se trata de una mera estimación sobre qué empleos podrían realizar las máquinas, y que las pérdidas reales de puestos de trabajo se verán mitigadas por la dinámica reguladora, legal y social.

Después de estas estimaciones tan discrepantes, los investigadores del McKinsey Global Institute presentaron una conclusión intermedia. Ayudé al instituto en su investigación relacionada con China y fui coautor de un informe sobre el paisaje digital chino. Utilizando el popular enfoque basado en tareas, el equipo de McKinsey estimó que alrededor del cincuenta por ciento de las tareas de trabajo en todo el mundo ya son automatizables.[20] En el caso de China, esa cifra se fijó en el 51,2 por ciento, mientras que en Estados Unidos fue ligeramente inferior, con un 45,8 por ciento. Pero cuando se trataba de la pérdida real de empleo, los investigadores de McKinsey se mostraron menos pesimistas. Si se produce una rápida adopción de las técnicas de automatización (un escenario más comparable a las estimaciones anteriores), el treinta por ciento de las actividades laborales en todo el mundo podrían estar automatizadas para 2030, pero sólo el 14 por ciento de los trabajadores tendrían que cambiar de profesión.

Entonces, ¿dónde nos deja este estudio de las publicaciones? Los expertos siguen sin ponerse de acuerdo, y sus estimaciones sobre el potencial de la automatización en Estados Unidos oscilan entre el nueve y el 47 por ciento. Incluso si nos ceñimos úni-

19. BERRIMAN, Richard y John HAWKSWORTH, «Will Robots Steal Our Jobs? The Potential Impact of Automation on the UK and Other Major Economies», PwC, marzo de 2017, <https://www.pwc.co.uk/economic-services/ukeo/pwcukeo-section-4-automation-march-2017-v2.pdf>.

20. MANYIKA, James, «What the Future of Work Will Mean for Jobs, Skills, and Wages», McKinsey Global Institute, noviembre de 2017, <https://www.mckinsey.com/global-themes/future-of-organizations-and-work/what-the-future-of-work-will-mean-for-jobs-skills-and-wages>.

camente al enfoque basado en las tareas, todavía tenemos un diferencial del nueve al 38 por ciento, una división que podría significar la diferencia entre la prosperidad generalizada y una absoluta crisis del empleo. Esta dispersión de estimaciones no debería hacer que nos lleváramos las manos a la cabeza confundidos. En lugar de ello, debería estimularnos a pensar de manera crítica sobre lo que estos estudios pueden enseñarnos; y lo que pueden haber pasado por alto.

Lo que los estudios olvidaron

Aunque respeto los conocimientos especializados de los economistas que han descifrado las estimaciones anteriores, también discrepo respetuosamente de los presupuestos básicos de la OCDE. Esa diferencia tiene sus raíces en dos discrepancias: una en términos de las entradas de sus ecuaciones, y otra diferencia importante en la manera en que yo imagino que la IA alterará los mercados laborales. Estas objeciones me hacen concordar con las estimaciones de PwC de calidad muy superior, y la diferencia de visión me lleva a elevar aún más ese número.

Mi desacuerdo se debe a la forma en que los estudios estimaron la capacidad técnica de las máquinas en los próximos años. El estudio de Oxford de 2013 pidió a un grupo de expertos en aprendizaje automático que predijera si en las próximas dos décadas se automatizarían setenta ocupaciones, utilizando esas evaluaciones para proyectar la *automatibilidad* de manera más amplia. Y aunque los estudios de la OCDE y de PwC difieren en la forma en que dividen las ocupaciones y las tareas, básicamente se aferran a las estimaciones de 2013 sobre las capacidades futuras.

Es probable que estas estimaciones constituyeran la mejor estimación de los expertos en aquel momento, pero los significativos avances en la precisión y potencia del aprendizaje automático en los últimos cinco años ya han cambiado las reglas del juego. En aquel momento los expertos podrían haber sido capaces de proyectar algunas de las mejoras que se vislumbraban en el horizonte. Pero pocos, si es que hubo alguno, pronosticaron que el aprendizaje profundo iba a llegar a ser tan bueno y con tanta rapidez. Esas mejoras inesperadas están expandiendo el reino de lo posible cuando se trata de usos en el mundo real y, por tanto, de alteraciones en el empleo.

Uno de los ejemplos más claros de esta aceleración de las mejoras es el concurso ImageNet. En la competición, algoritmos presentados por diferentes equipos tienen la misión de identificar miles de objetos diferentes dentro de millones de imágenes distintas, tales como pájaros, pelotas de béisbol, destornilladores y mezquitas. Se ha convertido rápidamente en uno de los concursos de reconocimiento de imágenes más respetado y en un claro punto de referencia para el progreso de la IA en el campo de la visión por ordenador.

Cuando los expertos en aprendizaje automático de Oxford hicieron sus estimaciones sobre las capacidades técnicas a principios de 2013, la competición ImageNet más reciente de 2012 había sido la fiesta de presentación del aprendizaje profundo. El equipo de Geoffrey Hinton utilizó esas técnicas para lograr una tasa de error récord de alrededor del 16 por ciento, un gran salto adelante en una competición en la que ningún equipo bajaba del 25 por ciento.

Eso fue suficiente para despertar a gran parte de la comunidad de la IA a esta cosa llamada aprendizaje profundo, aunque no fue más que una muestra de lo que estaba por venir. En 2017, casi todos los equipos tenían tasas de error por debajo del 5 por ciento —aproximadamente la precisión de los humanos que realizan la misma tarea— y el algoritmo promedio de ese año sólo cometió un tercio de los errores del mejor algoritmo de 2012. En los años transcurridos desde que los expertos de Oxford hicieron sus predicciones, la visión artificial ya ha sobrepasado la capacidad humana y ha aumentado de forma espectacular los casos de uso de la tecnología en el mundo real.

Esas capacidades amplificadas van mucho más allá de la visión por ordenador. Los nuevos algoritmos establecen y superan sin cesar los registros en campos como el reconocimiento de voz, la lectura y la traducción automática. Si bien estas capacidades reforzadas no constituyen avances fundamentales en la IA, sí abren los ojos y despiertan la imaginación de los empresarios. Tomados en conjunto, estos avances técnicos y usos emergentes hacen que me decante por el extremo más alto de las estimaciones basadas en tareas, es decir, la predicción de PwC de que el 38 por ciento de los empleos en Estados Unidos correrán alto riesgo de ser automatizados a principios de la década de 2030.

Dos tipos de pérdida de trabajo: sustituciones individuales y disrupciones desde cero

Pero más allá de esa discrepancia con respecto a la metodología, creo que utilizar un enfoque basado en las tareas ignora por completo una categoría distinta de posible pérdida de empleo: las alteraciones en toda una industria debido a los nuevos modelos de negocio potenciados por la inteligencia artificial. Al margen del enfoque basado en la ocupación o en las tareas, lo denominaré el enfoque basado en la industria.

Parte de esta diferencia en la perspectiva puede atribuirse a mi trayectoria profesional. Muchos de los estudios anteriores fueron realizados por economistas, mientras que yo soy tecnólogo e inversor en fase inicial. Al predecir qué trabajos se enfrentaban al riesgo de la automatización, los economistas analizaron las tareas que una persona completaba mientras realizaba su labor y se preguntaron si una máquina sería capaz de realizar esos mismos trabajos. En otras palabras, el enfoque basado en tareas preguntaba cómo era posible sustituir de manera individual una máquina por un trabajador humano.

Mi experiencia profesional me capacita para abordar el problema de forma diferente. Al principio de mi carrera, trabajé para convertir tecnologías de vanguardia de IA en productos útiles, y como inversor de capital riesgo financio y ayudo a crear nuevas empresas. Ese trabajo me ayuda a ver la IA como una doble amenaza para el empleo: los reemplazos individuales y las disrupciones desde cero.

Muchas de las compañías de IA en las que he invertido buscan construir un único producto impulsado por IA que pueda sustituir a un tipo específico de trabajador; por ejemplo, un robot que pueda levantar y transportar como lo hace el empleado de un almacén o un algoritmo de vehículo autónomo que pueda realizar las tareas principales de un taxista. Si tienen éxito, estas empresas terminarán vendiendo sus productos a otras compañías, muchas de las cuales acabarán por despedir a trabajadores como consecuencia de ello. Estos tipos de sustituciones individuales son exactamente las pérdidas de empleos capturadas por los economistas que utilizan el enfoque basado en tareas, y tomo la estimación del 38 por ciento de PwC como suposición razonable para esta categoría.

Pero existe también un tipo muy diferente de startup de IA: aquellas que reimaginan una industria desde cero. Estas compañías no buscan reemplazar a un trabajador humano por un robot adaptado que pueda realizar las mismas funciones, sino que procuran nuevas formas de satisfacer las necesidades humanas fundamentales que impulsan esa industria.

Startups como Smart Finance (la empresa prestataria de dinero impulsada por IA que no emplea a ningún agente de préstamo humano), el F5 Future Store, sin empleados (una startup china que crea una experiencia de compra comparable al supermercado Amazon Go), o Toutiao (la aplicación algorítmica de noticias que no emplea editores) son buenos ejemplos de este tipo de compañías. En ellas, los algoritmos no están desplazando a los trabajadores humanos, simplemente porque los humanos nunca han estado allí para empezar. Pero a medida que los costes más bajos y los servicios de alta calidad de estas empresas impulsen el aumento de su cuota de mercado, ejercerán presión sobre sus rivales con más empleados. Esas empresas se verán obligadas a adaptarse desde los cimientos —reestructurando sus procesos de trabajo para aprovechar la IA y reducir el número de trabajadores— o se arriesgarán a ir a la quiebra. De cualquier manera, el resultado final es el mismo: habrá menos empleados.

Este tipo de pérdida de puestos de trabajo provocada por la IA está en gran medida ausente de las estimaciones basadas en las tareas de los economistas. Si se aplicara el enfoque basado en tareas para medir la automaticidad de un editor en una aplicación de noticias, se encontrarían decenas de funciones que las máquinas no pueden desempeñar. No son capaces de leer y entender noticias y artículos de fondo, evaluar de forma objetiva la idoneidad para los lectores de una aplicación en particular, ni comunicarse con periodistas y otros editores. Pero cuando los fundadores de Toutiao crearon la aplicación, no buscaron un algoritmo que pudiera realizar todas las tareas anteriores. En lugar de ello, reimaginaron cómo una aplicación de noticias podría ejercer su función principal —revisar el contenido y transmitir publicar noticias que los usuarios quisieran leer— y luego lo hicieron empleando un algoritmo de IA.

Calculo que este tipo de disrupción desde cero afectará a en torno al diez por ciento de la población activa de Estados Unidos. Las industrias más afectadas serán las que implican grandes volúmenes de trabajo rutinario de optimización junto con el marketing externo o el servicio al cliente: comida rápida, servicios financieros, seguridad e incluso radiología. Estos cambios acabarán con el empleo en el cuadrante «Cierto toque humano» del gráfico anterior, ya que las empresas consolidarán las tareas de interacción con el cliente en un puñado de empleados, mientras que los algoritmos harán la mayor parte del trabajo entre bambalinas. El resultado será una fuerte —aunque no total— reducción de puestos de trabajo en estos campos.

Conclusión final

Sumando porcentajes para los dos tipos de automatismo —38 por ciento de los reemplazos individuales y cerca del diez por ciento de las disrupciones desde cero— nos enfrentamos a un reto monumental. Estimo que en diez o veinte años seremos técnicamente capaces de automatizar entre el cuarenta y el cincuenta por ciento de los puestos de trabajo de Estados Unidos. Para los empleados que no sean sustituidos por completo, la creciente automatización de su volumen de trabajo continuará reduciendo su valor añadido para las empresas, reduciendo su poder de negociación sobre los salarios y es posible que conduciendo a despidos a largo plazo. Veremos a un grupo más grande de trabajadores sin empleo compitiendo por un grupo aún más pequeño de puestos de trabajo, reduciendo los salarios y forzando a muchos a trabajar a tiempo parcial o en la «economía gig», que carece de beneficios.

Esto —y no puedo enfatizarlo lo suficiente— no significa que el país se enfrentará a una tasa de desempleo del cuarenta al cincuenta por ciento. Las fricciones sociales, las restricciones reglamentarias y la inercia de antaño ralentizarán en gran medida la tasa real de pérdida de puestos de trabajo. Además, se crearán nuevos empleos sobre la marcha, posiciones que podrán compensar parte de estas pérdidas inducidas por la IA, algo que exploraré en los próximos capítulos. Esto podría reducir a la mitad el desempleo neto real inducido por la IA, a entre un veinte y un veinticinco por ciento,[21] o reducirlo aún más, a sólo un diez o un veinte por ciento.

Estas estimaciones están en línea con las de la investigación más reciente (en el momento de escribir este texto), que intentó poner un número a la pérdida de empleo real, un estudio realizado en febrero de 2018 por la consultora Bain and Company. En lugar de centrarse en las minucias de las tareas y ocupaciones, el estudio Bain adoptó un enfoque de nivel macroeconómico, con el fin de tratar de comprender la interacción de tres grandes fuerzas que actúan en la economía global: la demografía, la automatización y la desigualdad. El análisis de Bain dio lugar una conclusión final: para 2030, los empleadores necesitarán entre un veinte y un veinticinco por ciento menos de trabajadores, porcentaje que equivaldría de treinta a cuarenta millones de trabajadores reemplazados en Estados Unidos.

Bain reconoció que algunos de estos empleados serán reab-

21. HARRIS, Karen, Austin KAIMSON y Andrew SCHWEDEDL, «Labor 2030: The Collision of Demographics, Automation and In- equality», Bain and Company, 7 de febrero de 2018, <http://www.bain.com/publications/articles/labor-2030-the-collision-of-demographics-automation-and-inequality.aspx>.

sorbidos en nuevas profesiones que apenas existen en la actualidad (como la de técnico de reparación de robots), pero predijo que esta reabsorción no lograría gran cosa frente a la tendencia masiva y creciente de la eliminación de puestos de trabajo. Y el impacto de la automatización se sentirá mucho más allá de este veinte a veinticinco por ciento de los trabajadores desplazados. El estudio calculó que si incluimos tanto el desplazamiento como la supresión salarial, se verían afectados un ochenta por ciento de los trabajadores.

Esto podría constituir un golpe devastador para las familias trabajadoras. Peor aún, no sería un *shock* temporal, como el fugaz roce del diez por ciento de desempleo que experimentó Estados Unidos tras la crisis financiera de 2008: si no se controla, podría constituir la nueva normalidad: una época de pleno empleo para las máquinas inteligentes y un largo estancamiento para el trabajador medio.

Comparación entre Estados Unidos y China: la venganza de Moravec

¿Pero qué hay de China? ¿Cómo le irá a sus trabajadores en esta nueva economía? Se han realizado pocos estudios de calidad sobre el impacto de la automatización en el gigante asiático, pero la opinión generalizada sostiene que el pueblo chino se verá mucho más afectado, con robots inteligentes que pondrán fin a una era dorada para los trabajadores de la «fábrica del mundo». Esta predicción se basa en la conformación de la fuerza de trabajo de China, así como en la intuición sobre qué tipos de trabajos se automatizarán.

Más de una cuarta parte de los trabajadores chinos siguen haciéndolo en granjas, y otra cuarta parte se dedica a la producción industrial; que se compara con menos del 2 por ciento de estadounidenses en la agricultura y alrededor del 18 por ciento en empleos industriales. Los expertos, como Martin Ford, autor del libro *El auge de los robots*, sostienen que esta gran base de trabajo manual rutinario podría convertir a China en la «zona cero de la disrupción económica y social provocada por el auge de los robots».[22] El influyente comentarista de tecnología Vivek Wadhwa ha predicho de manera similar que la robótica inteligente erosionará la ventaja laboral de China y devolverá en forma masiva la industria manufacturera a Estados Unidos, aunque sin los trabajos adjuntos para los humanos. «Los robots estadounidenses trabajan tan duro como los chinos —escribió—, y tampoco se quejan ni se afilian a sindicatos.»[23]

Estas predicciones son comprensibles dada la reciente historia de la automatización. Si echamos la vista atrás y analizamos los últimos cien años de evolución económica, los obreros y los trabajadores agrícolas son los que se han enfrentado a la pérdida de puestos de trabajo más pronunciada debido a la automatización física. Las herramientas industriales y agrícolas (piensa en carretillas elevadoras y tractores) aumentaron considerablemente la productividad de cada trabajador manual, reduciendo la demanda de empleados en estos sectores. Si proyectamos esta misma transición a la era de la IA, la sabiduría popular ve a los trabajadores agrícolas y de fábricas de China como atrapados de lleno en el punto de mira de la automatización inteligente. En cambio, la economía estadounidense, fuertemente orientada a la prestación de servicios y a trabajos administrativos, está mejor protegida contra la pérdida potencial de empleos, amparada por títulos universitarios e ingresos de seis cifras.

A mi modo de ver, la creencia popular sobre este tema es retrógrada. Si bien China se enfrentará a una desgarradora transición de su mercado laboral debido a la automatización, grandes segmentos de esa transición pueden llegar más tarde o moverse más despacio que las pérdidas de empleo que sacudirán la eco-

22. FORD, Martin, «China's Troubling Robot Revolution», *The New York Times*, 10 de junio de 2015, <https://www.nytimes.com/2015/06/11/opinion/chinas-troubling-robot-revolution.html>.

23. WADHWA, Vivek, «Sorry China, the Future of Next-Generation Manufacturing Is in the US», *Quartz*, 30 de agosto de 2016, <https://qz.com/769897/sorry-china-the-future-of-next-generation-manufacturing-is-in-the-us/>.

nomía estadounidense. Si bien es probable que los trabajos más simples y rutinarios de una fábrica —control de calidad y tareas simples de la línea de montaje—se automaticen en los próximos años, será más difícil que los robots asuman el resto de tareas manuales. Esto se debe a que la automatización inteligente del siglo XXI funciona de manera diferente a la automatización física del siglo XX. En pocas palabras, es mucho más fácil construir algoritmos de IA que construir robots inteligentes.

La base de esta lógica es un principio de la inteligencia artificial conocido como la paradoja de Moravec. Hans Moravec fue uno de mis profesores en la Universidad Carnegie Mellon, y su trabajo en inteligencia artificial y robótica le llevó a una verdad fundamental sobre la combinación de ambas: al contrario de lo que muchos creen, es relativamente fácil para la IA imitar las capacidades intelectuales o computacionales de alto nivel de un adulto, pero es mucho más difícil dar a un robot la percepción y las habilidades sensoriomotoras de un niño pequeño. Los algoritmos pueden dinamitar a los humanos cuando hablamos de hacer predicciones basadas en datos, pero los robots todavía no pueden desempeñar las labores de limpieza de una camarera de hotel. En lo fundamental, a la IA se le da genial pensar, pero a los robots se les da fatal mover los dedos.

La paradoja de Moravec se articuló en la década de 1980, y algunas cosas han cambiado desde entonces. La llegada del aprendizaje profundo ha dotado a las máquinas de habilidades perceptivas sobrehumanas por lo que respecta al reconocimiento de voz o visual. Esos mismos avances del aprendizaje automático también han impulsado las capacidades intelectuales de las máquinas, es decir, el poder de detectar patrones en los datos y tomar decisiones. Pero las habilidades motoras de los robots —la capacidad de agarrar y manipular objetos— siguen estando muy por detrás de las de los seres humanos. Mientras que la IA puede ganar al campeón de Go y diagnosticar un cáncer con precisión extrema, aún no puede apreciar una buena broma.

El ascenso de los algoritmos y de los robots

Esta dura realidad sobre algoritmos y robots tendrá repercusiones profundas en la sucesión de pérdida de empleo inducida por la IA. La automatización física del siglo pasado perjudicó en gran medida a los obreros, pero las próximas décadas de automatización inteligente afectarán primero a los empleados de oficina. La verdad es que estos trabajadores tienen mucho más que temer de los algoritmos que existen hoy que de los robots que todavía hay que inventar.

En resumen, los algoritmos de IA serán para muchos oficinistas lo que los tractores fueron para los trabajadores agrícolas: una herramienta que aumenta de forma drástica la productividad de cada trabajador y que, por tanto, reduce el número total de empleados necesarios. Y a diferencia de los tractores, los algoritmos pueden enviarse instantáneamente a todo el mundo sin coste adicional para su creador. Una vez que el software ha sido enviado a sus millones de usuarios —empresas de preparación de impuestos, laboratorios de cambio climático, bufetes de abogados— se puede actualizar y mejorar de continuo sin necesidad de crear un nuevo producto físico.

La robótica, sin embargo, es mucho más difícil. Requiere una delicada interrelación entre ingeniería mecánica, IA de la percepción y buena manipulación motriz. Son problemas que se pueden resolver, pero ni de cerca a la velocidad a la que se construye el software puro para realizar tareas administrativas. Una vez construido el robot, también debe probarse, venderse, enviarse, instalarse y mantenerse *in situ*. Los ajustes a los algoritmos subyacentes del robot a veces se pueden hacer a distancia, pero cualquier contratiempo mecánico requiere un trabajo práctico con la máquina. Todas estas fricciones ralentizarán el ritmo de la automatización robótica.

Esto no quiere decir que los trabajadores manuales de China estén a salvo. Drones para la utilización de pesticidas en explotaciones agrícolas, robots de almacén para descargar camiones, y robots con visión artificial para el control de calidad de las fábricas, todos ellos se encargarán de reducir de forma drástica los puestos de trabajo en estos sectores. Las compañías chinas están invirtiendo grandes sumas de dinero en todo lo anterior. El país ya es el primer mercado mundial de robots, comprando casi los mismos que Europa y las tres Américas juntas. Los directores generales y los líderes políticos chinos coinciden en impulsar la automatización constante de muchas fábricas y granjas chinas.

Pero la consiguiente pérdida de puestos de trabajo manual en China será más gradual y poco sistemática que el gran impacto de los algoritmos en los trabajadores de oficina. Mientras que el algoritmo digital correcto puede impactar como un misil en el trabajo cognitivo, el asalto de la robótica contra el trabajo manual está más cerca de la guerra de trincheras. A largo plazo, creo que el número de puestos de trabajo en riesgo de automatización será similar para China y Estados Unidos. El mayor énfasis de la educación estadounidense en la creatividad y en las habilidades personales puede conceder cierta ventaja laboral en una línea de tiempo suficientemente larga. Sin embargo, cuando se trata de adaptarse a estos cambios, la velocidad importa, y la particular estructura económica de China le dará algo de tiempo.

Las superpotencias de la IA frente a todas las demás

Cualesquiera que sean las diferencias entre China y Estados Unidos, éstas serán mínimas en comparación con el resto del mundo. A los emprendedores de Silicon Valley les encanta describir sus productos como que «democratizan el acceso», «conectan a las personas» y, por supuesto, «hacen del mundo un lugar mejor». Esa visión de la tecnología como una panacea para las desigualdades en el mundo siempre ha sido algo así como un espejismo melancólico, pero en la era de la IA podría convertirse en algo mucho más peligroso. Si no se controla, la IA agudizará dramáticamente la desigualdad tanto en el plano internacional como en el nacional. Abrirá una brecha entre las superpotencias de la IA y el resto del mundo, y puede separar a la sociedad por motivos de clase con líneas divisorias que imiten la distópica ciencia ficción de Hao Jingfang.

Como tecnología y como industria, la IA gravita de manera natural hacia los monopolios. Su dependencia de los datos para la mejora crea un círculo vicioso: mejores productos llevan a más usuarios, estos usuarios dan lugar a más datos, y esos datos conducen a productos aún mejores, y por tanto a más usuarios y datos. Una vez que una compañía da un salto y se pone en cabeza, esta clase de ciclo repetitivo puede convertir ese liderazgo en una barrera infranqueable para otras empresas.

Las compañías chinas y estadounidenses ya han dado un impulso a este proceso, adquiriendo una enorme ventaja sobre el resto del mundo. Canadá, el Reino Unido, Francia y algunos otros países acogen talentos y laboratorios de investigación de alto nivel, pero a menudo carecen de los demás ingredientes necesarios para convertirse en verdaderas superpotencias de la IA: una gran base de usuarios y un vibrante ecosistema empresarial y de capital riesgo. Aparte de la compañía DeepMind en Londres, aún no hemos visto que surjan empresas innovadoras de IA de estos países. Los Siete Gigantes de la IA y una parte abrumadora de los mejores ingenieros de IA ya está concentrada en Estados Unidos y China, construyendo enormes almacenes de datos que se alimentan de una variedad de diferentes mercados verticales como los coches autónomos, la traducción de idiomas, el reconocimiento facial, el procesamiento del lenguaje natural, etc. Cuantos más datos acumulen estas compañías, más difícil será para las empresas de cualquier otro país competir.

A medida que la IA extienda sus tentáculos a todos los aspectos de la vida económica, los beneficios fluirán a estos bastiones de datos y talento de la IA. PwC calcula que Estados Unidos y China están listos para hacerse con el setenta por ciento de los 15,7 billones de dólares que la IA añadirá a la economía mundial en 2030, y que sólo China se llevará siete billones de dólares.[24] Otros países se verán obligados a recoger las migajas, mientras que estas superpotencias de la IA impulsarán la productividad

24. RAO Y VERWEIJ, «Sizing the Prize».

en sus países y cosecharán los beneficios de los mercados de todo el mundo. Es probable que las compañías estadounidenses reclamen muchos mercados de los países desarrollados, y los gigantes de la IA de China tendrán una mejor oportunidad de conquistar el sudeste asiático, África y Oriente Medio.

Me temo que este proceso exacerbará y hará crecer de forma significativa la brecha entre los que tienen IA y los que carecen de ella. Mientras que los países ricos en IA obtendrán ganancias asombrosas, aquellos que no hayan cruzado cierto umbral tecnológico y económico retrocederán y se quedarán rezagados. El hecho de que cada vez más la fabricación y los servicios sean realizados por máquinas inteligentes ubicadas en las potencias de la IA, hará que los países en desarrollo pierdan la única ventaja competitiva que sus predecesores utilizaban para impulsar el desarrollo: la mano de obra barata en fábricas.

La gran población de jóvenes solía ser la mayor fortaleza de estos países. Pero en la era de la IA, ese grupo estará formado por trabajadores desplazados que no podrán encontrar un empleo económicamente productivo. Este cambio radical logrará que dejen de ser un motor de crecimiento y los transformará en responsabilidad en el libro de contabilidad pública; y una obligación potencialmente explosiva si sus gobiernos son incapaces de satisfacer sus demandas de una vida mejor.

Privados de la oportunidad de salir de la pobreza, los países pobres se estancarán en tanto en cuanto las superpotencias de la IA despegarán. Me temo que esta creciente división económica obligará a los países pobres a una situación de dependencia y sumisión casi total. Sus gobiernos pueden intentar negociar con la superpotencia que suministre su tecnología de inteligencia artificial, el mercado comercial y el acceso a los datos para obtener garantías de ayuda económica para su población. Cualquiera que sea el trato que se cierre, no se basará en la voluntad o la igualdad entre las naciones.

La máquina de la desigualdad de la IA

El mismo empuje hacia la polarización que se está produciendo en la economía mundial también exacerbará la desigualdad dentro de las superpotencias de la IA. La afinidad natural de la IA por los monopolios llevará la «economía del ganador se lo lleva todo» a decenas de industrias más, y los sesgos en la capacidad de la tecnología generarán un mercado de trabajo bifurcado que exprimirá a la clase media. La «gran disociación» entre la productividad y los salarios ya ha provocado una ruptura entre el uno y el 99 por ciento. Me preocupa que, dejada a su suerte, la inteligencia artificial tome ese desgarro y lo rompa del todo.

Ya vemos esta tendencia a la monopolización en el mundo *online*. Se suponía que internet era un sitio de competencia libre, espontánea y en igualdad de condiciones, pero en unos años muchas funciones básicas *online* se han convertido en imperios monopolísticos. Google domina los motores de búsqueda en gran parte del mundo desarrollado, así como Facebook controla las redes sociales y Amazon el *e-commerce*. Las empresas de internet chinas tienden a preocuparse menos de «permanecer en su carril», por lo que hay más escaramuzas entre estos gigantes, pero la gran mayoría de la actividad *online* de China sigue siendo canalizada a través de un puñado de empresas.

La IA extenderá esa misma tendencia monopolística a decenas de industrias, erosionando los mecanismos competitivos de los mercados en el proceso. Pudimos ver el rápido surgimiento de una nueva oligarquía corporativa, una clase de paladines de la industria impulsada por la IA, cuya ventaja de datos sobre la competencia se alimenta de sí misma hasta que resulta totalmente intocable. Las leyes antimonopolio estadounidenses son a menudo difíciles de aplicar en esta situación, debido al requisito en la legislación estadounidense de que los demandantes prueben que el monopolio en realidad está perjudicando a los consumidores. Por el contrario, es probable que los monopolios de la IA presten a los consumidores cada vez mejores servicios a precios más baratos, un paso que ha sido posible gracias a los increíbles avances en productividad y eficiencia de la tecnología.

Pero mientras estos monopolios de la IA bajan los precios, también aumentará la desigualdad. Las ganancias corporativas explotarán, derramando riqueza sobre los ejecutivos e ingenieros de élite que tengan la suerte de participar de la acción. Imagínate: ¿Cómo de rentable sería Uber si no tuviera conductores? ¿O Apple si no necesitara trabajadores de fábrica para hacer iPhones? ¿O Walmart si no tuviera que pagar a cajeros, empleados de almacén y camioneros?

El impulso de la desigualdad de ingresos será el surgimiento de un mercado laboral cada vez más bifurcado. Los trabajos que se mantengan tenderán a ser empleos lucrativos para aquellas personas que obtengan mejores resultados y trabajos mal pagados en industrias difíciles. El riesgo de sustitución mencionado en las cifras anteriores así lo refleja. Las tareas más difíciles de automatizar —las que se encuentran en la esquina superior derecha de la «Zona Segura»— incluyen ambos extremos del espectro de ingresos: directores generales y auxiliares sanitarios, capitalistas de riesgo y masajistas.

Mientras tanto, muchas de las profesiones que forman los cimientos de la clase media —camioneros, contables, jefe de recursos humanos— desaparecerán. Claro, podríamos tratar de que estos trabajadores hicieran una transición hacia algunas de las ocupaciones sociales que exijan gran destreza y que seguirán siendo seguras. Los tecno-optimistas señalan que la profesión de más rápido crecimiento en Estados Unidos es la de auxiliar de asistencia sanitaria a domicilio. Pero también es una de las que menos ganan, con un salario anual aproximado de 22.000 dólares anuales. Una avalancha de nuevos trabajadores desplazados que intenten entrar en la industria sólo ejercerá una mayor presión a la baja sobre esta cifra.

Empujar a más gente a esos trabajos mientras los ricos se aprovechan de la IA para obtener enormes ganancias no sólo creará una sociedad dramáticamente desigual. Me temo que también resultará insostenible y muy inestable.

Un panorama desolador

Cuando examinamos el horizonte económico, vemos que la inteligencia artificial promete producir riqueza a una escala nunca antes vista en la historia de la humanidad, algo que debería ser motivo de celebración. Pero si se abandona a su suerte, la IA también producirá una distribución global de la riqueza que no sólo será más desigual, sino que también lo será de manera irremediable. Los países pobres en IA se verán incapaces de controlar la escalera del desarrollo económico, relegados a un estado de subordinación permanente. Los países ricos en IA acumularán gran riqueza, pero también serán testigos de la monopolización generalizada de la economía y de un mercado laboral dividido en castas económicas.

Que quede bien claro: no se trata sólo de la destrucción creativa del capitalismo, proceso que ya ayudó a lograr un nuevo equilibrio de más empleos, salarios más altos y una mejor calidad de vida para todos. Se supone que el libre mercado se autocorrige, pero estos mecanismos de autocorrección se descomponen en una economía impulsada por la inteligencia artificial. La mano de obra barata no proporciona ninguna ventaja sobre las máquinas, y los monopolios basados en datos siempre se retroalimentan.

Estas fuerzas se están combinando para crear un fenómeno histórico único, que sacudirá los cimientos de nuestros mercados laborales, economías y sociedades. Incluso si las predicciones más nefastas sobre la pérdida de puestos de trabajo no llegaran a materializarse por completo, el impacto social de la desgarradora desigualdad podría resultar igual de traumático. Puede que nunca construyamos las ciudades plegables del libro de ciencia ficción de Hao Jingfang, pero la IA corre el riesgo de crear un sistema de castas del siglo XXI, que divida a la población en la élite de la IA y lo que el historiador Yuval N. Harari ha llamado con crudeza la «clase inútil», gente que nunca podrá generar suficiente valor económico para mantenerse. Peor aún, la historia reciente nos ha demostrado lo frágiles que pueden ser nuestras instituciones políticas y nuestro tejido social frente a una desigualdad insuperable. Me temo que las recientes convulsiones no son más que un simulacro de las disrupciones que se producirán en la era de la IA.

Tomarlo como algo personal: la crisis de sentido que se avecina

La agitación resultante adquirirá dimensiones políticas, económicas y sociales, pero también será intensamente personal. En los siglos transcurridos desde la revolución industrial, hemos llegado a percibir nuestro trabajo no sólo como un medio de supervivencia, sino también como una fuente de orgullo personal, identidad y significado en la vida real. Cuando se nos pide que nos presentemos a nosotros mismos o a otros en un entorno social, un trabajo es a menudo lo primero que mencionamos. Nos ocupa el día y proporciona un sentido de rutina y un motivo de conexión humana. Un sueldo fijo se ha convertido en una forma no sólo de recompensar el trabajo sino también de mostrar a la gente que uno es un miembro valioso de la sociedad, un contribuyente a un proyecto común.

Cortar estos lazos —o forzar a la gente a tener una carrera móvil decreciente— dañará mucho más que nuestras vidas financieras. Constituirá un ataque directo a nuestro sentido de la identidad y de propósito. En un artículo de *The New York Times* de 2014, un electricista en paro llamado Frank Walsh describió el coste psicológico de un desempleo de difícil solución.

«Perdí mi autoestima, ¿sabes lo que quiero decir? —observó Walsh—. Cuando alguien me preguntaba: "¿A qué te dedicas?" yo respondía: "Soy electricista". Pero ahora no digo nada. Ya no soy electricista.»[25]

Esa pérdida de sentido y propósito tiene consecuencias muy

25. APPELBAUM, Binyamin, «The Vanishing Male Worker: How America Fell Behind», 11 de diciembre de 2014, <https://www.nytimes.com/2014/12/12/upshot/unemployment-the-vanishing-male-worker-how-america-fell-behind.html>.

reales y serias. Las tasas de depresión se triplican entre quienes llevan más de seis meses sin empleo, y las personas que buscan trabajo tienen el doble de probabilidades de suicidarse que los que tienen una ocupación remunerada.[26] El abuso del alcohol y las sobredosis de opiáceos aumentan junto con las tasas de desempleo, y algunos estudiosos atribuyen el incremento de las tasas de mortalidad entre los estadounidenses blancos sin educación a su declive económico, un fenómeno que ellos llaman «muerte por desesperación».[27]

El daño psicológico del desempleo inducido por la IA será aún más profundo. La gente se enfrentará a la perspectiva no sólo de quedarse temporalmente sin trabajo, sino de ser excluida de forma permanente del funcionamiento de la economía. Observarán cómo los algoritmos y los robots superarán su rendimiento con facilidad en las tareas y habilidades que a ellos les ha llevado toda una vida dominar; y eso conducirá a una sensación de inutilidad aplastante, una sensación de haberse vuelto obsoletos en la propia piel.

Los ganadores de esta economía de la IA se maravillarán de la impresionante potencia de estas máquinas. Pero el resto de la humanidad tendrá que lidiar con una pregunta mucho más profunda: cuando las máquinas puedan hacer todas aquellas cosas que hacemos nosotros, ¿qué significará ser humano?

Ésa es una pregunta con la que tuve que lidiar personalmente en las profundidades de mi propia crisis de mortalidad y significado. Esa crisis me llevó a un lugar muy oscuro, que llevó mi cuerpo al límite y desafió mis creencias más profundas sobre lo que es más importante en la vida. Pero fue ese proceso —y ese dolor— lo que me abrió los ojos a un final alternativo para la historia de los seres humanos y de la inteligencia artificial.

26. RONSEN, Rebecca J., «The Mental-Health Consequences of Unemployment», *Atlantic*, 9 de junio de 2014, <https://www.theatlantic.com/business/archive/2014/06/the-mental-health-consequences-of-unemployment/372449/>.

27. CASE, Anne y DEATON, Angus, «Mortality and Morbidity in the 21st Century», Brookings Papers on Economic Activity, Primavera 2017, <https://www.brookings.edu/wp-content/uploads/2017/08/casetextsp17bpea.pdf>.

7

La sabiduría del cáncer

Las profundas cuestiones que plantea nuestro futuro de la IA —cuestiones sobre la relación entre el trabajo, el valor y lo que significa ser humano— me resultan muy familiares.

Durante la mayor parte de mi vida adulta me he guiado por una ética del trabajo casi fanática. Dediqué casi todo mi tiempo y energía a mi trabajo, dejando muy poco para la familia o los amigos. Mi sentido de la autoestima se derivaba de mis logros en el trabajo, de mi capacidad para crear valor económico y expandir mi propia influencia en el mundo.

Había pasado mi trayectoria investigadora trabajando para construir algoritmos de inteligencia artificial cada vez más potentes. Al hacer esto, llegué a ver mi propia vida como una especie de algoritmo de optimización con un objetivo claro: maximizar la influencia personal y minimizar cualquier cosa que no contribuyera a ese objetivo. Trataba de cuantificarlo todo en la vida, equilibrando estos «*inputs*» y perfeccionando el algoritmo.

No descuidé del todo a mi esposa ni a mis hijas, pero sólo pasaba con ellas el tiempo suficiente para que no se quejaran. En cuanto sentía que había llegado a ese listón, volvía a toda prisa al trabajo, a contestar correos electrónicos, lanzar productos, financiar compañías y pronunciar discursos. Incluso en las profundidades del sueño, mi cuerpo se despertaba naturalmente dos veces por noche —a las 2 a. m. y 5 a. m.— para responder a los correos electrónicos de Estados Unidos.

Esa dedicación obsesiva al trabajo no quedó sin reconocimiento. Me convertí en uno de los mejores investigadores en IA del mundo, fundé el mejor instituto de investigación informática de Asia, fundé Google China, creé mi propio fondo de capital riesgo, escribí varios libros superventas, y acumulé una enorme cantidad de seguidores en redes sociales de China. Por cualquier métrica objetiva, mi supuesto algoritmo personal era un éxito rotundo.

Y entonces las cosas llegaron a un punto muerto.

En septiembre de 2013 me diagnosticaron un linfoma en estadio IV. En un instante, mi mundo de algoritmos mentales y logros personales se vino abajo. Ninguna de esas cosas podía ahora salvarme, ni proporcionarme consuelo y sentido. Como tantas personas obligadas a enfrentarse de repente a su propia mortalidad, me invadió el miedo por el futuro y un profundo arrepentimiento por la forma en que había vivido mi vida.

Año tras año, había ignorado la oportunidad de pasar tiempo y compartir amor con las personas más cercanas a mí. Mi familia no me había dado más que amor y cariño, y yo les había correspondido sobre la base de fríos cálculos. En efecto, fascinado por mi búsqueda para crear máquinas que pensaran como personas, me había convertido en una persona que pensaba como una máquina.

Mi cáncer acabaría por remitir, perdonando mi vida, pero las epifanías desencadenadas por esta confrontación personal con la muerte se han quedado grabadas en mi interior. Me han llevado a reorganizar mis prioridades y a cambiar mi forma de vida por completo. Ahora paso mucho más tiempo con mi mujer y mis hijas, y me mudé para estar más cerca de mi anciana madre. He reducido de manera drástica mi presencia en redes sociales, y dedico ese tiempo a reunirme y tratar de ayudar a los jóvenes que me piden consejo. He pedido perdón a aquellos a los que había ofendido e intento ser un compañero de trabajo más amable y empático. Sobre todo, he dejado de ver mi vida como un algoritmo que se optimiza para influenciar. En vez de eso, trato de dedicar mi energía a hacer la única cosa que he descubierto que da sentido a la vida de una persona: compartir el amor con los que le rodean.

Esta experiencia cercana a la muerte también me proporcionó una nueva visión sobre cómo los humanos pueden coexistir con la inteligencia artificial. Esta tecnología creará un enorme valor económico y destruirá un asombroso número de puestos de trabajo. Pero si permanecemos atrapados en una mentalidad que equipara nuestro valor económico con nuestra valía como seres humanos, esta transición a la era de la IA devastará nuestra sociedad y causará estragos en nuestra psicología individual.

Hay otro camino, una oportunidad de utilizar la inteligencia artificial para redoblar lo que nos hace ser verdaderamente humanos. Este camino no será fácil, pero creo que representa nuestra mejor esperanza no sólo de sobrevivir en la era de la IA, sino de prosperar. Se trata de un recorrido que yo ya he emprendido en mi propia vida, un viaje que modificó mi enfoque de las máquinas a las personas, y de la inteligencia de vuelta al amor.

16 de diciembre de 1991

El rutinario caos del parto se arremolinaba a mi alrededor. Las enfermeras y los médicos de uniforme entraban y salían de la habitación, verificando las medidas e intercambiando los goteos intravenosos. Mi esposa, Shen-Ling, yacía en la cama de hospital, luchando contra el acto más agotador física y mentalmente que una persona pueda hacer: traer a otro ser humano al mundo. Era el 16 de diciembre de 1991 y estaba a punto de ser padre por primera vez.

El médico que nos atendió me dijo que iba a ser un parto complicado porque el bebé venía en posición occipitoposterior, con la cabeza hacia el vientre en lugar de hacia la espalda. Lo que significaba que tal vez tendría que hacerle una cesárea a Shen-Ling. Yo caminaba ansioso por la habitación, incluso más nervioso que la mayoría de futuros padres en el gran día. Me preocupaba la salud de Shen-Ling y del bebé, aunque mi mente no estaba del todo en esa sala de partos.

Era porque ese día tenía que presentar un proyecto a John Sculley, mi CEO en Apple y uno de los hombres más poderosos en el mundo de la tecnología. Había comenzado a trabajar en Apple un año antes en calidad de director científico del proyecto de reconocimiento de voz, y esa presentación era mi oportunidad de granjearme el apoyo de Sculley a nuestra propuesta de incluir la síntesis de voz en todos los ordenadores Macintosh y el reconocimiento de voz en todos los nuevos tipos de Mac.

El parto de mi mujer seguía su curso, y yo no dejaba de mirar el reloj. Esperaba desesperadamente que tuviera el bebé a tiempo para que yo pudiera estar durante el parto y también para poder llegar a la sede central a tiempo para la reunión. Mientras daba vueltas por la habitación, mis compañeros de trabajo me llamaron y me preguntaron si debíamos cancelar la reunión o si quería que mi subalterno hiciera la presentación a Sculley en mi lugar.

«No —les dije—. Creo que puedo llegar a tiempo.»

Pero a medida que el parto se alargaba, parecía cada vez más improbable que esto fuera a ser así, y no sabía qué debía hacer: quedarme al lado de mi mujer o salir corriendo a una reunión importante. Ante un «problema» como ése, mi bien entrenada mente de ingeniero se puso en marcha a toda velocidad. Sopesé todas las opciones en términos de *inputs* y *outputs*, maximizando mi impacto en resultados medibles.

Ser testigo del nacimiento de mi primera hija sería fantástico, pero ella nacería tanto si yo estaba allí como si no. Por otro lado, si me perdía la presentación a Sculley, podía tener un impacto muy sustancial y cuantificable. Tal vez el software no respondería bien a la voz de mi sustituto —yo tenía un don para sacarle el mejor rendimiento— y Sculley podría archivar la investigación de reconocimiento de voz de forma indefinida. O tal vez daría luz verde al proyecto, pero pondría a otra persona a cargo del mismo. Imaginé que el destino de la investigación de la inteligencia artificial estaba en juego, y maximizar las posibilidades de éxito significó simplemente que tenía que estar en aquella sala para la presentación.

Estaba en medio de estos cálculos mentales cuando el médico me informó de que iban a proceder de inmediato a realizar una cesárea. Se llevaron a toda prisa a mi mujer a un quirófano conmigo a rastras, y en una hora Shen-Ling y yo sosteníamos a nuestro bebé. Pasamos un rato los tres juntos, y con poco tiempo de margen, me fui a la presentación.

Fue increíblemente bien. Sculley dio luz verde al proyecto y pidió una campaña publicitaria completa en torno a lo que yo había creado. Esa campaña dio lugar a una charla TED que tuvo gran repercusión, artículos en *The Wall Street Journal* y una aparición en *Good Morning America* en 1992, donde John Sculley y yo mostramos la tecnología a millones de espectadores. En el programa, utilizamos comandos de voz para concertar una cita, escribir un cheque y programar un vídeo, mostrando los primeros ejemplos de funciones futuristas que no serían de uso común hasta al cabo de otros veinte años, con Siri de Apple y Alexa de Amazon. Estos triunfos me llenaron de orgullo personal y proporcionaron un gran impulso a mi carrera.

Pero mirando hacia atrás, no son esos éxitos profesionales los que me vienen a la mente. Es la escena en esa habitación de hospital. Si me hubieran obligado a elegir entre el nacimiento de mi primera hija y la reunión de Apple, es probable que hubiera escogido la reunión.

Hoy, debo confesar que encuentro esto sumamente embarazoso, pero no del todo incomprensible. Eso es porque no se trataba sólo de una reunión. Era una manifestación de la mentalidad de máquina que había dominado mi vida durante décadas.

Ironman

De joven, la informática y la inteligencia artificial fueron importantes para mí porque la lógica cristalina de los algoritmos reflejaba mi propia manera de pensar. En ese momento, procesaba todo en mi vida —las amistades, el trabajo y el tiempo en familia— como variables o *inputs* en mi propio algoritmo mental.

Eran cosas que debía cuantificar y medir en las cantidades precisas para lograr un resultado específico.

Como cualquier buen algoritmo, tenía que equilibrar múltiples objetivos. Los coches autónomos no sólo se optimizan para llevarte a casa lo más rápido posible, sino que deben hacerlo sin infringir ninguna ley y al mismo tiempo minimizando el riesgo de accidentes. De la misma manera, tuve que buscar ciertas soluciones intermedias entre mi vida personal y profesional. No era un padre completamente ausente, un esposo negligente (a pesar del episodio del nacimiento de mi hija), ni un hijo ingrato. Mis algoritmos sociales eran lo bastante buenos para que me preocupara por recordar cumpleaños, hacer regalos apropiados y pasar algún tiempo con mi familia.

Pero las abordaba como funciones de minimización, buscando formas de alcanzar el resultado deseado invirtiendo la menor cantidad de tiempo posible. En gran medida, siempre he ponderado el algoritmo maestro a favor de mis propios objetivos profesionales para maximizar el tiempo en el trabajo, la influencia personal y el estatus dentro de mi profesión.

Cuando me daban vacaciones de cuatro semanas, pasaba una o dos con mi madre en Taiwán o con mi familia en Pekín y luego volvía al trabajo. Incluso cuando una intervención quirúrgica me obligó a permanecer en reposo en la cama durante dos semanas, no pude dejar mi trabajo a un lado. Hice construir una grúa de metal de la que colgaba un monitor de ordenador sobre mi almohada y lo conecté con un teclado y un ratón que colocaba sobre mi regazo. Volví a responder correos electrónicos a las pocas horas de la cirugía.

Quería que mis empleados, jefes y fans me vieran como una máquina de productividad sobrecargada, alguien que hacía el doble de trabajo y necesitaba la mitad de descanso que un ser humano normal. También era una sugerencia no demasiado sutil a mi equipo de que esperaba un esfuerzo similar por su parte. Mis compañeros de trabajo empezaron a llamarme por el apodo de «Ironman», lo cual me encantó.

Esa ética del trabajo me impuso un estilo de vida estimulante. Tuve la oportunidad de estar en la frontera de la ciencia, en la cima de los negocios globales y en el centro de atención de las celebridades nacionales. En 2013 tuve el honor de aparecer en los *Time* 100, la lista de las personas más influyentes del mundo de esa revista.

¿Qué te gustaría que pusieran en tu lápida?

Cada uno de esos logros sólo añadía más leña a mi fuego interior. Me llevaron a trabajar más duro y a predicar ese estilo de vida entre millones de jóvenes chinos. Escribí bestsellers con títulos como *Be Your Personal Best* y *Making a World of Difference*[1]. Fui a los campus universitarios de todo el país para ofrecer discursos inspiradores. China resurgía como potencia mundial después de siglos de pobreza, y exhorté a los estudiantes chinos a aprovechar el momento y dejar su propia huella en la historia.

Resulta paradójico, pero concluía dichas conferencias con una llamativa imagen: una foto de mi propia lápida. Les aseguraba que la mejor manera de encontrar la vocación de uno era imaginarse su propia tumba y qué querían que hubiera inscrito en ella. Les explicaba que mi misión estaba clara y que mi lápida estaba preparada:

AQUÍ YACE KAI-FU LEE,
CIENTÍFICO Y DIRECTIVO DE EMPRESA.
A TRAVÉS DE SU TRABAJO EN COMPAÑÍAS DE TECNOLOGÍA PUNTA
CONVIRTIÓ COMPLEJOS AVANCES TÉCNICOS EN PRODUCTOS
QUE TODO EL MUNDO PUEDE USAR
Y BENEFICIARSE DE ELLO.

Era una forma fantástica de concluir las conferencias, una llamada a la acción que resonaba con la ambición que palpitaba

1. *Be your Personal Best*: 李 复, 做最好的自己 (北京: 人民出版社, 2005), <https://www.amazon.cn/dp/B00116L0W>.

Making a World of Difference: DR. Lee KAI-FU, Haitao FAN y Crystal TAI (traductor), Amazon Digital Services, 13 de abril de 2018 por todo el país en ese momento. China estaba evolucionando y creciendo a mayor velocidad que cualquier otro país en la historia, y la emoción era palpable. Me sentía en mi elemento y en la cúspide de mi carrera.

Tras dejar Google y fundar Sinovation Ventures, empecé a pasar más tiempo asesorando a jóvenes. Aproveché la enorme cantidad de seguidores que tenía en Weibo, similar a Twitter, para relacionarme directamente con estudiantes chinos, ofreciéndoles orientación y escribiendo cartas abiertas que se recopilaron en forma de libros. Aunque sigo siendo el máximo representante de uno de los fondos de capital riesgo más prestigiosos del país, los estudiantes se refieren a mí como «maestro Kai-Fu», un título honorífico que en China combina un gran respeto con cierta cercanía.

Disfruté de este papel como mentor de millones de estudiantes. Creía que este giro hacia la «enseñanza» demostraba mi altruismo y mi deseo genuino de ayudar a los demás. En mis discursos en las universidades chinas, conservé la parte de la lápida pero cambié el epitafio:

AQUÍ YACE KAI-FU LEE,
QUE AMABA LA EDUCACIÓN
DURANTE LA ÉPOCA DEL AUGE DE CHINA.
A TRAVÉS DE LA ESCRITURA, INTERNET Y CONFERENCIAS,
AYUDÓ A MUCHOS ESTUDIANTES JÓVENES,
QUE CON CARIÑO LO LLAMABAN «MAESTRO KAI-FU».

Pronunciar ese discurso ante un público embelesado me proporcionaba una inyección de energía positiva. Pensé que el nuevo epitafio era un final aún mejor, ya que hablaba de mi importante influencia así como de una cierta sabiduría que había alcanzado con la edad. Había pasado de científico a ingeniero, y de ejecutivo a profesor. En el proceso, había logrado maximizar mi impacto en el mundo al mismo tiempo que daba a mis fans una sensación de calidez y empatía. El algoritmo de mi mente, me decía, había sido afinado a la perfección.

Iba a necesitar un encuentro con la realidad que había detrás de esa lápida —mi propia mortalidad— para entender lo absurdos y equivocados que habían sido mis cálculos.

Diagnóstico

El técnico a cargo de la tomografía era pura eficiencia y trabajo. Tras acompañarme hasta la sala, se puso sin perder tiempo a introducir mi información y programar el dispositivo de imágenes. Mi mujer y yo volvíamos cada año a Taiwán para hacernos un chequeo médico. A principios de 2013 habían diagnosticado cáncer a uno de nuestros familiares cercanos, por lo que mi esposa decidió que este año nos haríamos una resonancia magnética y una tomografía computarizada.

Mientras que las resonancias magnéticas y las tomografías computarizadas requieren de un ojo experto para descifrarlas, los resultados de una tomografía por emisión de positrones son relativamente fáciles de entender para cualquiera. A los pacientes se les inyecta un marcador radiactivo, una dosis de glucosa que contiene una pequeña cantidad de un radioisótopo. Las células cancerígenas tienden a absorber el azúcar con más intensidad que otras partes del cuerpo, por lo que esos radioisótopos tenderán a agruparse alrededor de tumores potencialmente cancerosos. Las imágenes de ordenador generadas por los escáneres representan esos grupos en rojo brillante. Antes de empezar, le pregunté al técnico si podía ver el escáner una vez que hubiera terminado.

«No soy radiólogo —dijo—. Pero sí, puedo mostrarte las imágenes.»

Con eso, me tumbé en la máquina y desaparecí en el tubo circular que había dentro. Cuando salí cuarenta y cinco minutos más tarde, el técnico todavía estaba encorvado sobre su ordenador, mirando fijamente la pantalla y haciendo clic con el ratón en rápida sucesión.

«¿Puedo ver las imágenes?», pregunté.

«Debería ir a ver a su radiólogo primero», respondió sin levantar la vista.

«Pero antes me ha dicho que podría verlas —protesté—. Están en la pantalla, ¿no es así?»

El técnico cedió ante mi insistencia y giró el monitor del ordenador para que pudiera verlo bien. Un frío punzante se apoderó de mi pecho, convirtiéndose en un escalofrío helado mientras se extendía por toda la piel. El escáner negro de mi cuerpo estaba salpicado de numerosas manchas rojas a través de mi estómago y abdomen.

«¿Qué son todas estas cosas rojas?», pregunté, mi mandíbula empezando a temblar.

El técnico no lograba mirarme a los ojos. Sentí cómo ese escalofrío inicial se convertía en calor.

«¿Son tumores?», le pregunté.

«Hay una probabilidad de que lo sean, sí —contestó, aún sin mirarme a los ojos—. Pero debería mantener la calma e ir a ver a su radiólogo.»

La cabeza me daba vueltas, pero mi cuerpo seguía en piloto automático. Le pedí al técnico que por favor me imprimiera el escáner, y me dirigí por el pasillo al consultorio del radiólogo. Todavía no tenía cita con él, e iba contra las reglas que examinaran mis impresiones de manera informal, pero rogué y supliqué hasta que uno de ellos accedió a hacer una excepción. Tras revisar los escáneres, el radiólogo me explicó que el patrón de estas agrupaciones significaba que tenía un linfoma. Cuando le pregunté en qué estadio se encontraba, intentó no responder a la pregunta.

«Bueno, es complejo. Tenemos que averiguar de qué tipo...»

Le interrumpí: «¿Pero en qué estadio se encuentra?»

«Probablemente en el cuatro.»

Salí de la habitación, y luego del hospital, sujetando el papel con ambas manos, manteniéndolo cerca de mi pecho para que nadie que pasara por allí pudiera ver lo que crecía en mi interior. Decidí que tenía que ir a casa y escribir mi testamento.

El testamento

Esa lágrima en la hoja iba a costarme una hora de duro trabajo. Había tratado de limpiarla con cuidado con un pañuelo antes de que cayera sobre el papel, pero llegué un segundo tarde y fue a parar justo encima del carácter chino para «Lee». Al mezclarse con la tinta, la lágrima formó un charquito que poco a poco se filtró en el papel. Tuve que empezar de nuevo.

Para que un testamento entre en vigor de inmediato en Taiwán, debe estar escrito a mano, sin manchas ni correcciones. Es un requisito sencillo, aunque un poco anticuado. Para ello, utilicé mi mejor pluma de tinta, la misma que había usado para firmar cientos de copias de los libros que había escrito: una autobiografía superventas y varios volúmenes que animaban a los jóvenes chinos a tomar el control de sus carreras a través del duro trabajo. Ahora esa pluma me estaba fallando. Me temblaba la mano de ansiedad y no podía sacarme la imagen de la tomografía de la cabeza. Traté de seguir concentrado en las instrucciones de mi abogado sobre el testamento, pero a medida que mi mente divagaba, mi pluma resbalaba y estropeaba un carácter chino, obligándome a empezar de cero.

No era sólo el recuerdo de las manchas rojas lo que me dificultaba tanto la escritura. Mi testamento tenía que estar escrito en los caracteres tradicionales chinos usados en Taiwán: combinaciones complejas de trazos, rabillos y florituras mucho más intrincados y elegantes que los simples caracteres utilizados en la China continental. Estos caracteres constituyen uno de los lenguajes escritos más antiguos que todavía siguen en uso, y yo había crecido inmerso en ellos. De niño, devoré épicas novelas de kung-fu e incluso llegué a escribir una durante la escuela primaria.

A los once años de edad me mudé de Taiwán a Tennessee, traslado promovido por mi hermano mayor que trabajaba en Estados Unidos y le dijo a mi madre que el sistema educativo de Taiwán era demasiado rígido y orientado a los exámenes para un niño como yo. Fue difícil para mi madre ver cómo su hijo pequeño se mudaba al otro lado del mundo, y cuando nos despedimos, me hizo prometer una cosa: que le escribiría una carta en chino cada semana. En las cartas que ella me escribía de vuelta, incluía una copia de la última que yo le había enviado con correcciones de los caracteres que había escrito mal. Esa correspondencia mantuvo vivo para mí el idioma chino escrito durante mis estudios de secundaria, universitarios y de posgrado en Estados Unidos.

Cuando a principios de la década de 1990 me sumergí de lleno en un prestigioso trabajo en Apple, nuestra correspondencia manuscrita se volvió menos frecuente. Cuando me mudé a Pekín y empecé a trabajar con Microsoft, los ordenadores cada vez devoraban más tiempo del que debía pasar escribiendo caracteres tradicionales a mano. Escribir chino en un ordenador era más fácil; sólo había que teclear la grafía latina de una palabra china (por ejemplo, *nihao*) y luego seleccionar los caracteres correspondientes de una lista. La inteligencia artificial ha agilizado aún más el proceso al predecir y seleccionar de forma automática los caracteres en función del contexto. Esa tecnología ha hecho que mecanografiar chino sea casi tan eficiente como escribir idiomas alfabéticos como el inglés.

Pero las mejoras en la eficiencia se habían convertido en pérdida de memoria. Inclinado sobre el papel, luchaba por evocar la forma de los caracteres tras décadas de abandono. Me olvidaba de un punto o añadía un trazo horizontal donde no debía estar. Cada vez que estropeaba un carácter, arrugaba la hoja de papel y empezaba de nuevo.

Mi testamento constaba sólo de una página, y en él se lo dejaba todo a mi mujer, Shen-Ling. Pero mi abogado insistió en que escribiera cuatro copias del mismo, cada una de ellas para justificar una posible contingencia diferente. ¿Y si Shen-Ling moría antes que yo? Entonces se lo dejaba todo a mis dos hijas. ¿Y si moría una de ellas? ¿Y si Shen-Ling y mis hijas fallecían? Se trataba de un conjunto absurdo de hipótesis que imponerle a alguien que luchaba contra su propia mortalidad, pero la ley no establece excepciones para la angustia interna de una persona.

Sin embargo, esos casos hipotéticos volvieron a centrar mi mente en lo que importaba. No la gestión de mis activos financieros, sino las personas que formaban parte de mi vida. Desde que vi la tomografía, el mundo parecía disolverse en un torbellino de desesperación, en el que yo estaba en el centro. ¿Por qué a mí? Nunca había hecho daño a nadie de forma deliberada. Había tratado de hacer del mundo un lugar mejor, de crear tecnologías que hicieran la vida más fácil a la gente. Había utilizado mi fama en China para educar e inspirar a los jóvenes. No había hecho nada para merecer morir a la edad de cincuenta y tres años.

Cada uno de esos pensamientos comenzaba con un «Yo» y se centraba en afirmaciones engreídas sobre mi propio valor «objetivo». No abandoné este regodeo egocéntrico y autocompasivo hasta que escribí los nombres de mi mujer y de mis hijas, carácter a carácter en tinta negra. La verdadera tragedia no era que no fuera a vivir mucho tiempo. Era que había vivido tanto tiempo sin compartir generosamente el amor con aquéllos tan cerca de mí.

Al poner el punto final, mi vida cobró nitidez y descarté dedicarme al regodeo egocéntrico. Dejé de preguntarme por qué el mundo me había hecho algo así, o de lamentar que todos mis logros no pudieran salvarme ahora. Empecé a hacer nuevas preguntas: ¿Por qué había querido convertirme con tanta desesperación en una máquina de productividad? ¿Por qué no me había tomado el tiempo de compartir mi amor con los demás? ¿Por qué había ignorado la esencia misma que me hacía ser humano?

La vida hacia la muerte

Mientras el sol se ponía en Taipéi, permanecí sentado a solas a la mesa, mirando las cuatro copias de mi testamento que me había llevado cuatro horas escribir. Mi mujer estaba en Pekín con nuestra hija menor, y yo en la sala de estar de la casa de mi madre, que estaba acostaba en la habitación de al lado. Sufría demencia desde hacía años y, aunque todavía podía reconocer a su hijo, tenía poca capacidad para entender el mundo que la rodeaba.

Por un momento, agradecí la enfermedad que le nublaba la

mente. Creo que si hubiera podido entender el diagnóstico que acababan de darme, se habría quedado destrozada. Me había tenido con cuarenta y cuatro años, edad en que los médicos la instaron a no seguir adelante con el embarazo. Ella se negó a considerar esa idea, Llevó el embarazo a término y luego me llenó de un amor infinito. Yo era su niño y nada le gustaba más que alimentarme con sus albóndigas picantes de Sichuan y trozos de cerdo que prácticamente se derretían en la lengua.

Cuando me mudé a Tennessee, a pesar de no hablar ni una palabra de inglés, mi madre me acompañó y se quedó conmigo durante mis primeros seis meses en Estados Unidos, sólo para asegurarse de que estuviera bien. Mientras se preparaba para regresar a Taiwán, lo único que me pidió es que le siguiera escribiendo esas cartas semanales en chino, una forma de mantenerme cerca de su corazón y arraigado en la cultura de mis antepasados.

Mi madre había pasado toda su vida compartiendo amor con sus hijos. Sentado a su mesa de comedor mientras ella yacía en la habitación de al lado, me carcomían la culpa y los remordimientos. ¿Cómo era posible que hubiera sido criado por una mujer tan generosa emocionalmente y que, sin embargo, hubiera vivido mi vida tan centrado en mí mismo? ¿Por qué nunca le dije a mi padre que le quería? O también ¿le había mostrado a mi madre lo mucho que me preocupaba que estuviera bien antes de que la demencia se apoderara de ella?

Lo más difícil de enfrentarse a la muerte no son las experiencias que no tendrás, sino las que no puedes recuperar. La enfermera de cuidados paliativos y autora Bronnie Ware ha escrito extensamente sobre cuál es el arrepentimiento más común que suelen expresar en las últimas semanas de vida sus pacientes en fase terminal. Afrontando el final, estos pacientes pueden examinar su vida con una claridad que se nos escapa a aquellos de nosotros abocados a la rutina diaria. Hablaban del dolor de no haber vivido fieles a sí mismos, del pesar de haberse centrado de manera tan obsesiva en el trabajo, y del darse cuenta de que son las personas en tu vida las que le dan un verdadero significado. Ninguno de ellos echó la vista atrás deseando haber trabajado más duro, pero muchos anhelaron haber pasado más tiempo con sus seres queridos.

«Al final todo se reduce al amor y a las relaciones —escribió Ware en el artículo del blog que lanzó su libro—. Eso es todo lo que queda en las últimas semanas: amor y relaciones.»[2]

Sentado a la mesa de mi madre, esta simple verdad enardecía en mi interior. Mi mente retrocedía en el tiempo, sumergiéndose en recuerdos de mis hijas, mi mujer y mis padres. No había ignorado las relaciones en mi vida; por el contrario, las había contabilizado con precisión. Los había cuantificado a todos y había calculado la asignación óptima de tiempo necesario para alcanzar mis objetivos. Ahora sentía una enorme sensación de vacío, de pérdida irrecuperable, del poco tiempo que mi algoritmo mental había considerado «óptimo» para mis seres queridos. Esta forma algorítmica de pensar no sólo estaba por debajo del nivel óptimo a la hora de asignar el tiempo. Me estaba robando mi propia humanidad.

El maestro en la montaña

Como cualquier epifanía que valga la pena tener, me llevó un tiempo asimilar de verdad estos pensamientos. Sentía que algo había cambiado en mi interior, pero haría falta paciencia y un examen de conciencia de una honestidad brutal para convertir esas punzadas de arrepentimiento en un nuevo modo de enfrentarme al mundo que me rodeaba.

Poco después de mi diagnóstico, un amigo me recomendó visitar el monasterio budista Fo Guang Shan en el sur de Taiwán. El venerable maestro Hsing Yun, un monje robusto con una dulce sonrisa, fundó Fo Guang Shan en 1967 y continúa viviendo en el monasterio hasta el día de hoy. Su orden monástica practica lo que se denomina «budismo humanista», un enfoque moderno

2. «Top 5 Regrets of the Dying», *Huffington Post*, 21 de enero de 2012, <https://www.huffingtonpost.com/bronnie-ware/top-5-regrets-of-the-dyin_b_1220965.html>.

de la religión que busca integrar prácticas y preceptos básicos en nuestra vida diaria. Sus monjes evitan el adusto misterio del budismo tradicional, abrazando en su lugar la vida con sincera alegría. El monasterio acoge visitantes de todos los orígenes, compartiendo con ellos prácticas sencillas y una cordial sabiduría. Alrededor del monasterio se ven parejas casándose, monjes que disfrutan de una buena carcajada y turistas que encuentran un momento en sus ajetreadas vidas para disfrutar de la calma que emana de la gente de allí.

Había practicado el cristianismo durante la época que viví en Estados Unidos, y aunque ya no me considero practicante de ninguna fe religiosa, mantengo la creencia en un creador de este mundo y un poder mayor que el nuestro. No tenía ninguna ambición en particular cuando me decidí a visitar el monasterio; sólo el deseo de pasar unos días meditando sobre lo que estaba experimentando y reflexionando sobre la vida que había vivido.

Un día después de las clases de la mañana, me pidieron que acompañara al maestro Hsing Yun en su desayuno vegetariano. El sol aún no había salido mientras comíamos pan de cereales, tofu y gachas de avena. El maestro Hsing Yun se desplaza ahora en silla de ruedas, pero su mente permanece clara y aguda. A mitad de la comida, se volvió hacia mí y me preguntó sin rodeos:

«Kai-Fu, ¿has pensado alguna vez en cuál es tu meta en la vida?»

Sin pensarlo, instintivamente le ofrecí la respuesta que llevaba décadas dándome a mí mismo y a los demás:

«Maximizar mi impacto y cambiar el mundo.»

Al decir esas palabras, sentí el ardiente bochorno que aparece cuando exponemos nuestras ambiciones al desnudo. El sentimiento se vio amplificado por el silencio que emanaba del monje al otro lado de la mesa. Pero mi respuesta fue honesta. La misión de maximizar mi impacto había sido como un tumor que hubiera habitado siempre en mí, invariablemente tenaz y en constante crecimiento. Había leído mucha filosofía y textos religiosos, pero llevaba décadas sin examinar en tono crítico ni dudar de esta motivadora creencia central en mi interior.

El maestro Hsing Yun permaneció un momento en silencio,

usando un trozo de pan para limpiar los últimos restos del desayuno de su cuenco de madera. Me moví incómodo en mi asiento.

«¿Qué significa realmente "maximizar el impacto"? —comenzó a decir—. Cuando la gente habla de esa manera, a menudo no es más que una forma sutil de ocultar el ego, la vanidad. Si de verdad miras en tu interior, ¿puedes decir con seguridad que lo que te motiva no es el ego? Es una pregunta que debes hacerle a tu corazón, y hagas lo que hagas, no intentes mentirte a ti mismo.»

Mi mente se apresuró a buscar pruebas en contra. Procuré la irrefutable lógica que redimiría mis acciones. Los días desde mi diagnóstico habían sido un ejercicio agonizante de arrepentimiento por la forma en que me había relacionado con mi familia y amigos. Poco a poco había ido aceptando el vacío de mi vida emocional. Pero como se describe en la teoría de Elisabeth Kübler-Ross sobre las cinco etapas del duelo, antes de la aceptación viene la negociación.[3]

Internamente, había estado tratando de utilizar mi impacto en millones de jóvenes chinos como moneda de cambio, como una forma de equilibrar la falta de amor compartida con mi familia y amigos. Tenía más de cincuenta millones de seguidores en Weibo, y había maximizado sin cesar mi impacto en este grupo. Incluso llegué a construir un algoritmo de IA para descubrir y determinar qué otros mensajes de Weibo debía compartir, buscando siempre maximizar el impacto. Sí, puede que haya omitido pasar tiempo en familia para pronunciar discursos públicos, pero piensa en toda la gente a la que había llegado. Había influido en millones de jóvenes estudiantes e intentado ayudar a una gran nación a salir de la pobreza. ¿Acaso lo bueno no superaba a lo malo? Los regalos que había dado a tantos extraños a través de mi trabajo, ¿no podían compensar la escasez de amor que había compartido con mis seres queridos? ¿No se equilibraba la ecuación al final?

El maestro Hsing Yun acababa de darle una patada a la pro-

3. KÜBLER-ROSS, Elisabeth, *On Death and Dying*, Macmillan, Nueva York, 1969. Versión castellana: *Sobre la muerte y los moribundos*, Debolsillo, Barcelona, 2005.

verbial última pata del taburete sobre el que me sentaba. Intenté explicarme y presentar mis acciones de la mejor manera posible, basándome en lo que habían logrado. Pero a él no le interesaban los resultados que mi bien diseñado algoritmo personal escupía. Con paciencia quitó capa tras capa de excusas y ofuscación. Insistió en dirigir la conversación hacia el interior, pidiéndome que me confrontara con una honestidad inquebrantable.

«Kai-Fu, los humanos no están hechos para pensar así. Ese calcularlo todo, ese cuantificarlo todo, corroe lo que de verdad está en nuestro interior y lo que existe entre nosotros. Asfixia la única cosa que nos brinda la verdadera vida: el amor.»

«Estoy empezando a entenderlo, maestro Hsing Yun», dije, bajando la cabeza, mirando al suelo entre mis pies.

«Mucha gente lo entiende —continuó—, pero es mucho más difícil vivirlo. Por eso debemos humillarnos. Tenemos que sentir en nuestros huesos lo pequeños que somos, y debemos reconocer que no hay nada más grande o más valioso en este mundo que el simple acto de compartir amor con los demás. Si partimos de ahí, el resto empezará a encajar. Es la única forma en que podemos llegar a ser nosotros mismos.»

Con eso, se despidió y se marchó en su silla de ruedas. Me dejó con sus palabras resonando en la mente y hundiéndose en mi piel. El tiempo transcurrido desde mi diagnóstico había sido un torbellino de dolor, arrepentimiento, revelación y duda. Había llegado a comprender lo personalmente destructiva que había sido mi antigua forma de pensar, y luchaba por reemplazarla con un nuevo modo de ser persona en el mundo que no imitara ningún aspecto de ese pensamiento algorítmico.

En presencia del maestro Hsing Yun, había sentido algo nuevo. No era tanto la respuesta a un acertijo o la solución a un problema. Era más bien una disposición, una forma de entenderse a uno mismo y de abrirse al mundo que no se reducía a *inputs*, *outputs* y optimizaciones.

Durante mi tiempo como investigador, había estado en la frontera absoluta del conocimiento humano sobre la inteligencia artificial, pero nunca había estado más lejos de una comprensión genuina de otros seres humanos o de mí mismo. Ese tipo de comprensión no se puede obtener a partir de un algoritmo construido con habilidad. Más bien, requería una mirada inquebrantable al espejo de la muerte y un abrazo a aquello que me separaba de las máquinas que construía: la posibilidad de amar.

Segundas opiniones y segundas oportunidades

Mientras luchaba con la cruda realidad, el tratamiento para el cáncer siguió adelante. Mi primer médico clasificó en estadio IV la enfermedad, el estadio más avanzado del cáncer. Por término medio, los pacientes con linfoma en esta fase tienen alrededor de un cincuenta por ciento de probabilidades de sobrevivir cinco años. Quise obtener una segunda opinión antes de comenzar el tratamiento, y un amigo mío me organizó una cita con el médico de su familia, el mejor especialista en hematología de Taiwán.

Faltaba una semana para ver a ese doctor, y mientras tanto continué llevando a cabo mi propia investigación sobre la enfermedad. En mi vida emocional, me alejaba de la búsqueda implacable de la cuantificación y optimización. Pero como científico cuya vida estaba en juego, no pude evitar tratar de comprender mejor la dolencia y cuantificar mis posibilidades de supervivencia. Devoré toda la información que pude encontrar sobre el linfoma en internet: posibles causas, tratamientos de vanguardia y tasas de supervivencia a largo plazo. A través de la lectura, llegué a comprender cómo los médicos clasifican las diversas etapas del linfoma.

Los libros de medicina utilizan el concepto de «estadios» para describir lo avanzados que están los tumores cancerosos; aquellos más avanzados suelen corresponderse con tasas de supervivencia más bajas. En el linfoma, el estadio se ha asignado tradicionalmente de conformidad con unas pocas características sencillas: ¿Ha afectado el cáncer a más de un ganglio linfático? ¿Están los ganglios linfáticos cancerosos por encima y por debajo del diafragma (la parte inferior de la caja torácica)? ¿Hay cáncer en otros órganos fuera del sistema linfático o en la médula ósea del paciente? Por lo general, cada «sí» a una de las preguntas anteriores eleva el diagnóstico a una etapa superior. El hecho de que mi linfoma hubiera afectado a más de veinte sitios, se hubiera extendido por encima y por debajo del diafragma, y hubiera entrado en un órgano fuera del sistema linfático, significaba que yo estaba automáticamente categorizado como paciente en estadio IV.

Pero lo que no sabía en el momento del diagnóstico era que este tosco método de estadificación tiene más que ver con lo que los estudiantes de medicina pueden memorizar que con lo que la medicina moderna puede curar.

Las fases de clasificación basadas en características tan simples de una enfermedad compleja son un ejemplo clásico de la necesidad humana de basar las decisiones en «características fuertes». Los seres humanos son extremadamente limitados en su capacidad de discernir correlaciones entre variables, por lo que buscamos orientación en un puñado de los significantes más obvios. Por ejemplo, en la concesión de un préstamo bancario estas «características fuertes» incluyen los ingresos del prestatario, el valor de la vivienda y la calificación crediticia. En la estadificación del linfoma, se limitan a incluir el número y la ubicación de los tumores.

Estas llamadas características fuertes no son en realidad las herramientas más precisas para realizar un pronóstico matizado, pero son lo bastante simples para un sistema médico en el que el conocimiento debe ser transmitido, archivado y recuperado en el cerebro de médicos humanos. Pero las investigaciones médicas ya han identificado decenas de otras características de los casos de linfoma que permiten predecir mejor la supervivencia a cinco años en los pacientes. Pero memorizar las complejas correlaciones y las probabilidades precisas de todos estos predictores es más de lo que los mejores estudiantes de medicina pueden manejar. Por consiguiente, la mayoría de los médicos no suelen incluir estos otros predictores en sus decisiones de estadificación.

En las profundidades de mi propia investigación, encontré un ensayo que sí cuantificaba el poder predictivo de estas métricas alternativas. El estudio procede de un equipo de investigadores de la Universidad de Módena y Reggio Emilia en Italia, y analizaba quince variables diferentes, identificando las cinco características que, consideradas en conjunto, guardaban una relación más estrecha con la supervivencia a cinco años.[4] Estas características incluían algunas medidas tradicionales (como la afectación de la médula ósea), pero también medidas menos intuitivas (¿hay tumores de más de 6 cm de diámetro? ¿Los niveles de hemoglobina están por debajo de los 12 gramos por decilitro? ¿El paciente tiene más de sesenta años?). La investigación proporciona entonces las tasas de supervivencia promedio basadas en cuántas de esas características mostraba un paciente.

Para alguien formado en inteligencia artificial —donde incluso los algoritmos más sencillos basan sus decisiones en cientos, si no miles, de características distintas— esta nueva rúbrica de conclusiones parecía todavía muy poco rigurosa. Procuraba reducir un sistema complejo a unas pocas características que los humanos pudieran procesar. Pero también mostraba que los parámetros de estadificación estándar eran muy deficientes a la hora de predecir resultados y que en gran medida habían sido creados para proporcionar a los estudiantes de medicina algo que pudieran memorizar con facilidad y repetir mecánicamente en sus exámenes. La nueva rúbrica se basaba mucho más en datos, así que aproveché la oportunidad para cuantificar con ella mi propia enfermedad.

Rebuscando entre montones de informes médicos y resultados de pruebas del hospital, saqué la información para cada métrica: mi edad, el diámetro del nódulo más grande, la afectación de la médula ósea, estado de la microglobulina y los niveles de hemoglobina. De las cinco características más fuertemente relacionadas con la muerte prematura, parecía tener sólo una. Mis ojos escaneaban frenéticamente la página, revisando los gráficos

4. FEDERICO M., BELLEI M., *et altri*: «Follicular Lymphoma International Prognostic Index 2: A New Prognostic Index for Follicular Lymphoma Developed by the International Follicular Lymphoma Prognostic Factor Project», *Journal of Clinical Oncology* 27, nº. 27, septiembre de 2009, pp. 4555-4562.

y trazando líneas entre mis factores de riesgo y la tasa de supervivencia.

Y ahí estaba: mientras que el diagnóstico en estadio IV del hospital significaba una tasa de supervivencia a cinco años de apenas el 50 por ciento, la rúbrica más detallada y científica del artículo de investigación elevaba esa cifra a un 89 por ciento.

Volví a examinar una y otra vez los números, y con cada confirmación crecía mi entusiasmo. Nada dentro de mi cuerpo había cambiado, pero sentía que me alejaba del abismo. A finales de esa semana visité al mejor experto en linfomas de Taiwán que confirmó lo que el estudio había indicado: que la calificación de mi linfoma como estadio IV era engañosa, y que mi enfermedad seguía siendo altamente tratable. Nada era seguro —ahora lo sabía más que nunca—, pero había muchas posibilidades de que saliera con vida de esa situación. Me sentí renacer.

Alivio y resurgimiento

Hay cierta sensación que la mayoría de la gente experimenta justo después de evitar por poco el desastre. Es esa sensación de hormigueo que te recorre la piel y el cuero cabelludo unos segundos después de que tu coche patine hasta detenerse en la carretera, a sólo unos metros de un accidente. A medida que la adrenalina se disipa y los músculos se relajan, la mayoría de nosotros prometemos en silencio no volver a hacer nunca más lo que sea que estábamos haciendo; promesa que podemos mantener durante un par de días o incluso semanas antes de caer otra vez en los viejos hábitos.

Durante el tiempo en que me sometí a quimioterapia y mi cáncer entró en remisión, yo también juré aferrarme a las revelaciones que la enfermedad me había descubierto. Despierto por la noche en las semanas posteriores a mi diagnóstico, revisé mi vida una y otra vez, preguntándome cómo había estado tan ciego. Me dije a mí mismo que por mucho tiempo que me quedara, no me permitiría ser un autómata. No viviría con algoritmos internos ni buscaría optimizar variables. Trataría de compartir amor con aquellos que tanto me habían dado, no por lograr cierta meta, sino porque me hacía sentir bien. No intentaría ser una máquina de productividad. Bastaría con ser una persona afectuosa.

El amor de mi familia durante todo ese tiempo sirvió como un constante recordatorio de esta promesa y fue una fuente permanente de fortaleza durante el tratamiento contra el cáncer. A pesar de tantos años de ofrecerles tan poco de mi propio tiempo, cuando enfermé, mi mujer, mis hermanas y mis hijas se lanzaron a la acción para cuidarme. Shen-Ling no se movió de mi lado durante las agotadoras y en apariencia interminables sesiones de quimioterapia, atendiendo cada una de mis necesidades y robando unas horas de sueño apoyándose en mi cama. La quimioterapia puede alterar la digestión, y los olores y sabores más normales pueden provocarte náuseas o vómitos. Cuando mis hermanas me traían comida, tomaban nota de mi reacción a cada olor y sabor, ajustando sin cesar las recetas e ingredientes para que yo pudiera disfrutar de su comida casera durante el tratamiento. Su amor desinteresado y su cuidado constante durante este tiempo simplemente me abrumaron. Tomó todas las ideas que yo había llegado a comprender y las convirtió en emociones que se apoderaron de mí y se quedaron a vivir en mi interior.

Desde mi recuperación, he llegado a atesorar el tiempo que paso con mis seres queridos. Antes, cuando mis dos hijas volvían a casa de la universidad, sólo me tomaba un par de días libres para estar con ellas. Ahora, cuando vienen de visita de sus ocupados trabajos, me tomo un par de semanas. Ya sea en viaje de negocios o vacaciones, viajo con mi mujer. Paso más tiempo en casa cuidando a mi madre y trato de mantener mis fines de semana libres para ver a mis viejos amigos.

Me he disculpado y he tratado de recuperar la amistad con aquellos a los que lastimé o descuidé en el pasado. Me encuentro con muchos jóvenes que se acercan a mí, y he dejado de comunicarme sólo a través de mensajes impersonales a través de mis cuentas en redes sociales. Trato de evitar priorizar estas reuniones según quien «muestre potencial», haciendo todo lo posible por involucrar a todas las personas por igual, con independencia de su estatus o talento.

Ya no pienso en lo que se escribirá en mi lápida. Y no es porque evite pensar en la muerte. Ahora soy más consciente que nunca de que todos vivimos en relación directa y constante con nuestra propia mortalidad. Es porque sé que mi lápida es sólo un pedazo de piedra, una roca sin vida que no se puede comparar con la gente y los recuerdos que forman la rica complejidad de una vida humana. Reconozco que apenas estoy empezando a aprender lo que tantas personas a mi alrededor han entendido toda su vida de forma intuitiva. Pero por muy simples que sean estos descubrimientos, han transformado mi vida.

También han transformado la forma en que contemplo la relación entre personas y máquinas, entre corazones humanos y mentes artificiales. Esta transformación me pilló por sorpresa mientras reflexionaba sobre el proceso de mi enfermedad: la tomografía, el diagnóstico, mi propia angustia y la sanación física y emocional que siguió. Me he dado cuenta de que mi cura constó de dos partes, una tecnológica y otra emocional, cada una de las cuales constituirá un pilar de nuestro futuro de la IA, como explico en el siguiente capítulo.

Siento gran respeto y profundo aprecio por los profesionales médicos que dirigieron mi tratamiento. Dedicaron años de experiencia y tecnología médica de vanguardia a la tarea de hacer retroceder el linfoma que crecía en mi interior. Sus conocimientos sobre esta enfermedad y su capacidad para elaborar un régimen de tratamiento personalizado probablemente me salvaron la vida.

Y sin embargo, eso no supuso más que la mitad de la cura para lo que me afligía. No estaría aquí hoy si no fuera por la tecnología médica y los profesionales impulsados por los datos que la utilizan para salvar vidas. Pero no estaría compartiendo esta historia con vosotros de no ser por Shen-Ling, mis hermanas y mi propia madre, que a través de un ejemplo silencioso me mostraron lo que significa llevar una vida de amor compartido con desinterés.

O gente como Bronnie Ware, cuyo profundo libro sobre el

arrepentimiento de personas al borde de la muerte me dio vida en el momento de mayor debilidad. O el maestro Hsing Yun, cuya sabiduría me hizo despertar de mis delirios profesionales y me obligó a enfrentarme de verdad a mi propio ego. Sin estas conexiones incuantificables y no optimizables con otras personas, nunca habría aprendido lo que realmente significa ser una persona humana. Sin ellas, nunca habría reordenado mis prioridades y reorientado mi propia vida. Pronto empecé a trabajar menos y a pasar más tiempo con las personas con las que me relaciono. Dejé de tratar de cuantificar el impacto de cada acción —con quién me reunía, a quién escribía de vuelta, con quién pasaba el tiempo— y en cambio intenté tratar a todos los que me rodeaban por igual. Este cambio en la forma relacionarme con los demás no sólo fue beneficioso para ellos, sino que me llenó de una sensación de plenitud, satisfacción y calma que nunca lograron los vacíos éxitos académicos de mi carrera profesional.

La realidad es que no pasará mucho tiempo antes de que los algoritmos de IA puedan realizar muchas de las funciones de diagnóstico de los profesionales médicos. Estos algoritmos identificarán la enfermedad y prescribirán los tratamientos de manera más efectiva que cualquier otro ser humano. En algunos casos, los médicos usarán estas ecuaciones a modo de herramienta. En otros, los algoritmos sustituirán al médico por completo.

Pero lo cierto es que no existe ningún algoritmo que pueda reemplazar el papel de mi familia en mi proceso de sanación. Lo que compartieron conmigo es mucho más simple —y sin embargo mucho más profundo— que cualquier cosa que la IA pueda producir jamás.

A pesar de todas las asombrosas capacidades de la IA, lo único que sólo los seres humanos pueden aportar resulta ser exactamente aquello que más necesitamos en nuestra vida: el amor. Es ese momento en el que vemos a nuestros bebés recién nacidos, el sentimiento de amor a primera vista, el sentimiento cálido de los amigos que nos escuchan con empatía, o el de realización personal cuando ayudamos a alguien necesitado. Estamos lejos de comprender el corazón humano, y mucho menos de replicarlo. Pero sí sabemos que los seres humanos son los únicos capaces de amar y ser amados, que los humanos quieren amar y ser amados, y que amar y ser amado es lo que hace que nuestras vidas valgan la pena.

Ésta es la síntesis sobre la que creo que debemos construir nuestro futuro en común: sobre la capacidad de pensamiento de la IA, pero unida a la capacidad de amar de los seres humanos. Si podemos crear esta sinergia, podremos aprovechar el innegable poder de la inteligencia artificial para generar prosperidad al mismo tiempo que abrazamos nuestra humanidad esencial.

Esto no es algo que llegará de forma natural. Construir este futuro para nosotros mismos —en tanto que personas, países y una comunidad global— requerirá reimaginar y reorganizar nuestras sociedades desde abajo. Se necesitará unidad social, políticas creativas y empatía humana, pero si se logra, podría convertir un momento de crisis absoluta en una oportunidad sin parangón.

Nunca ha sido mayor el potencial de prosperidad humana; ni mayores las consecuencias del fracaso.

8

Un plan para la coexistencia del hombre con la IA

Mientras me sometía al tratamiento de quimioterapia para el cáncer en Taiwán, un viejo amigo y emprendedor en serie vino a verme con un problema en su última startup. Ya había fundado y vendido varias empresas de tecnología de consumo exitosas, pero a medida que se hacía mayor quería hacer algo más significativo, es decir, quería construir un producto que sirviera a la gente y que las nuevas empresas tecnológicas a menudo habían ignorado. Tanto mi amigo como yo estábamos entrando en la edad en la que nuestros padres necesitaban más ayuda en su vida diaria, y decidió diseñar un producto que hiciera la vida más fácil a los ancianos.

Lo que se le ocurrió fue una gran pantalla táctil montada en un soporte que podía colocarse junto a la cama de una persona mayor. En la pantalla había unas cuantas aplicaciones simples y prácticas conectadas a servicios que los abuelos podían usar: pedir comida a domicilio, poner sus telenovelas favoritas en la televisión, llamar a su médico, etc. A menudo, a las personas mayores les cuesta navegar por las complejidades de internet, o manipular los pequeños botones de un teléfono inteligente, así que mi amigo hizo todo lo más simple posible. Todas las aplicaciones requerían sólo un par de clics, e incluso incluía un botón que permitía a los usuarios mayores llamar directamente a un agente de servicio al cliente para guiarlos a través del uso de su dispositivo.

Sonaba como un producto maravilloso, con un mercado real en ese momento. Por desgracia, hay muchos hijos adultos en China, y en otros lugares, demasiado ocupados con el trabajo para dedicar tiempo a cuidar de sus ancianos padres. Pueden experimentar un sentimiento de culpa sobre la importancia de la devoción filial, pero a la hora de la verdad, simplemente no logran encontrar el tiempo para cuidar de sus padres de una manera adecuada. La pantalla táctil sería un buen sustituto.

Pero después de implementar una versión de prueba de su producto, mi amigo descubrió que tenía un problema. De todas las funciones disponibles en el dispositivo, la más utilizada de lejos no fue la de pedir comida a domicilio, los controles de la televisión o la consulta médica. Fue el botón de servicio de atención al cliente. Los representantes de la compañía de servicio al cliente se vieron abrumados por una avalancha de llamadas entrantes de personas mayores. ¿Qué estaba ocurriendo aquí? Mi amigo había hecho que el dispositivo fuera lo más sencillo posible. ¿De verdad sus usuarios no eran capaces de navegar por el proceso de un solo clic en la pantalla?

No, en absoluto. Después de consultar con los representantes del servicio de atención al cliente, descubrió que la gente no llamaba porque no pudiese navegar por el dispositivo. Llamaban simplemente porque se sentían solos y querían hablar con alguien. Muchos de los usuarios de edad avanzada tenían chavales que trabajaban para ellos que garantizaban que se satisficieran todas sus necesidades materiales: les entregaban la comida, concertaban citas con el médico y recogían las recetas. Pero una vez que esas necesidades materiales eran atendidas, lo que estas personas querían más que nada en el mundo era verdadero contacto humano, otra persona con quien intercambiar historias y con quien relacionarse.

Mi amigo me explicó este «problema» justo cuando estaba despertando a mi propia comprensión sobre la centralidad del amor en la experiencia humana. Si hubiera acudido a mí unos años antes, probablemente le habría recomendado alguna modificación técnica, tal vez algo como un bot de chat de IA que pudiera simular una conversación básica lo bastante bien como para engañar a la persona al otro lado. Pero a medida que me recuperaba de la enfermedad y despertaba a la crisis de trabajo y significado provocada por la IA que se avecinaba, empecé a ver las cosas de un modo diferente.

En ese dispositivo de pantalla táctil y ese deseo insatisfecho de contacto humano, vi los primeros bocetos de un modelo para la coexistencia entre las personas y la inteligencia artificial. Sí, es cierto, las máquinas inteligentes serán capaces de hacer nuestro trabajo y satisfacer nuestras necesidades materiales, alterando industrias y desplazando trabajadores durante el proceso. Pero queda una cosa que sólo los seres humanos son capaces de crear y compartir entre sí: el amor.

Con todos los avances en el campo del aprendizaje automático, la verdad es que todavía estamos lejos de crear máquinas de IA capaces de sentir alguna emoción. ¿Te imaginas la euforia que produce vencer a un campeón del mundo en el juego al que has dedicado toda tu vida? Eso es justamente lo que hizo AlphaGo, pero no disfrutó de su éxito, no sintió ninguna felicidad al ganar, y no tuvo ningún deseo de abrazar a un ser querido después de la victoria. A pesar de lo que reflejan películas de ciencia ficción como *Ella*, del director Spike Jonze —en la que un hombre y su sistema informático artificialmente inteligente se enamoran—, la IA no tiene la capacidad ni el deseo de amar o ser amada. La actriz Scarlett Johansson puede haber sido capaz de convencerte de lo contrario en esa película, pero sólo porque es un ser humano que recurrió a su propia experiencia con el amor para crear y comunicarte esos sentimientos.

Imagínate una situación en la que informas a una máquina inteligente de que la vas a desconectar, y luego cambias de opinión y la indultas. La máquina no cambiaría su visión de la vida ni se comprometería a pasar más tiempo con las demás máquinas. No crecería emocionalmente ni descubriría el valor de amar y servir a los demás.

Es en este potencial exclusivamente humano para el crecimiento, la compasión y el amor donde albergo la esperanza. Creo con firmeza que debemos forjar una nueva sinergia entre la inteligencia artificial y el corazón humano, y buscar formas de utilizar la futura abundancia material que generará la inteligencia artificial para fomentar el amor y la compasión en nuestras sociedades.

Si podemos hacer estas cosas, creo que hay un camino hacia un futuro de prosperidad económica y espiritual. Recorrerlo será difícil, pero creo que si somos capaces de unirnos detrás de este objetivo común, creo que los humanos no sólo sobreviviremos en la era de la IA. Prosperaremos como nunca antes.

Una prueba de fuego y el nuevo contrato social

Los desafíos que tenemos ante nosotros siguen siendo inmensos. Como ya he explicado en el capítulo 6, predigo que dentro de quince años seremos técnicamente capaces de automatizar entre el cuarenta y el cincuenta por ciento de todos los puestos de trabajo en Estados Unidos. Eso no significa que todos esos empleos desaparecerán de la noche a la mañana, pero si abandonamos los mercados a su suerte, empezaremos a ver una presión masiva sobre los trabajadores. China y otros países en desarrollo pueden diferir un poco en el momento en que se produzcan esas repercusiones, y se retrasarán o liderarán la pérdida de puestos de trabajo en función de las estructuras de sus economías. Pero la tendencia global sigue siendo la misma: el aumento del desempleo y la generalización de la desigualdad.

Los tecno-optimistas recurrirán a la historia, citando la revolución industrial y la industria textil del siglo XIX como «prueba» de que las cosas siempre acaban saliendo bien. Pero como hemos visto, este argumento se asienta sobre un terreno cada vez más inestable. La escala, el ritmo y los sesgos de habilidades de la revolución de la IA significan que nos enfrentamos a un desafío nuevo y único en la historia. Incluso si las predicciones más nefastas sobre el desempleo no se materializan, la IA tomará la creciente desigualdad de la riqueza de la era de internet y la acelerará muchísimo.

Ya estamos siendo testigos de la forma en que el estancamiento de los salarios y el aumento de la desigualdad pueden conducir a la inestabilidad política e incluso a la violencia. A medida que la IA se extienda por nuestras economías y sociedades, corremos el riesgo de agravar y acelerar estas tendencias. Los mercados laborales tienen una manera de equilibrarse a la larga, pero para llegar a ese largo plazo prometido se requiere que pasemos primero por la prueba de fuego de la pérdida de empleos y la creciente desigualdad que amenazan con hacer fracasar el proceso.

Afrontar estos retos significa que no podemos permitirnos el lujo de reaccionar de manera pasiva. Debemos aprovechar de forma proactiva la oportunidad que la riqueza material de la IA nos brindará y utilizarla para reconstruir nuestras economías y reescribir nuestros contratos sociales. Las epifanías que surgieron de mi experiencia con el cáncer fueron profundamente personales, pero creo que también me proporcionaron una nueva lucidez y una mejor visión acerca de cómo podemos abordar estos problemas juntos.

La construcción de sociedades prósperas en la era de la IA requerirá cambios sustanciales en nuestra economía, pero también en la cultura y los valores. Siglos de vida en el seno de la economía industrial nos han condicionado, a muchos de nosotros, a creer que nuestro papel principal en la sociedad (e incluso nuestra identidad) se encuentra en el trabajo productivo y asalariado. Si nos lo quitan, se rompe uno de los lazos más fuertes entre una persona y su comunidad. A medida que pasamos de la era industrial a la era de la IA, tendremos que alejarnos de una mentalidad que equipara el trabajo con la vida o que trata a los seres humanos como variables en un gran algoritmo de optimización de la productividad. En su lugar, debemos avanzar hacia una nueva cultura que valore el amor, el servicio y la compasión humana más que nunca.

Ninguna política económica o social puede imponernos por la «fuerza bruta» un cambio en nuestros corazones. Pero al elegir diferentes políticas, podemos recompensar diferentes comportamientos y comenzar a impulsar nuestra cultura en diferentes direcciones. Podemos elegir un enfoque puramente tecnocrático —que nos vea a cada uno de nosotros como un conjunto de necesidades financieras y materiales que hay que satisfacer— y simplemente transferir suficiente dinero en efectivo a todas las personas para que no se mueran de hambre o se queden sin hogar. De hecho, esta noción de renta básica universal parece ganar popularidad en la actualidad.

Pero creo que al tomar esa decisión devaluaríamos nuestra propia humanidad y perderíamos una oportunidad única. En vez de eso, quiero presentar propuestas sobre cómo podemos utilizar la bonanza de la economía generada por la IA para redoblar lo que nos hace humanos. Para ello será necesario reescribir nuestros contratos sociales fundamentales y reestructurar los incentivos económicos para recompensar las actividades socialmente productivas de la misma manera que la economía industrial recompensó las actividades ecológicamente productivas.

Esto no será fácil. Necesitará un enfoque multifacético y que todos arrimemos el hombro para que se produzca esa transformación económica y social. Éste dependerá de las aportaciones de todos los sectores de la sociedad y deberá basarse en la exploración constante y la experimentación audaz. Incluso con nuestros mejores esfuerzos, no hay garantías de una transición sin problemas. Pero tanto el coste del fracaso como las potenciales recompensas del éxito son demasiado grandes para no intentarlo.

Comencemos ese proceso.

En primer lugar, quiero examinar tres de las sugerencias políticas más populares para adaptarse a la economía de la IA, muchas de las cuales provienen de Silicon Valley. Son, en gran medida, «correcciones técnicas», ajustes a modelos de negocio y políticos que buscan facilitar la transición pero que en realidad no cambian la cultura. Después de examinar los usos y debilidades de estas correcciones técnicas, propongo tres cambios análogos que creo que aliviarán los problemas de empleo y nos empujarán hacia una evolución social más profunda.

En lugar de limitarse a aplicar meras correcciones técnicas, estos nuevos enfoques para la creación de empleo en el sector privado afectan a la inversión y a la política gubernamental, y toman como punto de partida no sólo mantener a los humanos un paso por delante de la automatización de la IA, sino también abrir nuevas vías para aumentar la prosperidad humana. Juntos, creo que sientan las bases para un nuevo contrato social que utilice la inteligencia artificial para construir un mundo más humanista.

La perspectiva china sobre la IA y el empleo

Antes de sumergirnos en las correcciones técnicas propuestas por Silicon Valley, veamos primero cómo se está desarrollando esta conversación en China. Hasta la fecha, la élite tecnológica de China no ha dicho gran cosa sobre el posible impacto negativo de la IA en el empleo. Personalmente, no creo que este silencio se deba a ningún deseo de ocultar la oscura verdad a las masas. Creo que realmente piensan que no hay nada que temer en el impacto laboral de los avances de la IA. En este sentido, las élites tecnológicas de China están alineadas con los economistas tecno-optimistas estadounidenses que creen que a largo plazo, la tecnología siempre conduce a más empleo y a una mayor prosperidad para todos.

¿Por qué un empresario chino cree en esto con tanta convicción? Durante los últimos cuarenta años, el pueblo chino ha visto cómo el progreso tecnológico de su país actuaba como la marea creciente que levantaba todos los barcos. El gobierno chino lleva mucho tiempo enfatizando los avances tecnológicos como claves para el desarrollo económico de China. Modelo que ha demostrado ser muy exitoso en las últimas décadas, haciendo que China pasara de ser una sociedad predominantemente agrícola a un gigante industrial; y en la actualidad un motor de la innovación. La desigualdad ha aumentado de forma significativa durante este mismo período de tiempo, pero esos inconvenientes son insignificantes en comparación con la mejora generalizada de los medios de vida. Contrasta con el estancamiento y el declive que se siente en muchos segmentos de la sociedad estadounidense, parte del «gran desacoplamiento» entre la productividad y los salarios que hemos visto en capítulos anteriores. También ayuda a explicar por qué los tecnólogos chinos no parecen preocupados por el potencial impacto de sus innovaciones en el empleo.

Incluso entre los empresarios chinos que sí prevén un impacto negativo de la IA, existe la sensación generalizada de que el gobierno se ocupará de todos los trabajadores desplazados. Esta idea no carece de fundamento. Durante la década de 1990, China emprendió una serie de reformas desgarradoras en sus infladas empresas estatales, eliminando a millones de trabajadores de las nóminas de la administración. Pero a pesar de las masivas perturbaciones del mercado laboral, la fuerza de la economía nacional y un esfuerzo gubernamental de largo alcance para ayudar a los trabajadores a manejar la transición se combinaron para transformar con éxito la economía sin un desempleo generalizado. Mirando hacia el futuro de la IA, muchos tecnólogos y legisladores comparten la creencia tácita de que estos mismos mecanismos ayudarán a China a evitar una crisis laboral inducida por la IA.

Personalmente, creo que estas predicciones son demasiado optimistas, así que estoy trabajando para generar conciencia en China, igual que hago en Estados Unidos, sobre los trascendentales retos laborales que nos esperan en la era de la IA. Es importante que los empresarios, los tecnólogos y los responsables políticos chinos se tomen en serio estos desafíos y empiecen a sentar las bases para encontrar soluciones creativas. Pero la mentalidad cultural descrita más arriba —reforzada por cuatro décadas de creciente prosperidad— hace que veamos poca discusión sobre la crisis en China y aún menos en la forma de propuesta de soluciones. Para participar en esta conversación, debemos volver de nuevo a Silicon Valley.

Las tres erres: reducir, reciclarse y redistribuir

Muchas de las soluciones técnicas propuestas para la pérdida de empleo inducida por la IA procedentes de Silicon Valley pueden clasificarse en tres categorías: reciclaje profesional, reducción de las horas de trabajo o redistribución de los ingresos. Cada uno de estos enfoques tiene como objetivo aumentar una variable singular dentro del mercado laboral (habilidades, tiempo, retribución) y también representa un aspecto diferente en cuanto a la velocidad y severidad de la pérdida de puestos de trabajo.

Aquellos que abogan por la reconversión profesional de los trabajadores tienden a creer que la IA cambiará poco a poco las habilidades en demanda, pero si los trabajadores pueden adaptar sus habilidades y capacitación, entonces no habrá una disminución en la necesidad de mano de obra. Los defensores de la reducción de las horas de trabajo opinan que la IA reducirá la demanda de mano de obra humana y creen que este impacto podría absorberse si se pasa a una semana laboral de tres o cuatro días, repartiendo los empleos que sigan existiendo entre más trabajadores. El campo de la redistribución tiende a ser el más grave en sus predicciones sobre la pérdida de puestos de trabajo inducida por la IA. Muchos de ellos vaticinan que a medida que la IA avance, desplazará o desalojará tan profundamente a los trabajadores que ninguna cantidad de horas de capacitación o de ajuste será suficiente. En su lugar, tendremos que adoptar esquemas de redistribución más radicales para apoyar a los trabajadores desempleados y repartir la riqueza creada por la IA. A continuación, examinaré más de cerca el valor y los escollos de cada uno de estos enfoques.

Los defensores del reciclaje profesional señalan a menudo como cruciales dos tendencias conexas para crear una fuerza laboral preparada para la IA: la educación *online* y el «aprendizaje a lo largo de toda la vida». Creen que con la proliferación de plataformas de educación virtuales —tanto gratuitas como de pago— los trabajadores desplazados tendrán un acceso sin precedentes a materiales de formación e instrucción para nuevos empleos. Estas plataformas —sitios de *streaming* de vídeo, academias de codificación *online*, etc.— proporcionarán a los trabajadores las herramientas que necesiten para aprender a lo largo de toda su vida, actualizando constantemente sus habilidades y pasando a nuevas profesiones que todavía no estén sujetas a la automatización. En este mundo imaginado de fluida reconversión profesional, los agentes de seguro desempleados podrán utilizar plataformas de educación *online* como Coursera para convertirse en programadores de software. Y cuando ese trabajo se automatice, pueden usar esas mismas herramientas para volver a formarse para un nuevo puesto que permanezca fuera del alcance de la IA, quizás como ingeniero de algoritmos o como psicólogo.

La formación permanente a través de plataformas virtuales es una buena idea, y creo que el reciclaje de los trabajadores será una pieza importante del rompecabezas. En particular, puede ayudar a las personas que se encuentran dentro del cuadrante inferior derecho de nuestras tablas de riesgo de reemplazo del capítulo 6 (la zona «Lento y gradual») a ir por delante de la capacidad de la IA y pensar de forma creativa o trabajar en entornos no estructurados. También me gusta que este método pueda proporcionar a los trabajadores cierto sentido de realización personal.

Sin embargo, dada la profundidad y amplitud del impacto de la IA en el empleo, me temo que este enfoque distará mucho de ser suficiente para resolver el problema. A medida que la IA vaya conquistando nuevas profesiones, los trabajadores se verán obligados a cambiar de oficio cada pocos años, tratando de adquirir rápidamente habilidades que a otros les llevó toda una vida desarrollar. La incertidumbre sobre el ritmo y el camino de la automatización hace que las cosas sean aún más difíciles. Incluso los expertos en IA tienen dificultades para predecir exactamente qué trabajos serán objeto de automatización en los próximos años. ¿De verdad podemos esperar que un trabajador típico elija un programa de reciclaje que prediga con precisión qué trabajos serán seguros dentro de unos años?

Me temo que los trabajadores se encontrarán en un estado de constante retirada, como animales que huyen de las aguas de una inundación que suben sin cesar, saltando ansiosamente de una roca a otra en busca de un terreno más alto. El reciclaje profesional ayudará a muchas personas a encontrar su lugar en la economía de la IA, y debemos experimentar con formas de ampliarlo y de ponerlo a disposición de quien lo solicite. Pero creo que no podemos contar con este enfoque fortuito para abordar las alteraciones de nivel macro que arrasarán con los mercados laborales.

Para ser claros, creo que la educación es la mejor solución a largo plazo para los problemas de empleo relacionados con la IA a los que nos enfrentaremos. Los milenios anteriores de progreso han demostrado la increíble capacidad de los seres humanos, tanto para innovar técnicamente como para adaptarse a esas innovaciones, capacitándonos para nuevos tipos de trabajo. Pero la escala y la velocidad de los cambios que se avecinan no nos brindarán el lujo de confiar sólo en las mejoras educativas para ayudarnos a mantenernos al día con las demandas cambiantes de nuestras propias invenciones.

El reconocimiento de la magnitud de estas disrupciones ha llevado a personas como Larry Page, cofundador de Google, a abogar por una propuesta más radical: pasemos a una semana laboral de cuatro días o hagamos que varias personas «compartan» el mismo trabajo.[1] En una versión de esta propuesta, un solo empleo a tiempo completo podría dividirse en varios trabajos a tiempo parcial, compartiendo el recurso cada vez más escaso de puestos de trabajo entre un mayor número de trabajadores. Este enfoque probablemente significaría una reducción del salario neto para la mayoría de los trabajadores, pero estos cambios podrían al menos ayudar a la gente a evitar el desempleo total.

Ya se han aplicado algunos enfoques creativos para compartir trabajo.[2] Tras la crisis financiera de 2008, varios estados de Estados Unidos implementaron acuerdos de reparto de trabajo para evitar despidos masivos en empresas cuyos negocios se agotaron repentinamente. En lugar de despedir a una parte de los

1. FIEGERMAN, Seth, «Google Founders Talk About Ending the 40-Hour Work Week», *Mashable*, 7 de julio de 2014, <https://mashable.com/2014/07/07/google-founders-interview-khosla/#tXe9XU.mr5qU>.

2. GREENHOUSE, Steven, «Work-Sharing May Help Companies Avoid Layoffs», *The New York Times*, 15 de junio de 2009, <http://www.nytimes.com/2009/06/16/business/economy/16workshare.html>.

trabajadores, las compañías redujeron las horas de varios de ellos entre un veinte y un cuarenta por ciento. El gobierno local compensaba a esos trabajadores por un cierto porcentaje de sus salarios perdidos, a menudo el cincuenta por ciento. Esta estrategia funcionó bien en algunos lugares, salvando a los empleados y a las empresas de las disrupciones del despido y la recontratación a merced del ciclo económico. Es posible que también ahorrara a los gobiernos locales dinero que habría destinado a pagar las prestaciones completas de desempleo.

Los acuerdos de reparto de trabajo podrían reducir la pérdida de empleo, en particular para aquellas profesiones del cuadrante «Cierto toque humano» de nuestros gráficos de riesgo de sustitución, en los que la IA realiza la tarea principal pero sólo se necesita un número menor de trabajadores para interactuar con los clientes. Si se ejecutan bien, estos acuerdos podrían actuar como subsidios o incentivos gubernamentales para mantener a más trabajadores en la nómina de la empresa.

Pero aunque este enfoque funciona bien para las disrupciones a corto plazo, puede perder impulso ante la persistente e ininterrumpida disminución de puestos de trabajo de la IA. Los programas existentes de trabajo compartido sólo complementan una parte de los salarios perdidos, lo que significa que los trabajadores todavía experimentan una disminución neta de sus ingresos. Los trabajadores pueden aceptar este golpe a sus ingresos durante una crisis económica temporal, pero nadie desea el estancamiento o la movilidad descendente a largo plazo. Decirle a un trabajador que gana 20.000 dólares al año que puede trabajar cuatro días a la semana y ganar 16.000 no es realmente un comienzo. Versiones más creativas de estos programas podrían corregir esto, y animo a empresas y gobiernos a que continúen experimentando con ellos. Pero me temo que este tipo de enfoque distará de ser suficiente para abordar las presiones a largo plazo que la IA traerá al mercado laboral. Para ello, es posible que tengamos que adoptar medidas redistributivas más radicales.

Los aspectos básicos de la renta básica universal

Actualmente, el más popular de estos métodos de redistribución es, como ya se ha mencionado, la renta básica universal (RBU). En esencia, la idea es simple: cada ciudadano (o cada adulto) en un país recibe unos ingresos regulares por parte del gobierno; sin condiciones. Una RBU se diferenciaría de las prestaciones sociales o de desempleo tradicionales en que se daría a todo el mundo y no estaría sujeta a límites de tiempo, requisitos de búsqueda de empleo, o cualquier otra limitación en cuanto a la forma en que se podría gastar. Una propuesta alternativa, a menudo llamada ingreso mínimo garantizado (IMG), pide dar esta retribución sólo a los pobres, convirtiéndolo en un «ingreso mínimo» por debajo del cual nadie podría caer.

Los fondos para estos programas provendrían de los elevados impuestos a los vencedores de la revolución de la IA: las grandes compañías tecnológicas; las corporaciones que se adaptaran para aprovechar la IA; y los millonarios y multimillonarios que se beneficiaran del éxito de estas compañías. La cuantía del estipendio es una cuestión de debate entre los proponentes. Algunas personas argumentan a favor de mantenerlo muy bajo —quizás sólo diez mil dólares al año— para que los trabajadores todavía tengan un fuerte incentivo para encontrar un trabajo real. Otros ven la paga como una completa sustitución de la pérdida de ingresos de un trabajo regular. Desde este punto de vista, una RBU podría ser un paso crucial hacia la creación de una «sociedad del ocio», en la que la gente se libere por completo de la necesidad de trabajar y sea libre de perseguir sus propias pasiones en la vida.

La discusión de una RBU o un IMG en Estados Unidos se remonta a la década de 1960, cuando obtuvo el apoyo de personas tan diversas como Martin Luther King Jr. y Richard Nixon. En ese momento, los defensores consideraban que un IMG era una sencilla forma de acabar con la pobreza, y en 1970 el presidente Nixon estuvo a punto de aprobar un proyecto de ley que habría otorgado a cada familia el dinero suficiente para superar el umbral de la pobreza. Pero como consecuencia de la infructuosa campaña de Nixon, la discusión acerca de una RBU o un IMG desapareció en gran medida del discurso público.

Eso, hasta que Silicon Valley se emocionó con el tema. Hace poco, la idea ha cautivado la imaginación de la élite de Silicon Valley, con gigantes de la industria como el presidente de la prestigiosa aceleradora de startups de Silicon Valley Y Combinator, Sam Altman, y el cofundador de Facebook, Chris Hughes, que patrocinan la investigación y financian programas piloto de ingresos básicos.[3] Mientras que el IMG se concibió inicialmente como un remedio contra la pobreza en tiempos económicos normales, el creciente interés de Silicon Valley en los programas los ve como soluciones para el desempleo tecnológico generalizado debido a la IA.

Las sombrías predicciones de un amplio desempleo y de disturbios han puesto nerviosos a muchos de los miembros de la élite de Silicon Valley. Personas que han pasado toda su carrera predicando el evangelio de la disrupción parecen haber despertado de repente al hecho de que cuando se altera una industria, también se interrumpe y se desplaza a los seres humanos reales dentro de ella. Tras fundar y financiar empresas transformadoras de internet que también han contribuido a la enorme desigualdad, este cuadro de millonarios y multimillonarios parece decidido a suavizar el impacto en la era de la IA.

Para estos defensores, un sistema de redistribución masiva es potencialmente todo lo que se interpone entre una economía impulsada por la IA y el desempleo y la indigencia generalizados. La reconversión profesional y la planificación inteligente no tienen nada que hacer frente a la automatización masiva, afirman. Sólo una renta garantizada nos permitirá evitar el desastre durante la crisis del empleo que se avecina.

3. *Sam Altman*: PENDER, Kathleen, «Oakland Group Plans to Launch Nation's Biggest Basic-Income Research Project», *San Francisco Chronicle*, 21 de septiembre de 2017, <https://www.sfchronicle.com/business/networth/article/Oakland-group-plans-to-launch-nation-s-biggest-12219073.php>.

Chris Hughes: The Economic Security Project, <https://economicsecurityproject.org/>.

Queda por ver cómo se implementaría exactamente una RBU. En la actualidad, una organización de investigación asociada con Y Combinator está llevando a cabo un programa piloto en Oakland, California, que va a dar a mil familias una paga de mil dólares al mes durante un período de tres a cinco años.[4] El grupo de investigación hará un seguimiento del bienestar y las actividades de esas familias a través de cuestionarios regulares, comparándolas con un grupo de control que recibe sólo cincuenta dólares al mes.

Muchos en Silicon Valley ven el programa desde la perspectiva de su propia experiencia como empresarios. Consideran el dinero no sólo como una especie de amplia red de seguridad, sino como una «inversión en la startup del tú», o como lo llamó un escritor especializado en tecnología, «capital riesgo para la gente». En esta concepción del mundo, una RBU daría a los desempleados un poco de «inversión ángel personal» con el que podrían empezar un nuevo negocio o aprender una nueva habilidad. En su discurso de graduación en Harvard en 2017, Mark Zuckerberg se alineó con esta visión de la RBU, argumentando que deberíamos explorarla para que «todo el mundo tenga un colchón para probar nuevas ideas».[5]

Puedo entender por qué la élite de Silicon Valley se ha enamorado tanto de la idea de una RBU: es una solución técnica y sencilla a un enorme y complejo problema social de su propia creación. Pero adoptar una RBU constituiría un cambio importante en nuestro contrato social, un cambio sobre el que deberíamos pensar con cuidado y de manera muy crítica. Si bien apoyo ciertas garantías de que se satisfarán las necesidades básicas, también creo que adoptar una RBU como panacea contra la crisis a la que nos enfrentamos es un error y una gran oportunidad

4. PENDER, K.: «Oakland Group». «VC for the People»: RANDY, WALDMAN, Steve «VC for the People», Interfluidity (blog), 16 de abril de 2014, <http://www.interfluidity.com/v2/5066.html>.

5. WELLER, Chris, «Mark Zuckerberg Calls for Exploring Basic Income in Harvard Commencement Speech», *Business Insider*, 25 de mayo de 2017, <http://www.businessinsider.com/mark-zuckerberg-basic-income-harvard-speech-2017-5>.

perdida. Para entender por qué, debemos examinar de verdad las motivaciones para el frenesí del interés en la RBU y también pensar seriamente acerca de qué tipo de sociedad puede crear.

La mentalidad de «varita mágica» de Silicon Valley

Al observar el aumento del interés de Silicon Valley por una RBU, creo que parte de esa defensa ha surgido desde una verdadera y genuina preocupación por aquellos que serán desplazados por las nuevas tecnologías. Pero me preocupa que también haya un componente más egoísta: los empresarios de Silicon Valley saben que sus miles de millones en riqueza y su papel en la instigación de estas disrupciones los convierte en un blanco obvio de la ira de la multitud si las cosas se descontrolan. Con ese miedo fresco en sus mentes, me pregunto si este grupo ha comenzado a buscar una solución rápida a los problemas que tienen por delante.

La combinación de las motivaciones de estas personas no debe llevarnos a desestimar directamente las soluciones que proponen. Después de todo, este grupo reúne a algunas de las mentes empresariales y de la ingeniería, más creativas del mundo hoy día. La tendencia de Silicon Valley a soñar a lo grande, experimentar e iterar, nos ayudará a navegar por estas aguas inexploradas.

Pero la conciencia de estas motivaciones debería agudizar nuestro compromiso crítico con propuestas como la RBU. Debemos ser conscientes de los sesgos culturales que los ingenieros y los inversores traen consigo al abordar un nuevo problema, en particular uno con profundas dimensiones sociales y humanas. Sobre todo, al evaluar estas soluciones propuestas, debemos preguntarnos qué es lo que están tratando de lograr exactamente. ¿Están tratando de asegurar que esta tecnología beneficie genuina y verdaderamente a todas las personas de la sociedad? ¿O sólo buscan evitar la hipótesis más pesimista de convulsión social? ¿Están dispuestos a invertir el trabajo preliminar necesario para construir nuevas instituciones o simplemente buscan una solución rápida que alivie sus propias conciencias y los absuelva de la responsabilidad por el impacto psicológico más profundo de la automatización?

Me temo que muchos de los que trabajan en Silicon Valley están firmemente en este último campo. Ven la RBU como una «varita mágica» que puede hacer desaparecer la miríada de desventajas económicas, sociales y psicológicas de sus hazañas en la era de la IA. La RBU es el epítome del enfoque «ligero» a la resolución de problemas tan popular en el valle: apegarse a la esfera puramente digital y evitar los detalles confusos de actuar en el mundo real. Tiende a prever que todos los problemas pueden ser resueltos a través de un ajuste de incentivos o de barajar dinero entre cuentas de bancos digitales.

Lo mejor de todo es que no supone una carga adicional para que los investigadores tengan que pensar de forma crítica sobre el impacto social de las tecnologías que construyen; siempre y cuando todos reciban esa dosis mensual de RBU, todo va bien. La élite tecnológica puede seguir haciendo exactamente lo que planeaba hacer en primer lugar: crear empresas innovadoras y cosechar enormes recompensas financieras. No hay duda de que los impuestos más altos requeridos para financiar una RBU recortarán esos beneficios hasta cierto punto, pero la gran mayoría de las ganancias económicas de la IA seguirán siendo para este grupo de élite.

Visto de esta manera, una RBU no es una solución edificante que aproveche la IA para construir un mundo mejor. Es un analgésico, algo para adormecer y sedar a las personas heridas por la adopción de la IA. Y ese efecto anestésico funciona en ambos sentidos: no sólo calma el dolor de los desplazados por la tecnología, sino que también alivia la conciencia de los que los desplazan.

Como he dicho antes, puede ser necesario algún tipo de ingreso para garantizar un suelo socioeconómico mínimo. Pero si permitimos que esto sea el final del juego, perderemos la gran oportunidad que nos ofrece esta tecnología. En lugar de simplemente recurrir a un analgésico como una RBU, debemos buscar y encontrar de manera proactiva modos de utilizar la IA para redoblar aquello que nos separa de las máquinas: la capacidad de amar.

Hay que reconocer que esto no será fácil. Requerirá enfoques creativos y diferentes. Ejecutarlos, requerirá una gran cantidad de trabajo preliminar y soluciones tipo «lanzarse de lleno», que vayan más allá de la esfera digital y lleguen a los pormenores no tan nobles del mundo real. Pero si nos comprometemos a hacer el trabajo duro ahora, creo que tenemos la oportunidad no sólo de evitar el desastre, sino de cultivar los mismos valores humanísticos que yo volví a descubrir durante mi propio encuentro con la mortalidad.

Simbiosis de mercado: tareas de optimización y el toque humano

El sector privado está liderando la revolución de la IA y, en mi opinión, también debe asumir la iniciativa en la creación de los nuevos puestos de trabajo más humanistas que la impulsen. Algunos de estos empleos surgirán del funcionamiento natural del libre mercado, mientras que otros requerirán esfuerzos conscientes de aquéllos motivados para cambiar las cosas.

Muchos de los puestos de trabajo creados por el libre mercado emergerán de una simbiosis natural entre humanos y máquinas. Mientras que la IA se encarga de las tareas rutinarias de optimización, los seres humanos aportarán el toque personal, creativo y compasivo. Esto implicará la redefinición de ocupaciones existentes o la creación de profesiones del todo nuevas en las que las personas se asocien con máquinas para prestar servicios que sean muy eficientes y eminentemente humano. En los gráficos de riesgo de reemplazo del capítulo 6, esperamos ver que el cuadrante superior izquierdo («Cierto toque humano») ofrezca la mayor oportunidad para la simbiosis entre la IA y los seres humanos: la IA se encargará del pensamiento analítico, mientras que las personas concluirán ese análisis con calidez y compasión. En ese mismo gráfico, los dos cuadrantes del lado dere-

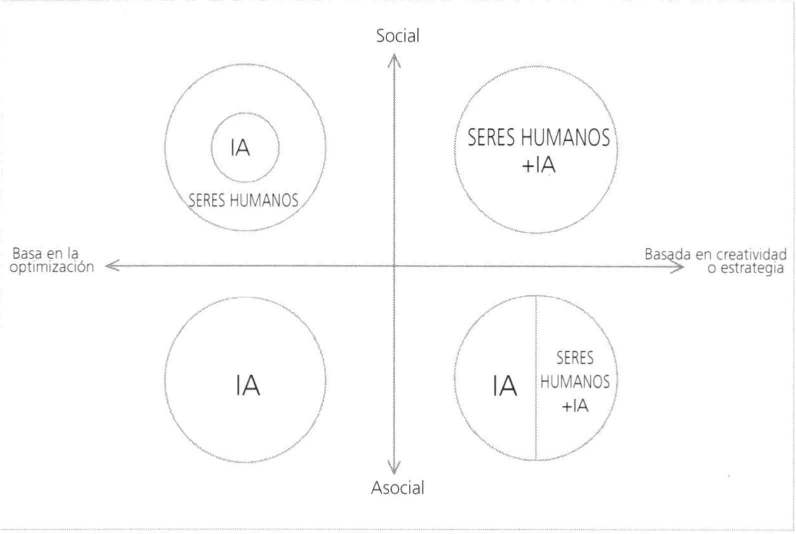

Coexistencia de los seres humanos y la IA en el mercado laboral

cho («lento y gradual» y «Zona segura») también ofrecen oportunidades para que las herramientas de la IA aumenten la creatividad o la toma de decisiones, aunque con el tiempo, los dos círculos de IA del lado izquierdo crecerán hacia la derecha a medida que la IA mejore.

Se puede encontrar un claro ejemplo de simbiosis entre la IA y los seres humanos para el cuadrante superior izquierdo en el campo de la medicina. Tengo pocas dudas de que los algoritmos de IA superarán con el tiempo a los médicos humanos en su capacidad para diagnosticar enfermedades y recomendar tratamientos. Las instituciones heredadas —facultades de medicina, asociaciones profesionales y hospitales— puede que ralenticen la adopción de estas herramientas de diagnóstico, utilizándolas sólo en ámbitos reducidos o estrictamente como herramientas de referencia. Pero en cuestión de unas pocas décadas, estoy seguro de que la precisión y el aumento de la eficiencia será tan grande que, con el tiempo, los diagnósticos impulsados por la IA tomarán el relevo.

Una respuesta a esto sería deshacerse de los médicos por completo, sustituyéndolos por máquinas que reciban síntomas y suelten diagnósticos. Pero los pacientes no quieren que los trate una máquina, una caja negra de conocimiento médico con una fría pronunciación: «Tiene un linfoma en estadio cuatro y un setenta por ciento de probabilidades de morir en cinco años». En cambio, los enfermos desearán —y creo que el mercado creará— un enfoque más humanista de la medicina.

Los médicos tradicionales podrían evolucionar hacia una nueva profesión, que yo llamaría «cuidador compasivo». Estos profesionales médicos combinarían las habilidades de una enfermera, un técnico médico, un trabajador social e incluso un psicólogo. Se les formaría no sólo en la operación y comprensión de las herramientas de diagnóstico, sino también en la comunicación con los pacientes, consolándolos en momentos de trauma y apoyándolos emocionalmente a lo largo de su tratamiento. En lugar de informar sin más a los pacientes de sus posibilidades objetivamente optimizadas de supervivencia, podrían compartir historias alentadoras, diciendo algo así como: «Kai-Fu tenía el mismo linfoma que tú y sobrevivió, así que creo que tú también puedes conseguirlo».

Estos cuidadores compasivos no competirán con las máquinas en su capacidad de memorizar hechos u optimizar regímenes terapéuticos. A la larga, es una batalla perdida. Los cuidadores compasivos estarían bien formados, pero en actividades que requieran más inteligencia emocional, no como meros recipientes para el canon del conocimiento médico. Serían un complemento perfecto de la máquina, dando a los pacientes una precisión sin precedentes en sus diagnósticos, así como el toque humano que tan a menudo falta en nuestros hospitales hoy día. En esta simbiosis hombre-máquina creada por el libre mercado, haríamos avanzar poco a poco a nuestra sociedad en la dirección de ser más amables y bondadosos.

Lo mejor de todo es que el surgimiento de cuidadores compasivos aumentaría de forma drástica tanto el número de empleos como la cantidad total de atención médica prestada. Hoy día, la escasez de profesionales de la medicina capacitados incrementa el coste de la atención médica y reduce la calidad que se brinda en todo el mundo. En las actuales condiciones de oferta y demanda, simplemente no es factible en cuanto al coste aumentar el número de médicos. Como resultado, racionamos de manera rigurosa la atención que prestan. Nadie quiere hacer cola durante horas para pasar sólo unos minutos con el médico, lo que significa que la mayoría de las personas sólo acuden a un hospital cuando creen que es absolutamente necesario. Si bien los cuidadores compasivos estarán bien formados, podrán proceder de un grupo más grande de trabajadores que los médicos y no necesitarán someterse a los años de memorización que se requiere para ser médico hoy día. Por consiguiente, la sociedad podrá apoyar de manera rentable a muchos más cuidadores compasivos que médicos hay, y recibiríamos mucha más atención y de mejor calidad.

Sinergias similares surgirán en muchos otros campos: la enseñanza, el derecho, la planificación de eventos y la venta de productos de calidad al por menor. Los asistentes jurídicos de los bufetes de abogados podrán delegar sus rutinarias tareas de investigación en algoritmos y, en su lugar, concentrarse en comunicarse más con los clientes y hacer que se sientan atendidos. Puede que supermercados impulsados por la IA, como la tienda Amazon Go, no necesiten cajeros, por lo que podrían mejorar mucho la experiencia del cliente contratando agradables vendedores especialistas como el que describí en el capítulo 5.

Para los empleados en sectores profesionales, será imperativo que adopten y aprendan a utilizar las herramientas de IA a medida que lleguen. Como con cualquier revolución tecnológica, muchos trabajadores verán que éstas son tanto imperfectas en sus aplicaciones como potencialmente amenazantes en sus repercusiones. Pero estas herramientas sólo mejorarán con el tiempo, y quienes quieran competir contra la IA en sus propios términos saldrán perdiendo. A largo plazo, la resistencia puede ser inútil, pero la simbiosis será recompensada.

Por último, la economía colaborativa posibilitada por internet contribuirá de forma significativa a aliviar la pérdida de empleos y a redefinir el trabajo en la era de la IA. Veremos cada vez a más gente abandonar carreras tradicionales que estén siendo asumidas por algoritmos, y acudir en su lugar a nuevas plataformas que aplican el «modelo Uber» a una variedad de servicios. Esto ya lo vemos en Care.com, una plataforma *online* para conectar a cuidadores y clientes, y creo que veremos un crecimiento de modelos análogos en educación y otros campos. Muchos de los bienes y servicios de consumo masivo serán capturados por los datos y optimizados por algoritmos, pero algunos de los trabajos menos sistemáticos o más personalizados dentro de la economía colaborativa seguirán siendo del dominio exclusivo de los seres humanos.

En el pasado, este tipo de trabajo se veía limitado por los costes burocráticos de dirigir una empresa vertical que atraía clientes, trabajadores temporales y mantenía a todos en nómina incluso cuando no había trabajo que hacer. La «plataformatización» de estas industrias aumenta de forma drástica su eficiencia, al incrementar la demanda total y el sueldo neto por servicio de los propios trabajadores. Agregar la IA a la ecuación —como ya han hecho empresas de vehículos de transporte con conductor como Didi y Uber— no hará más que aumentar la eficiencia y atraer a más trabajadores.

Más allá de los roles establecidos en la economía colaborativa, confío en que veremos aparecer nuevos puestos de trabajo en el sector servicios que apenas podemos imaginar hoy día. Explícale a alguien de la década de 1950 lo que es un «coach personal» y probablemente pensarán que eres un tonto. Asimismo, a medida que la IA libere nuestro tiempo, los empresarios creativos y la gente común podrán aprovechar estas plataformas para concebir nuevos tipos de puestos de trabajo. Tal vez la gente contrate a «cambiadores estacionales» para que redecoren sus armarios cada pocos meses, perfumándolos con flores y aromas que coincidan con el estado anímico de la temporada. O bien, aquellas familias conscientes del medio ambiente contratarán a «consultores de sostenibilidad del hogar» para que se reúnan con la familia y busquen formas creativas y divertidas para que su casa reduzca su impacto medioambiental.

Pero a pesar de todas estas nuevas posibilidades creadas por empresas con fines lucrativos, me temo que las operaciones del libre mercado por sí solas no serán suficientes para compensar las pérdidas masivas de puestos de trabajo y la enorme desigualdad que se vislumbra en el horizonte. Las empresas privadas ya crean un montón de empleos de servicio centrados en el ser humano, y simplemente no pagan bien. Los estímulos económicos, las políticas públicas y las disposiciones culturales han hecho que muchas de las profesiones más compasivas que existen hoy carezcan con frecuencia de seguridad laboral o de la dignidad fundamental.

La Oficina de Estadísticas Laborales de Estados Unidos ha encontrado que los auxiliares de salud a domicilio y los asistentes personales son las dos profesiones de más rápido crecimiento en el país, con un incremento esperado de 1,2 millones de empleos para 2026.[6] Pero el ingreso medio anual en estas profesiones es de poco más de 20.000 dólares.[7] Otras labores de amor humanísticas —la crianza de los hijos en casa, el cuidado de parientes ancianos o discapacitados— ni siquiera se consideran un «trabajo» y no reciben ninguna remuneración formal.

Éstos son exactamente los tipos de actividades amorosas y compasivas que deberíamos adoptar en la economía de la IA, pero el sector privado ha demostrado ser incompetente hasta el momento a la hora de fomentarlas. Puede llegar un día en que disfrutemos de tal abundancia material que ya no se necesiten incentivos económicos. Pero en nuestra economía y cultura actuales, el dinero todavía manda. Orquestar un verdadero cambio en la cultura no sólo requerirá la creación de estos puestos de trabajo, sino que habrá que convertirlos en verdaderas carreras con un salario respetable y mayor dignidad.

Fomentar y recompensar estas actividades prosociales significa ir más allá de la simbiosis de mercado del sector privado.

6. CASSELMAN, Ben, «A Peek at Future Jobs Reveals Growing Economic Divides», *The New York Times*, 24 de octubre de 2017, <https://www.nytimes.com/2017/10/24/business/economy/future-jobs.html>.

7. U.S. Department of Labor, Bureau of Labor Statistics, Occupational Employment Statistics, «Home Health Aides and Personal Care Aides», <https://www.bls.gov/ooh/healthcare/home-health-aides-and-person al-care-aides.htm> y «Personal Care Aides», <https://www.bls.gov/oes/current/oes399021.htm>.

Tendremos que revitalizar estas industrias a través de políticas gubernamentales y de inversión de impacto en el sector servicios que impulsen un cambio más amplio en los valores culturales.

La carta de Fink y la nueva inversión de impacto

Cuando un hombre que supervisa 5,7 billones de dólares habla, la comunidad empresarial mundial tiende a escuchar. Así que cuando el fundador de BlackRock, Larry Fink, director de la mayor gestora de fondos mundial, publicó una carta dirigida a los CEO en la que exigía una mayor atención al impacto social, envió ondas expansivas a compañías de todo el mundo. En la carta, titulada «*A sense of purpose*»,[8] Fink escribió:

> Vemos que muchos gobiernos no se preparan para el futuro, en temas que van desde la jubilación y la infraestructura hasta la automatización y el reciclaje de los trabajadores. Como resultado, la sociedad se dirige cada vez más al sector privado y pide a las empresas que respondan a retos sociales más amplios [...] La sociedad exige que las empresas, tanto públicas como privadas, presten una función social [...] Las empresas deben beneficiar a todas las partes interesadas, incluidos los accionistas, los empleados, los clientes y las comunidades en las que operan.

Fink dejó caer su carta pocos días antes del Foro Económico Mundial 2018, una reunión anual de la élite financiera mundial en Davos, Suiza. Asistí al foro y observé cómo los directores ejecutivos discutían con ansiedad la severa advertencia de un hombre cuya empresa controlaba importantes participaciones en varias compañías. Muchos profesaron públicamente su simpatía por el mensaje de Fink, pero en privado declaraban que su énfa-

8. FINK, Larry, «Larry Fink's Annual Letter to CEOs: A Sense of Purpose», BlackRock, 18 de enero de 2018, <https://www.blackrock.com/corporate/en-us/investor-relations/larry-fink-ceo-letter >.

sis en un bienestar social más amplio era un anatema para la lógica de la empresa privada.

Si nos detenemos a pensarlo, tenían razón: las empresas que cotizan en bolsa están sujetas a obligaciones fiduciarias para maximizar sus beneficios. Pero en la era de la IA, esta fría lógica del dinero es insostenible, así de sencillo. Perseguir las ganancias a ciegas sin pensar en el impacto social no sólo será moralmente dudoso, sino que también será muy peligroso.

Fink mencionaba la automatización y la reconversión laboral varias veces en su carta. En tanto que inversor con intereses que abarcan todo el espectro de la economía mundial, ve que tratar con el desplazamiento inducido por la IA no es algo que pueda dejarse por completo en manos del libre mercado. Por el contrario, es imprescindible que reinventemos y revigoricemos la responsabilidad social corporativa, la inversión de impacto y el emprendimiento social.

En el pasado, éste era el tipo de cosas en que los empresarios simplemente se metían cuando tenían tiempo y dinero de sobra. Claro, pensaban, ¿por qué no invertir algo de dinero en una startup de microcréditos o comprar algunos derechos de emisión de carbono para poder poner en marcha un feliz comunicado de prensa para promocionarla? Pero en la era de la IA, tendremos que profundizar en serio nuestro compromiso con —y ampliar nuestra definición de— estas actividades. Mientras que antes se centraban en cuestiones que hacían sentir bien a los filántropos, como la protección del medio ambiente y el alivio de la pobreza, el impacto social en la era de la IA también debe adquirir una nueva dimensión: la creación de un gran número de puestos de trabajo en el sector servicios para los trabajadores desplazados.

Como inversor de capital de riesgo, percibo un papel particularmente importante para un nuevo tipo de inversión de impacto. Preveo el surgimiento de un ecosistema de emprendimiento que considerará la creación de empleos en el sector terciario humanístico como un bien en sí mismo. Dirigirá el dinero a proyectos de servicio centrados en el ser humano que puedan incrementar y contratar a un gran número de personas: consultores de lactancia para la atención posnatal, entrenadores especializados en deporte juvenil, recopiladores de historias orales familiares, guías de la naturaleza en parques nacionales o compañeros de conversación para ancianos. Los trabajos de este tipo pueden ser significativos, tanto a nivel social como personal, y muchos de ellos tienen el potencial de generar ingresos reales; aunque no un rendimiento del diez mil por ciento procedente de invertir en un unicornio tecnológico.

El impulso inicial de este ecosistema requerirá un cambio de mentalidad para los inversores de capital riesgo que participen. La idea misma de capital riesgo se ha construido en torno a los altos riesgos y los rendimientos exponenciales. Cuando un inversor pone dinero en diez startups, sabe muy bien que es muy probable que nueve de ellas fracasen. Pero si el único éxito se convierte en una empresa de mil millones de dólares, los rendimientos exponenciales de esa inversión hacen que el fondo sea un éxito enorme. Impulsar estos rendimientos exponenciales es la singularidad económica de internet. Los productos digitales pueden ampliarse infinitamente con costes marginales casi nulos, lo que significa que las empresas más exitosas obtienen beneficios astronómicos.

Sin embargo, la inversión de impacto centrada en los servicios tendrá que ser diferente. Necesitará aceptar retornos lineales cuando vayan acompañados de una creación de empleo significativa. Esto se debe a que los trabajos de servicio impulsados por el ser humano no pueden alcanzar estos rendimientos exponenciales de la inversión. Cuando alguien construye una gran empresa en torno al trabajo de cuidado humano, no puede replicar digitalmente estos servicios y hacerlos resonar en todo el mundo. En cambio, el negocio se debe construir pieza a pieza, trabajador a trabajador. La verdad es que los inversores de capital riesgo tradicionales no se molestarían con este tipo de compañías lineales, pero éstas serán un pilar clave en la construcción de una economía de la IA que cree nuevos empleos y fomente las conexiones humanas.

Por supuesto, se consumarán fracasos, y los beneficios nunca igualarán los de los fondos de capital de riesgo tecnológicos. Pero eso debería parecerle bien a los involucrados. Es probable que el ecosistema esté compuesto por ejecutivos de fondos de capital riesgo antiguos que busquen marcar la diferencia, o por inversores más jóvenes que se tomen un «año sabático» o realicen un trabajo de forma desinteresada. Traerán consigo su gran intuición para elegir empresarios y empresas constructoras, y los pondrán a trabajar en estas compañías de servicios lineales. Es probable que el dinero detrás de los fondos proceda de los gobiernos que buscan generar nuevos empleos de manera eficiente, así como de empresas que se dediquen a la responsabilidad social corporativa.

Juntos, estos actores crearán un ecosistema único que se centrará más en el empleo que en la filantropía pura, y mucho más en el impacto que en el puro capital riesgo. Creo que si podemos unir estas diferentes líneas de negocios con conciencia social, seremos capaces de tejer un nuevo tipo de red de seguridad en el empleo, al mismo tiempo que construimos comunidades que fomenten el amor y la compasión.

Grandes cambios y grandes gobiernos

Y sin embargo, a pesar de todo el poder del mercado privado y de las buenas intenciones de los emprendedores sociales, muchas personas caerán en el olvido. No tenemos más que mirar la enorme desigualdad y la completa pobreza en gran parte del mundo hoy para reconocer que los mercados y los imperativos morales no son suficientes. Orquestar un cambio fundamental en las estructuras económicas suele requerir toda la fuerza del poder gubernamental. Si aspiramos a escribir un nuevo contrato social para la era de la IA, tendremos que tirar de las palancas de las políticas públicas.

Algunos en Silicon Valley creen que es aquí donde entra en juego la RBU. Enfrentados a un crecimiento insuficiente del empleo, el gobierno debe proporcionar una garantía global de seguridad económica, una transferencia de efectivo que pueda salvar de la indigencia a los trabajadores desplazados, y que a su vez ahorrara a la élite tecnológica tener que hacer algo más al respecto.

La naturaleza incondicional de los factores de transferencia encaja con el liberalismo individualista, con el vivir y dejar vivir, que promueve buena parte de Silicon Valley. ¿Quién es el gobierno, preguntan los defensores de la RBU, para decirle a la gente qué hacer con su tiempo? Dadles simplemente el dinero y dejad que lo descubran por su cuenta. Se trata de un enfoque que coincide con el modo en que la élite tecnológica tiende a ver la sociedad como un todo. Con frecuencia, al mirar fuera de Silicon Valley, ven el mundo en términos de «usuarios» más que ciudadanos, clientes en lugar de miembros de una comunidad.

Tengo una visión diferente. No quiero vivir en una sociedad dividida en castas tecnológicas, donde la élite de la IA viva en un mundo enclaustrado de una riqueza casi inimaginable, apoyándose en dádivas mínimas para mantener sedadas en su lugar a las masas desempleadas. Quiero crear un sistema que provea a todos los miembros de la comunidad, pero que también utilice la riqueza generada por la IA para construir una sociedad más compasiva, amorosa y, en última instancia, humana.

Lograr este resultado requerirá sin duda un pensamiento creativo y una formulación de políticas complejas, pero a menudo la inspiración que impulsa este proceso proviene de lugares poco probables. Para mí, comenzó en Fo Guang Shan, el monasterio de Taiwán del que hablé en el capítulo anterior.

El chófer CEO

El sol de la mañana aún no se había apoderado del horizonte mientras paseaba por los inmensos terrenos del monasterio para ir a ver al maestro Hsing Yun. Era la mañana en la que me habían dado la oportunidad de desayunar con el monje principal, y me apresuraba a subir una colina cuando un carrito de golf se detuvo a mi lado.

«Buenos días —me dijo el hombre al volante—. ¿Quiere que le lleve a algún lado?»

Como no deseaba hacer esperar al maestro Hsing Yun, acepté la oferta y me subí al carrito, indicándole al conductor hacia dónde me dirigía. El hombre vestía unos vaqueros y una sencilla camisa de manga larga con un chaleco naranja encima. Parecía tener cincuenta y tantos años, como yo, y con algunas canas en el pelo. Seguimos en silencio durante unos minutos, absorbiendo la quietud del paisaje y la suave brisa del aire fresco de la mañana. Mientras rodeábamos la ladera, llené el silencio con una pequeña charla.

«¿Así se gana la vida?», le pregunté.

«No —contestó—. Soy voluntario aquí cuando mi trabajo me lo permite.»

Me di cuenta entonces de que la palabra «Voluntario», en caracteres chinos, estaba cosida en el pecho izquierdo de su chaleco naranja.

«Bueno, ¿y a qué se dedica entonces?», insistí.

«Soy dueño de una empresa de fabricación de productos electrónicos. Soy su director ejecutivo. Aunque últimamente he pasado menos tiempo en el trabajo y más como voluntario. Es muy especial ver al maestro Hsing Yun compartir sabiduría con la gente de aquí. Me aporta cierta serenidad ayudar en todo lo que puedo.»

Esas palabras, y la actitud calmada con que las pronunció, me impresionaron. La fabricación de productos electrónicos puede ser una industria brutalmente competitiva, con márgenes muy estrechos y una incesante presión para innovar, actualizar y optimizar las operaciones. Con frecuencia, el éxito llega a expensas de la salud, tras largas horas sangrando en la fábrica y largas noches bebiendo, fumando y entreteniendo a los clientes.

Pero aquel hombre parecía sano de cuerpo y totalmente en paz mientras conducía el carrito de golf por el sinuoso camino. Me contó cómo sus fines de semana de voluntariado en Fo Guang Shan se habían convertido en una forma de depurar la responsabilidad y el estrés de su semana de trabajo. Todavía no estaba listo para retirarse, pero el acto de servir a los que visitaban Fo Guang Shan le permitía conectar con algo más simple y profundo que las maquinaciones de su compañía.

Cuando llegamos a la habitación del maestro Hsing Yun, le di las gracias al conductor, a lo que él respondió con un movimiento de cabeza y una sonrisa. Durante el desayuno que siguió, la sabiduría compartida por el maestro Hsing Yun tendría un profundo impacto en la forma en que yo pensaba sobre mi trabajo y mi vida. Pero la conversación con el voluntario que conducía el carrito de golf también se me quedó grabada.

Al principio, pensé que su devoción por servir con humildad a los que le rodean era algo único del monasterio, una función del poder de la religión para unirnos e inspirarnos. Pero cuando regresé a Taipéi para proseguir mi tratamiento médico, empecé a notar que la gente usaba esos chalecos naranjas de voluntario por toda la ciudad: en la biblioteca, en las concurridas intersecciones de tráfico, en las oficinas públicas y en los parques nacionales. Llevaban señales de STOP para que los niños pudieran cruzar la calle, hablaban a los visitantes del parque sobre la flora indígena de Taiwán y guiaban a la gente a través del proceso de solicitud del seguro médico. Muchos de los voluntarios son personas de avanzada edad o que se han jubilado hace poco. Sus planes de pensiones cubren sus necesidades básicas, por lo que dedicaban su tiempo a ayudar a los demás y a mantener vínculos sólidos con su comunidad.

Cuando me sometí a la quimioterapia y comencé a contemplar las próximas crisis de la era de la IA, solía pensar en los voluntarios. Si bien en la actualidad muchos individuos pontifican sobre la utilidad de la RBU en tanto que sedante social universal, observé cierta sabiduría en las humildes actividades de estos voluntarios y en la cultura comunal más amplia que estaban creando. La ciudad podría, por supuesto, seguir funcionando sin este ejército de voluntarios de chaleco naranja y pelo gris, pero sería un poco menos amable y humana. Empecé a ver el camino a seguir en esta sutil transformación.

Estipendio de inversión social: cuidado, servicio y educación

Así como esos voluntarios dedican su tiempo y energía a hacer que sus comunidades sean un poco más bondadosas, creo que nos incumbe a nosotros utilizar la abundancia económica de la era de la IA para fomentar similares valores y alentar este mismo tipo de actividad. Para ello, propongo que exploremos la creación no de una RBU sino de lo que yo llamo un «estipendio de inversión social». El estipendio sería un salario decente del gobierno para aquellos que inviertan su tiempo y energía en actividades que promuevan una sociedad amable, compasiva y creativa. Incluirían tres amplias categorías: trabajo de cuidado, servicio comunitario y educación.

Éstos serían los pilares de un nuevo contrato social, un contrato que valorara y recompensara las actividades socialmente beneficiosas de la misma manera que en la actualidad recompensamos las actividades económicamente productivas. El estipendio no sustituiría a una red de seguridad social —las tradicionales prestaciones sociales, la atención sanitaria o los subsidios de paro para satisfacer las necesidades básicas—, sino que ofrecería un ingreso respetable a quienes decidan invertir energía en estas actividades socialmente productivas. Hoy día, el nivel social sigue estando en gran medida vinculado a los ingresos y al ascenso profesional. Para poder ejercer estas profesiones con respeto, es necesario pagar un salario respetable y ofrecer la oportunidad de progresar como si se tratara de una carrera normal. Si se ejecuta bien, el estipendio de inversión social impulsaría nuestra cultura en una dirección más compasiva. Pondría a trabajar la bonanza económica de la IA en la construcción de una sociedad mejor, en lugar de aliviar sin más el dolor de la pérdida de empleos inducida por la IA.

Cada una de las tres categorías reconocidas —cuidado, servicio y educación— abarcaría una amplia gama de actividades, con diferentes niveles de remuneración por la participación a tiempo completo y parcial. El trabajo de cuidado podría incluir la crianza de niños pequeños, la atención a un padre o madre, la asistencia a un amigo o familiar que esté lidiando con una enfermedad, o la ayuda a alguien con discapacidad mental o física para que pueda vivir la vida al máximo. Esta categoría crearía un verdadero ejército de personas —seres queridos, amigos o incluso extraños— que podrían ayudar a los necesitados, ofreciéndoles lo que la pantalla táctil para ancianos de mi amigo empresario jamás logró conseguir: calor humano.

El trabajo de servicio se definiría de manera similar y amplia, abarcando gran parte del trabajo actual de las organizaciones sin ánimo de lucro, así como la clase de voluntarios que vi en Taiwán. Las tareas podrían incluir actuaciones a favor de la recuperación medioambiental, la dirección de programas extracurriculares, la realización de visitas guiadas a parques nacionales o la recopilación de historias orales de los ancianos de nuestras comunidades. Los participantes en estos programas se inscribirían en un grupo establecido y se comprometerían a un cierto número de horas de trabajo de servicio para cumplir con los requisitos del estipendio.

Por último, la educación podría ir desde la formación profesional para los trabajos de la era de la IA, hasta la asistencia a clase, que podrían transformar un *hobby* en una carrera profesional. Algunos beneficiarios del estipendio utilizarán esa libertad financiera para obtener un título universitario en aprendizaje automático y encontrar un trabajo bien remunerado. Otros usarán esa misma libertad para tomar clases de actuación o estudiar marketing digital.

Debemos tener presente que exigir la participación en una de estas actividades no es algo diseñado para dictar las actividades diarias de cada persona que reciba el estipendio. Es decir, la belleza de los seres humanos reside en nuestra diversidad, en la forma en que cada uno de nosotros aporta diferentes orígenes, habilidades, intereses y excentricidades. No pretendo asfixiar esa diversidad con un sistema de mando y control de redistribución que sólo recompense una gama limitada de actividades socialmente aceptadas.

Pero al requerir alguna contribución social para recibir el estipendio, fomentaríamos una ideología muy diferente al individualismo liberal de una RBU. La entrega de un estipendio a cambio de la participación en actividades prosociales refuerza un claro mensaje: fueron necesarios los esfuerzos de personas de toda la sociedad para alcanzar este punto de abundancia económica. Ahora estamos usando esa abundancia de forma conjunta para volver a comprometernos los unos con los otros, consolidando los lazos de compasión y amor que nos hacen ser seres humanos.

Si echamos un vistazo a través de todas las actividades, creo que habrá una amplia gama de opciones para ofrecer algo adecuado a todos los trabajadores que hayan sido desplazados por la

IA. Las personas centradas en los demás pueden optar por el trabajo de cuidado, los más ambiciosos pueden inscribirse en programas de formación profesional, y a quienes inspirados por una causa social pueden aceptar trabajos de servicio o de sensibilización ante alguna causa.

En una época en que las máquinas inteligentes nos han suplantado como los engranajes del motor de nuestra economía, espero que valoremos todas estas actividades —cuidado, servicio y cultivo personal— como parte de nuestro proyecto social colectivo de construcción de una sociedad más humana.

Preguntas abiertas y complicaciones graves

Por supuesto, la implementación de un estipendio de inversión social planteará nuevas preguntas y desavenencias: ¿De cuánto debe ser la paga? ¿Debemos recompensar a las personas de forma diferente en función de su rendimiento en estas actividades? ¿Cómo saber si alguien desempeña con diligencia su trabajo de «cuidado»? Y ¿qué tipo de actividad debe contar como trabajo de «servicio»? Éstas son ciertamente preguntas difíciles, para las que no hay una respuesta clara. Administrar un estipendio de inversión social en países con cientos de millones de personas implicará mucho papeleo y trabajo preliminar por parte de los gobiernos y las organizaciones que creen estos nuevos roles.

Pero estos desafíos están lejos de ser insuperables. Los gobiernos de las sociedades desarrolladas ya se ocupan de una vertiginosa gama de tareas burocráticas sólo para mantener los servicios públicos, los sistemas educativos y las redes de protección social. Nuestros gobiernos ya hacen el trabajo de inspeccionar edificios, acreditar escuelas, ofrecer prestaciones por desempleo, controlar las condiciones sanitarias de cientos de miles de restaurantes y proporcionar cobertura médica a decenas de millones de personas. Operar un estipendio de inversión social aumentaría esta carga de trabajo, pero creo que sería más que manejable. Dadas las enormes ventajas que supone proporcionar una asignación de este tipo, opino que vale la pena asumir los retos organizativos a cambio de las recompensas a nuestras comunidades.

Pero ¿qué hay de la disponibilidad? Ofrecer un salario digno a las personas que realicen todas las tareas mencionadas exigiría enormes cantidades de ingresos, totales que hoy parecen inviables en muchos países fuertemente endeudados. Sin duda, la IA aumentará la productividad en toda la sociedad, pero ¿puede realmente generar las ingentes cantidades de dinero necesarias para financiar una expansión tan dramática del gasto público?

También esto sigue siendo una cuestión abierta que sólo se resolverá una vez que las propias tecnologías de la IA proliferen en nuestros países. Si la IA cumple o excede las predicciones de aumento de la productividad y creación de riqueza, opino que podríamos financiar este tipo de programas a través de superimpuestos sobre las superganancias. Sí, reduciría un poco los incentivos económicos para hacer avanzar la IA, pero dados los vertiginosos beneficios que acumularán los ganadores en la era de la IA, no creo que esto represente un gran impedimento para la innovación.

Llevará años llegar a ese lugar de ganancias astronómicas, años durante los cuales la gente trabajadora sufrirá. Para facilitar la transición, propongo un lento incremento de la ayuda. Si bien es probable que un salto directo al estipendio completo de inversión social descrito anteriormente no funcione, creo que seremos capaces de implementar cada vez más políticas durante el camino. Estas políticas graduales podrían tanto contrarrestar la pérdida de empleo mientras suceda, como llevarnos hacia el nuevo contrato social.

Podríamos empezar por aumentar considerablemente el apoyo del gobierno a los nuevos padres para que tengan la opción de permanecer en casa si lo desean o enviar a sus hijos a una guardería a tiempo completo. Para los padres que elijan educar a sus hijos en casa, el gobierno podría ofrecer subsidios equivalentes al salario de un maestro a los padres que obtengan determinadas certificaciones. En los sistemas de educación pública, también podría aumentar de forma considerable el número de maestros —potencialmente, en un factor de hasta diez— que estarían a cargo a su vez de un número menor de estudiantes a quienes pueden enseñar en sintonía con los programas de educación de IA. Los subsidios y los estipendios del gobierno también podrían destinarse a los trabajadores que se sometan a un programa de reinserción laboral y a las personas que cuiden de padres ancianos. Estos programas sencillos nos permitirían poner las primeras piedras de un estipendio, e iniciar la labor de cambiar la cultura y sentar las bases para una mayor expansión.

A medida que la IA continúe generando valor económico y la deslocalización de trabajadores, podríamos expandir lentamente el alcance de estos subsidios a actividades que vayan más allá del trabajo de cuidado o de la capacitación profesional. Y una vez que el pleno impacto de la IA —buenísimo para la productividad, malísimo para el empleo— se haga evidente, deberíamos ser capaces de reunir los recursos y la voluntad pública para implementar programas similares al estipendio de inversión social.

Cuando lo hagamos, no sólo espero que alivie el sufrimiento económico, social y psicológico de la era de la IA. Más bien espero que nos faculte aún más para vivir de una manera que honre nuestra humanidad y nos capacite para hacer aquello de lo que ninguna máquina es capaz: compartir nuestro amor con los que nos rodean.

Mirar hacia delante y a nuestro alrededor

Las ideas expuestas en este capítulo son un primer intento de lidiar con las enormes disrupciones en el horizonte de nuestro futuro de la IA. Examinamos las soluciones técnicas que buscan facilitar la transición a una economía de la IA: el reciclaje de los trabajadores, la reducción de las horas de trabajo y la redistribución de los ingresos a través de una RBU. Si bien todas estas soluciones técnicas tienen un papel que desempeñar, creo que se necesita algo más. Me imagino que el sector privado fomentará de forma activa la simbiosis del hombre y la máquina, una nueva ola de inversiones de impacto que financiará empleos de servicio centrados en el ser humano, y que el gobierno subsanará las carencias con un estipendio de inversión social que recompensará el cuidado, el servicio y la educación. En conjunto, constituirá una reestructuración de nuestra economía y una reescritura de nuestro contrato social para recompensar las actividades socialmente productivas.

No se trata de una lista exhaustiva, ni de un juicio autorizado, sobre las formas en que podemos adaptarnos a la automatización generalizada. Pero espero que al menos proporcionen un contexto y un sistema de valores que nos guíen en este proceso. Gran parte de ese marco proviene de mi comprensión de la inteligencia artificial y de la industria tecnológica mundial.

No obstante, los valores que guían estas recomendaciones arraigan en algo mucho más íntimo: la experiencia de mi diagnóstico de cáncer y la transformación personal inspirada por personas como mi mujer, el maestro Hsing Yun, y tantos otros que de manera desinteresada compartieron su amor y sabiduría conmigo.

Si no hubiera pasado por esa experiencia aterradora, pero en última instancia enriquecedora, quizá nunca hubiera despertado a la centralidad del amor en la experiencia humana. Es probable que en vez de buscar formas de fomentar un mundo más bondadoso y compasivo, hubiese visto la inminente crisis que se avecina desde la misma perspectiva que los que están muy metidos en la IA hoy en día; como un simple problema de asignación de recursos del que hay que encargarse de la forma más eficaz posible, probablemente a través de una RBU. Sólo tras pasar por mi propia prueba de fuego personal, veo ahora la vacuidad de ese enfoque.

Mi experiencia con el cáncer también me enseñó a apreciar la sabiduría que se esconde tras las acciones humildes de las personas en todas partes. Después de tantos años como «Ironman» de logros profesionales, necesitaba que me derribaran de mi pedestal y enfrentarme a mi propia mortalidad antes de apreciar lo que aportan muchas personas calificadas como menos exitosas.

Creo que pronto seremos testigos del mismo proceso a escala internacional. Las superpotencias de la IA —Estados Unidos y China—, pueden ser los países con la experiencia necesaria para construir estas tecnologías, pero los caminos hacia la verdadera prosperidad humana en la era de la IA emergerán de todo tipo de personas y desde todos los rincones del mundo.

Al mirar hacia el futuro, también debemos tomarnos el tiempo de mirar a nuestro alrededor.

9

Nuestra historia global de la IA

El 12 de junio de 2005, Steve Jobs se acercó a un micrófono en el Stanford Stadium y dio uno de los discursos de graduación más memorables jamás pronunciados. En esta conferencia repasó su zigzagueante carrera, desde que abandonó la universidad hasta la cofundación de Apple, desde su brusca salida de la empresa hasta la fundación de Pixar, y por último su triunfal regreso a Apple una década más tarde. Dirigiéndose a una multitud de ambiciosos estudiantes de Stanford, muchos de los cuales tramaban con impaciencia su propio ascenso a la cima de Silicon Valley, Jobs advirtió que no era conveniente trazar el curso de nuestra propia vida y carrera por adelantado.

«No podéis conectar los puntos mirando hacia el futuro —advirtió Jobs a los estudiantes—. Sólo podéis conectarlos mirando hacia el pasado. Por tanto tenéis que confiar en que los puntos se unirán de algún modo en nuestro futuro.»[1]

Las sabias palabras de Jobs han resonado en mí desde que las escuché por primera vez, pero nunca tanto como en la actualidad. Al escribir este libro, he tenido la oportunidad de conectar

1. JOBS, Steve, «2005 Stanford Commencement Address», Stanford University, published March 7, 2018, <https://www.youtube.com/watch?v=UF8uR6Z6KLc&t=785s>.

los puntos sobre cuatro décadas de trabajo, crecimiento y evolución. Esa trayectoria ha abarcado empresas y culturas; de investigador de IA y directivo de empresa a inversor de capital de riesgo, escritor y superviviente de cáncer. Ha tocado temas tanto globales como profundamente personales: el surgimiento de la inteligencia artificial, los destinos entrelazados de los lugares a los que he llamado mi hogar, y mi propia evolución de adicto al trabajo a padre, esposo y ser humano más afectuoso.

Todas estas experiencias se han unido para dar forma a mi visión de nuestro futuro global de la IA, para conectar los puntos mirando el pasado y utilizar esas constelaciones como guía para el futuro. Mi formación tecnológica y mis conocimientos empresariales han cristalizado cómo estas tecnologías se están desarrollando tanto en China como en Estados Unidos. Mi repentina confrontación con el cáncer me hizo ver por qué debemos usar estas tecnologías para fomentar una sociedad más bondadosa. Por último, mi experiencia, moviéndome y en constante transición entre dos culturas diferentes, ha grabado en mí el valor del progreso compartido y la necesidad de un entendimiento mutuo más allá de las fronteras nacionales.

Un futuro de la IA sin una carrera de la IA

Al escribir sobre el desarrollo global de la inteligencia artificial, es fácil volver a las metáforas militares y a la mentalidad de suma cero. Muchos comparan la actual «carrera de la IA» con la espacial de la década de 1960[2] o, peor aún, con la carrera armamentística de la Guerra Fría que creó armas de destrucción masiva cada vez más potentes.[3] Incluso el título de este libro emplea la palabra «superpotencias», que muchos asocian con la rivalidad

2. ALLEN, John y Amir HUSAIN, «The Next Space Race Is Artificial Intelligence: And the United States Is Losing», *Foreign Policy*, 3 de noviembre de 2017, <http://foreignpolicy.com/2017/11/03/the-next-space-race-is-artificial-intelligence-and-america-is-losing-to-china/>

3. COEN, Zachary, «US Risks Losing Artificial Intelligence Arms Race to China and Russia», CNN, 29 de noviembre de 2017, <https://edition.cnn.com/

geopolítica. Sin embargo, utilizo este término en concreto para reflejar el equilibrio tecnológico de las capacidades de la IA, no para sugerir una lucha sin cuartel por la supremacía militar. Pero estas distinciones quedan fácilmente desdibujadas por aquellos que están más interesados en la gesticulación política que en la prosperidad del ser humano.

Si no tenemos cuidado, esta obtusa retórica en torno a una «carrera de la IA» socavará la planificación y configuración de nuestra futura IA compartida. Una carrera sólo tiene un ganador: si China gana, Estados Unidos pierde, y viceversa. No existe una noción de progreso compartido o de prosperidad mutua, sino sólo el deseo de ir por delante del otro país, con independencia de los costes. Esta mentalidad ha llevado a muchos observadores de Estados Unidos a utilizar el progreso de la IA en China como un látigo retórico con el que incitar a los líderes estadounidenses a la acción. Argumentan que su país corre el riesgo de perder ventaja en la tecnología, y que eso avivará el enfrentamiento militar del siglo XXI.

Pero ésta no es una nueva Guerra Fría. La IA tiene hoy numerosas aplicaciones militares potenciales, pero su verdadero valor no radica en la destrucción, sino en la creación. Si se entiende y se emplea de forma adecuada, puede ayudarnos a todos a generar valor económico y prosperidad en una escala nunca vista en la historia de la humanidad.

En este sentido, nuestro auge actual de la IA comparte mucho más con los albores de la revolución industrial o la invención de la electricidad que con la carrera armamentística de la Guerra Fría. Sí, las compañías chinas y estadounidenses compiten entre sí para aprovechar mejor esta tecnología y obtener mejoras de la productividad. Pero no pretenden conquistar a la otra nación. Cuando Google promociona su tecnología TensorFlow en el extranjero, o Alibaba implementa su City Brain en Kuala Lumpur, estas acciones se asemejan más a la exportación temprana de

---

2017/11/29/politics/us-military-artificial-intelligence-russia-china/index .html>.

máquinas de vapor y bombillas que a los primeros disparos de en una nueva carrera armamentística mundial.

Un balance objetivo del impacto a largo plazo de la tecnología ha revelado una verdad que da que pensar: en las próximas décadas, el mayor potencial de la IA para alterar y destruir no radica en contiendas militares internacionales, sino en lo que hará a nuestros mercados laborales y sistemas sociales. Apreciar la trascendental turbulencia social y económica que se vislumbra en nuestro horizonte tendría que hacernos sentir más humildes. También debería convertir nuestro instinto competitivo en una búsqueda de soluciones cooperativas a los desafíos comunes a los que todos nos enfrentamos en tanto que seres humanos, personas cuyos destinos están relacionados inextricablemente a través de todas las clases económicas y fronteras nacionales.

Sabiduría global para la era de la IA

A medida que la fuerza creativa y disruptiva de la IA se vaya sintiendo en todo el mundo, tendremos que apoyarnos los unos en los otros en busca de apoyo e inspiración. Estados Unidos y China mostrarán el camino a seguir en aplicaciones económicamente productivas de la IA, pero otros países y culturas continuarán haciendo inestimables contribuciones a nuestra evolución social más amplia. Ningún país por sí solo tendrá todas las respuestas a la enmarañada red de problemas a la que nos enfrentamos, pero creo que si recurrimos a diversas fuentes de sabiduría no habrá problema que no podamos abordar juntos. Esta sabiduría incluirá reformas pragmáticas en nuestros sistemas educativos, sutilezas en los valores culturales y cambios profundos en la forma en que concebimos el desarrollo, la privacidad y la gobernabilidad.

A la hora de modernizar nuestros sistemas educativos, podemos aprender mucho del programa con el que Corea del Sur fomenta la educación de aquellos alumnos con capacidades o talentos excepcionales. Estos programas buscan identificar y desarrollar el potencial de las principales mentes técnicas del país, un enfoque adecuado para crear la prosperidad material que después se podrá distribuir en sentido amplio entre todos los componentes de la sociedad. Las escuelas de todo el mundo también pueden sacar conclusiones y aprovecharse de los experimentos estadounidenses en educación social y emocional, que fomentan habilidades que resultarán muy valiosas para la fuerza de trabajo centrada en el ser humano del futuro.

Para las adaptaciones en el modo en que abordar nuestra labor, sería aconsejable mirar a la cultura del trabajo artesanal de Suiza y Japón, lugares donde la búsqueda de la perfección ha elevado las actividades del trabajo rutinario al ámbito superior de la expresión humana y el arte. Mientras tanto, la dinámica y significativa cultura del voluntariado en países como Canadá y los Países Bajos debería inspirarnos a diversificar nuestras nociones tradicionales de «trabajo». También la cultura china puede ser una fuente de sabiduría cuando se trata de cuidar a los ancianos y de favorecer los hogares intergeneracionales. A medida que las políticas públicas y los valores personales se vayan mezclando, deberíamos tomarnos el tiempo de estudiar nuevos experimentos para definir y medir el progreso, como la decisión de Bután de buscar la «Felicidad Nacional Bruta» como indicador clave de desarrollo.

Por último, nuestros gobiernos tendrán que observarse unos a otros de forma sistemática para evaluar los nuevos y espinosos compromisos en materia de privacidad de datos, monopolios digitales, seguridad *online* y sesgo algorítmico. Para abordar estas cuestiones, podemos aprender mucho de la comparación de los diferentes enfoques adoptados por los reguladores en Europa, Estados Unidos y China. Mientras que Europa ha optado por un enfoque más severo (multando a Google, por ejemplo, invocando la normativa antimonopolio europea y tratando de arrebatar el control de los datos a las empresas tecnológicas), China y Estados Unidos han dado a estas compañías mayor margen de maniobra, permitiendo que la tecnología y los mercados se desarrollen antes de intervenir en paralelo.

Todos estos enfoques presentan soluciones intermedias, ya que algunos favorecen la privacidad por encima del progreso tecnológico y otros hacen lo contrario. Aprovechar la tecnología para construir el tipo de sociedades que deseamos significará seguir el impacto en el mundo real de estas políticas a través de las diferentes geografías y mantener una mentalidad abierta sobre los diferentes enfoques de la gobernanza de la IA.

Escribamos nuestra historia de la IA

Para acceder y adoptar estas diversas fuentes de conocimiento primero hay que mantener cierto sentido de intervención en relación con esta tecnología en rápido aceleramiento. Con el bombardeo diario de titulares sobre IA, es fácil que los seres humanos perdamos el control de nuestro propio destino. Las profecías, tanto del dominio de los robots como de una «clase inútil» de trabajadores desempleados, tienden a mezclarse en nuestra mente, evocando un sentimiento abrumador de impotencia humana frente a las todopoderosas tecnologías. Ambos escenarios apocalípticos contienen un núcleo de verdad sobre el potencial de la IA, pero los sentimientos de impotencia que engendran, nos ocultan el punto clave: cuando se trata de dar forma al futuro de la inteligencia artificial, el factor más importante serán las acciones de los seres humanos.

No somos espectadores pasivos en la historia de la IA, somos sus autores. Esto significa que los valores que sustentan nuestras visiones de un futuro de la IA bien podrían convertirse en profecías autocumplidas. Si nos decimos que el valor de los seres humanos reside únicamente en su contribución económica, entonces actuaremos en consecuencia. Las máquinas desplazarán a los seres humanos en el lugar de trabajo, y podemos terminar en un mundo perverso como el que Hao Jingfang imaginó en *Entre los pliegues de Pekín*, una sociedad basada en castas que divide y separa a las llamadas personas útiles de las masas «inútiles».

Pero esto no es en modo alguno una conclusión inevitable. La ideología que subyace a esta visión distópica —de seres humanos como nada más que la suma de sus partes económicamente productivas— revela hasta qué punto nos hemos desviado del camino. No fuimos puestos en la Tierra para trabajar sin más en una tarea repetitiva. No necesitamos pasar nuestra vida acumulando riqueza para poder morir y pasársela a nuestros hijos —la última «iteración» del algoritmo humano— que refinarán y repetirán ese proceso.

Si creemos que la vida tiene sentido más allá de esta carrera de locos, entonces la IA puede ser la herramienta que nos ayude a descubrir ese significado más profundo.

Corazones y mentes

Cuando inicié mi carrera en la IA en 1983, lo hice poniéndome filosófico en mi solicitud para el programa de doctorado en Carnegie Mellon. Describí la IA como «la cuantificación del proceso de pensamiento humano, la explicación de la conducta humana» y nuestro «paso final» para comprendernos a nosotros mismos. Fue una sucinta síntesis de las nociones románticas en el sector en ese momento, y que me inspiró mientras ampliaba los límites de las capacidades de la IA y del conocimiento humano.

Hoy, treinta y cinco años más viejo, y espero que un poco más sabio, veo las cosas de manera diferente. Los programas de IA que hemos creado han demostrado ser capaces de imitar y superar al cerebro humano en muchas tareas. Como investigador y científico, estoy orgulloso de estos logros. Pero si el objetivo original era comprenderme realmente a mí mismo y a otros seres humanos, entonces estas décadas de «progreso» no me llevaron a ninguna parte. En efecto, mi sentido de la anatomía se metió por medio. En lugar de intentar superar al cerebro humano, debería haber tratado de comprender el corazón humano.

Es una lección que me llevó demasiado tiempo aprender. He pasado gran parte de mi vida adulta trabajando de forma obsesiva para optimizar mi impacto, para convertir mi cerebro en un algoritmo sutilmente afinado para maximizar mi propia influencia. Oscilé entre países y trabajé en diferentes zonas horarias con ese propósito, sin darme cuenta de que algo mucho más significativo y humano radicaba en el corazón de los miembros de mi familia, amigos y seres queridos que me rodeaban. Fue necesario un diagnóstico de cáncer y el amor desinteresado de mis seres queridos para finalmente lograr conectar todos estos puntos en una imagen más nítida de qué es aquello que nos diferencia de las máquinas que construimos.

Ese proceso cambió mi vida, y de una manera indirecta me ha llevado de vuelta a mi objetivo original de utilizar la inteligencia artificial para revelar nuestra naturaleza como seres humanos. Si alguna vez la IA permite que nos entendamos de verdad a nosotros mismos, no será porque estos algoritmos capturen la esencia mecánica de la mente humana. Será porque nos liberarán para que nos olvidemos de las optimizaciones y nos centremos en lo que realmente nos hace ser seres humanos: amar y ser amados.

Llegar a este punto requerirá trabajo duro y decisiones conscientes por parte de todos nosotros. Por suerte, en tanto que seres humanos, poseemos el libre albedrío, del que aún carece la IA, para elegir nuestras propias metas. Podemos optar por unirnos, trabajar más allá de las fronteras de clase y nacionales para escribir nuestro propio final en la historia de la IA.

Elijamos dejar que las máquinas sean máquinas, y que los humanos seamos humanos. Elijamos simplemente usar nuestras máquinas y, lo que es más importante, amarnos los unos a los otros.

Agradecimientos

En primer lugar, quiero dar las gracias a mi colaborador, Matt Sheehan, que ha trabajado muchísimo en este libro en un plazo muy ajustado de tiempo. Si crees que este libro es divertido y fácil de leer, o lo encuentras rico en información, Matt merece gran parte del crédito. Tuve suerte al encontrar un colaborador como él, alguien con un profundo conocimiento de China, Estados Unidos, tecnología y escritura.

Mi amigo y agente John Brockman y su equipo me convencieron para escribir este libro. Su creencia en la urgencia del tema y en mi capacidad de contribuir de manera única a la conversación, me llevaron a considerar la posibilidad de emprender este proyecto. En retrospectiva, creo que tenían toda la razón.

Me gustaría manifestar mi agradecimiento a Rick Wolff, que decidió apostar por un tema no comprobado basándose en mi propia convicción. Es un editor extraordinario y ha hecho maravillas para lanzar este libro al mercado. Fue muy divertido trabajar y competir con Rick para dar lo mejor de nosotros.

También quiero agradecer a Erik Brynjolfsson, James Manyika, Jonathan Woetzel, Paul Triolo, Shaolan Hsueh, Chen Xu, Ma Xiaohong, Lin Qi-ling, Wu Zhuohao, Michael Chui, Yuan Li, Cathy Yang, Anita Huang, Maggie Tsai y Laurie Erlam por su ayuda en la lectura de los primeros borradores y por sus valiosos comentarios.

Por último, quiero dar las gracias a mi familia, que ha tolerado mi falta de atención durante los últimos seis meses. No veo la hora de volver a sus brazos, unos brazos que me sostienen y me han enseñado tanto. Este debería ser mi último libro por un tiempo. Pero claro, ya les he dicho eso otras siete veces antes; con suerte me seguirán creyendo.